2019 年度河南省教育厅人文社会科学研究项目
（编号：2019-ZZJH-675）资助

"魏书"副词研究

常志伟 ◎ 著

中国社会科学出版社

图书在版编目（CIP）数据

《魏书》副词研究/常志伟著. —北京：中国社会科学出版社，
2020.10
ISBN 978-7-5203-7160-5

Ⅰ.①魏… Ⅱ.①常… Ⅲ.①古汉语－副词－研究－北魏
Ⅳ.①H141

中国版本图书馆CIP数据核字（2020）第169052号

出　版　人　赵剑英
责任编辑　安　芳
责任校对　张爱华
责任印制　李寡寡

出　　　版　中国社会科学出版社
社　　　址　北京鼓楼西大街甲158号
邮　　　编　100720
网　　　址　http://www.csspw.cn
发　行　部　010-84083685
门　市　部　010-84029450
经　　　销　新华书店及其他书店

印　　　刷　北京明恒达印务有限公司
装　　　订　廊坊市广阳区广增装订厂
版　　　次　2020年10月第1版
印　　　次　2020年10月第1次印刷

开　　　本　710×1000　1/16
印　　　张　18
字　　　数　265千字
定　　　价　98.00元

序

吕叔湘先生在《近代汉语指代词》序言中说，研究历史语法是一种非常精细的工作，"因为这种工作要求细针密缕，多少有点像绣花"。进入 21 世纪以后，汉语历史语法的研究迎来了快速发展的时期，各种成果纷纷面世，其中属于"细针密缕"的专书专题类的研究成果尤为丰富，志伟的专著《〈魏书〉副词研究》就是其中之一。

2005 年 9 月，志伟考入南京师范大学文学院，开始了三年硕士研究生的求学生涯。从河南到江苏，异地求学，且家境贫寒，生活异常艰辛。为了求学，志伟耐得住寂寞，埋头苦读，三年的假期也大多在学校度过，终于学有所成，顺利毕业。

就硕士研究生而言，毕业论文选择《魏书》的副词作为研究对象，多少有点自讨苦吃的味道。首先是因为《魏书》卷帙数大，一般的研究生不愿选择；其次是因为副词是虚词中最为开放的一个词类，不如介词、连词那么单纯。上列二者重叠，要完成这样一篇硕士论文，注定要比常人多吃数倍的苦，付出更多的努力。好在志伟性格沉稳，耐得住寂寞，吃得了大苦，承得起重压。功夫不负有心人，志伟的硕士论文具有较高的学术价值，尤其是能够放在南北朝比较的背景下揭示《魏书》副词使用的历史价值和定位，这在当时颇有新意。

2008 年 6 月硕士研究生毕业以后，志伟任教于江苏的宿迁学院。工作以后，他没有安于现状，在教学之余，依然研究不停，笔耕不辍。至今在《中国社会科学院研究生院学报》《社会科学家》《理论月刊》《南京师范大学文学院学报》《东亚文献研究》（韩国）等刊物上发表论文24篇，主持河南省哲学社会科学规划项目、河南省教学工程项目、河南省教育厅人文社会科学科研项目各一项。其中大部分论文都是在宿迁工作时写成的。不仅如此，他还在期间默默地从事着硕士论文的修订、补充工作。

2012 年 9 月志伟又在职考入南京师范大学攻读博士学位，在求学生涯中步上了更高的台阶。在确定博士论文选题的时候，志伟毫不犹豫就选择了《〈魏书〉与〈宋书〉句式专题比较研究》。至此我们终于可以明白，他当初选定《魏书》副词作为硕士论文选题，不是一时兴起，而是有长远打算，心中已经有了一个较为完整的研究计划——《魏书》语法系统研究。

2016 年 6 月，志伟获得博士学位，现已回到河南家乡，任教于周口师范学院。《〈魏书〉副词研究》书稿的完成，则是他完整研究计划实现的第一步，期待着他在更好的研究氛围中取得更多成果！至于书稿内容的特色，作为他的学业导师，我不作评价，把权利留给同道读者。

在当下的学术环境中，浮躁之气较盛，然而汉语史研究最终还是要依赖踏实的基础研究。志伟能坚持朴实为学，潜心专书语法研究，不仅方向正确，也难能可贵。只要持之以恒，相信终能有所成就！

何亚南

2020 年 1 月

目　　录

目　录

绪　论

一　研究对象和意义

我国成系统的汉语语法研究肇始于 1898 年马建忠的《马氏文通》，随后《国文法草创》《国文法之研究》《高等国文法》《中国文法学初探》《中国文法要略》等一批专著进一步开辟了语法研究的新天地。不过，20 世纪 50 年代以前的研究大都以共时、静态的描写分析为主，很少有人从"史"的角度进行研究。王力的《汉语史稿》开创了历时研究的先河，后来在吕叔湘、丁声树等老一辈语言学家的积极倡导下，到 20 世纪六七十年代研究的重心才逐渐完成了向"史"的转变。80 年代初，潘允中的《汉语语法史概要》、史存直的《汉语语法史纲要》等书的出版标志着历时研究又登上了一个新台阶。21 世纪以来，随着研究队伍的不断壮大和研究的不断深入，历时研究得到了空前的繁荣与发展。在前修时贤的共同努力下，许多悬而未决的问题逐步达成了共识，如汉语语法史的分期问题目前已经取得比较一致的认识，即先秦至两汉为上古汉语，东汉末至隋为中古汉语，唐至清为近代汉语。

柳士镇先生（2001）[①] 曾指出："就目前整个汉语语法史的研究来看，汉语语法研究正处于一种'两头热、中间冷'的状态。所谓'两头热'指对上古汉语、近代汉语的研究异常热闹，成果也极为丰富；所谓

[①]　为节省篇幅，"先生"二字下文一概省略，敬请诸位先生谅解。

'中间冷'指作为由上古转入近代的中古①汉语语法的历史研究甚为冷清，不但研究队伍少，成果也寥寥可数。中古汉语语法研究的这种瓶颈状态严重制约了上古与近代的贯通，非常不利于整个汉语语法史的建立。"②近十年来，在前修时贤的共同努力下，中古汉语语法研究也逐渐引起了学界越来越多的重视，出现了一批质量颇高的研究成果。不过，较之于词汇、语音，语法研究还相对薄弱。

就当前中古汉语研究中语料的选取来看，此期的出土文献和汉译佛典因其口语性强、语料的可靠性高而最先受到语言学者的青睐，传世文献受人关注的程度则相对低些。就传世文献语言研究来说，一些口语性较强的笔记、书札和小说又较易于被人们当作语言研究的首选材料，而中古史书却一直处于语言研究的边沿地带。这种不平衡现象早在20世纪80年代就已经引起了一些学者的关注，如吕叔湘（1983）《文言和白话》、刘坚（1985）《〈建炎以来系年要略〉里的白话资料》两篇文章都从纵向比较的角度，对汉魏六朝史书中的白话成分和研究价值作了很好的揭示和举述。方一新、王云路（2004）也曾指出："《三国志》《后汉书》《宋书》《南齐书》《魏书》等五部六朝人撰著的史书无论从材料的真实性上看，还是从篇幅数量上看，在同时期的中土文献中都是罕有其俦的，值得充分重视。"③近十年来，在诸多学者的积极倡导下，中古史书的语料价值也已引起了学界的重视。不过，其研究成果仍大都集中在校勘辑佚和方、俗词语的考释上，语法研究成果相对较少。就整个南北朝史书的语法研究来说，学界又较多措意于南朝史书，成果也略为丰富，相比之下，北朝史书的关注程则相对不足。

《魏书》是北齐魏收奉诏纂修的我国历史上第一部以少数民族所建政权为记述主体的正史，也是一部现存最为完整地记载北魏王朝（4世纪末至6世纪中叶）兴亡史的史书。作者魏收（505—572年）历经北魏、东魏、北齐三朝，见证了朝代更迭和人事变迁，书中所述事件多为作者

---

① 我们把当前学界比较一致认同的东汉至隋这一时期定为中古时期。

② 柳士镇：《试论中古语法的历史地位》，《南京大学学报》2001年第5期。

③ 王云路、方一新：《中古汉语研究》，商务印书馆2004年版，第143页。

亲身经历，书中包含的大量的诏书、奏议、书信和白话内容等都极具研究价值。黄征（2003）曾对《魏书》的语料价值作了相当精辟的评述："《魏书》的语言可分为两部分：一部分引用的诏书、奏议、书信、诗赋等其时代为北魏无疑；一部分是叙述文字，其中大部分为魏收据北魏以来的史料、传记等改写，不完全是北魏时期的语言，但不能晚于魏收所处的北齐。"① 李丽（2015）经过调查研究认为，《魏书》中含有大量口语俗语成分、外来语、新词新义和具有鲜明地域特征的方言词。② 不过，时贤们的大力提倡并没有引起人们的积极响应。《魏书》的早期研究成果仍大都集中在史学和文学方面，语言方面只是一些零星的、不成系统的引证和举述。到目前为止，有关《魏书》语言方面的研究成果仍主要集中在校勘辑佚、史实考辨和词语考释上，语法方面的研究相对较少，仅见到一部以《魏书》语法为研究对象的专著：程亚恒（2012）《〈魏书〉语法研究》。

　　就整个汉语语法史的研究来看，副词研究一直是人们关注的热点，有关副词的定义、分类等诸多问题至今仍众说纷纭、莫衷一是。这一切主要是由副词独特的个性特征造成的。与其他虚词相比副词的特点主要体现在三个方面：从语法功能看，副词能单独充当句子的次要成分而不能单独充当句子的主要成分，在句子中作状语，有的还能作补语；从词义来看，它具有较为实在的词汇意义，有的意义比较实在，有的则相对空灵；副词是一个开放性词类，它包含的范围最广，内部也最为复杂，它更是一个个性大于共性的词类，每个副词均有各自的特点。副词的这些独特性也就注定了对它进行研究的必要性和研究任务的艰巨性。因此，前修时贤虽然对此辛勤耕耘，取得了一些成果，但至今仍有许多值得深入探讨的空间。据此，选取《魏书》并以其副词作为研究对象，希望能够给中古汉语副词研究乃至整个汉语语法史的研究提供一些有价值的参考性资料。

----

① 黄征：《〈魏书〉俗词语研究》，《语文研究》2003年第2期。
② 李丽：《试论〈魏书〉在中古汉语词汇史上的研究价值》，《燕山大学学报》2015年第4期。

《魏书》副词研究

唐长孺等点校整理中华书局 1974 年 6 月出版的点校本《魏书》吸收了历代版本之长及前人的研究成果，曾是近半个世纪以来最好的本子。在此基础上，何德章等集合学界近四十年研究的最新成果，对该书进行了重新修订，修订后的点校本《魏书》已于 2017 年 1 月由中华书局出版，是当前最好的本子。我们的研究以唐本为底本，同时参照何本，如所引例句与何本有出入，则以何本为准。

《魏书》流传至宋代，已残缺不全，嘉祐六年（1061）始命馆阁官加以校勘。北宋著名史学家刘攽、刘恕、安涛和范祖禹经过细致校勘，查出《魏书》"亡逸不全者，无虑三十卷"，并通过比对《北史》《修文殿御览》及唐人各种史钞、史目，将补缺各卷之情形"各疏于逐篇之末"，又于目录相应各卷注明"缺"或"不全"。除上述被认定宋初即已残缺、不全且已被补足的大约三十卷外，后代史学家也陆续考订出一些后人补以他书而未说明者，如卷四十自《陆叡传》以上，早期刻本残缺过甚，至北监本才依据《北史》补足。传世诸本《乐志》《刑罚志》各脱一页，先后分别由卢文弨、陈垣据《册府元龟》《通典》补足。当前关于《魏书》的语料归属问题，得出的可靠结论是：今本《魏书》共一百三十卷，其中卷十二、十三、十四、十五、十七、十八、十九上、二十、二十二、二十五、三十三、三十四、八十一、八十二、八十三上、八十四、八十三下、八十五、八十六、八十七、八十九、九十、九十一、九十二、一百零一、一百零二、一百零三、一百零四、一百零五之三、一百零五之四总计三十卷是后人增补而成的，应看作后时语料。[1]其中第三卷宋人已考证出此纪非魏收书原文，认为是残存的魏澹《魏书》，魏澹历北齐、隋两朝，时代距魏收不远，这部分文字仍可看作北朝时期的语料。《魏书》中的《志》二十卷与《纪》《传》部分相比，语言较为典雅，口语化程度不高，并且副词的使用又相对单纯，所以把研究的重心放在《纪》《传》部分，以上的五十卷内容不在我们的穷尽性调查

---

① 李丽：《试论〈魏书〉在中古汉语词汇史上的研究价值》，《燕山大学学报》2015年第 4 期。该文指出二十八卷，另有不全者两卷：卷九十一、九十二，共三十卷。

统计之列。

二　研究现状

（一）《魏书》研究现状

当前，有关《魏书》语言方面的研究成果，主要集中在校勘辑佚、词语考释诸方面。经过几代学者的辛勤探索，已经取得了诸多成果。20世纪60年代初期，刘世儒在《魏晋南北朝量词研究》一书中就引用了《魏书》数条例证。随后，周一良、蔡镜浩、刘百顺、方一新等在他们的词汇训诂类专著中对《魏书》中部分方、俗疑难词语进行了精当的考证和注释。其代表性的专著主要有：周一良（1985）《魏晋南北朝史札记》、蔡镜浩（1990）《魏晋南北朝词语例释》、刘百顺（1993）《魏晋南北朝史书语词札记》、方一新（1997）《东汉魏晋南北朝史书词语笺释》等。近些年来，方一新、高振铎、何亚南、黄征、刘百顺等都以单篇论文的形式对中古时期的一些疑难词语、点校问题进行了精当的考释和辨正，其中都不同程度地采用了《魏书》语料。其成果主要有：方一新（2000）《魏晋南北朝小说语词校释札记》、（2002）《六朝语词考释漫记》，黄征（1994）《魏晋南北朝俗语词辑释》，何亚南（2003）《"交路"源流考辨》，刘百顺（2002）《汉魏六朝史书词语考释》、（2003）《词语考释二则》，张诒三（2001）《〈魏书〉词语选释》等。高振铎（1994）《〈魏书〉点校商榷七十例》、（1999）《〈魏书〉点校商榷二十九例》，俞艳庭（1999）《〈魏书〉及〈北史〉之〈江式传〉点校举疑》，李丽（2010）《〈魏书〉〈北史〉对读札记》，刘东升（2013）《中华书局点校本〈魏书〉勘误一则》，高贤栋（2014）《〈魏书·本纪〉与〈北史·魏本纪〉点校商正20则》等对《魏书》的点校问题进行了分析和指正。据目前的了解来看，迄今为止，对《魏书》词汇进行全面、系统研究的成果有：李丽（2006）《〈魏书〉词汇研究》《〈魏书〉人名的词汇透视》[①]，呼叙利（2006）《〈魏

---

① 李丽：《汉语史研究集刊》第九辑，巴蜀书社2006年版，第91—102页。

书〉复音同义词研究》^①等。近些年来，还出现了一些利用《魏书》语料来对当时北朝语音特点进行揭示的成果，如刘冠才（2011）《从〈魏书〉看南北朝时期北方语音的一些特点》^②等。到目前为止，就我们目力所及，对《魏书》中的某类语法现象进行系统研究的专著只见到程亚恒《〈魏书〉语法研究》（2012）一书，其余只在一些语法著作里有一些零星的、不成系统的介绍或引证。如刘世儒的《魏晋南北朝量词研究》，董志翘、蔡镜浩的《中古虚词语法例释》都采用了一定数量的《魏书》语料，其中董书引例达54条。

前人的研究方法和成果均对我们的书稿写作启发很大，笔者将充分利用已有的研究成果来开展《魏书》副词研究。

（二）副词研究现状

近几十年来，随着学界对副词研究重要性认识的不断加深，他们投入了更多的时间和精力，研究更深入，取得了许多高质量的研究成果。大致可分为四类：一是单纯针对副词的通论性专著、文章，如黄珊（1996）《古汉语副词的来源》、唐贤清（2004）《〈朱子语类〉副词研究》、葛佳才（2005）《东汉副词系统研究》、杨荣祥（2005）《近代汉语副词研究》、高育花（2007）《中古汉语副词研究》、栗学英（2017）《中古汉语副词演变研究》等；二是对某一类副词进行研究的专著、文章，如何乐士（1994）《〈左传〉范围副词研究》、李杰群（2001）《〈孟子〉总括副词辨析》、杨荣祥、李少华（2014）《再论时间副词的分类》等；三是选取单个副词或副词组合进行个案研究，如江蓝生（1990）《疑问副词"可"探源》、赵长才（1998）《上古汉语"亦"的疑问副词用法及其来源》、张俊之（2013）《川北方言中的副词"便"》、戴世君（2017）《论汉代副词"颇"的表示不同的作用》、夏军（2018）《论副词"只"的场景聚焦用法》、陈前瑞（2018）《试论"曾"的反预期与经历义的演变关系》等；四是通论性

---

① 呼叙利：《〈魏书〉复音同义词研究》，博士学位论文，浙江大学，2006年。
② 刘冠才：《从〈魏书〉看南北朝时期北方语音的一些特点》，《南京师范大学文学院学报》2011年第1期。

的古代汉语语法专著，如王力（1989）《汉语语法史》、向熹（1993）《简明汉语史》、柳士镇（2019）《魏晋南北朝历史语法》（修订本）等。

就近些年的研究而言，个案研究所取得成果最引人注目，现举要介绍：卢烈红（2015）认为，"莫"为否定性无定代词，意为"没有谁""没有什么"，这与疑问代词"何"表"什么""谁"意义上有相同点，在"何莫非"的组合中，"何"吸纳融合了"莫"的相关元素，使"何莫"成为"什么""谁"的合成体，"非"表否定，这样就形成了"何莫非"以"什么不……""谁不……""哪里不……"的反诘形式表强调肯定的特点。笔者认为因"何莫非"中的"莫"是否定性无定代词，其所呈现出的是双向融合，其否定功能与其后的否定词"非"融合在一起，其代词功能与其前的"何"融合，才呈现出相当于"何非"的功能。再者，"莫非"在上古常用于陈述句，"莫"为否定性无定代词，"非"判断性否定副词，意为"没有什么不是""没有谁不是"。因双重否定表示肯定的语气本来就比一般的肯定句语气要强烈，这与"何非"出现在反诘句中时"谁/什么/哪里不是……？"表示强烈肯定语气的功能是一致的，这种语用上的一致性才使两者之间的融合成为可能。融合在一起后，因用于反诘句，因此"莫"也就呈现出帮助强调肯定的功能。由此可见，卢文的观点无疑是正确的。[①]胡丽珍、雷冬平（2015）运用构式语法理论对语气副词"还好"的形成进行了严密的论证。认为，"还好"最初是一个偏正短语，一般在句子中充当谓语对名词性成分进行评判，形成"NP+还好"构式。当评判对象从事物扩展到事件时，则形成"VP+还好"构式，当"还好"所评判的对象处于假设正反对比复句中时，"还好"由于构式"（若）A还好，若不A，B"的压制获得"庆幸"语义，这一构式通过句法外置和焦点凸显则形成"还好A，若不A，B"构式，语气副词就是通过这种构式赋义的方式形成的。句法外置的扩展使"还好"还可以独立使用，衍生出篇章衔

---

① 卢烈红：《"何莫非"考》，《语言研究》2015年第3期。

接和话题标记功能。徐朝红、吴福祥（2015）认为，在中古汉译佛典中"亦"可用作并列连词，该用法源于其类同副词功能，其深层次的动因是由于汉语跟佛经原典语言之间的接触引起的语法复制。王长武（2017）从历时角度探讨了语气副词"可不"的来源，认为"可不"主要来源于反问语境中"可不X"结构的语法化，该结构语法化的动因主要是语境义的吸收与其中"X"的小句化，同时也来源于"可不是"的进一步的简化与词汇化。独用副词"可不"的形成，经历了"可不X"的由反诘到感叹再到陈述的语用功能转化、重新分析，在应答回声语境中结构省略，以及语用推理等过程。该文认为在先秦出现了表反诘的"可不X"，到汉代出现表感叹的"可不X"，在魏晋至唐宋表陈述的"可不X"出现，三类"可不X"的出现存在明显的历时层递性特点。作者这样分类的依据就是今人对古文的标点，今人在标点古文时多根据上下文语境，难免会出现见仁见智的现象，笔者认为"可不X"均表反诘，三类句式的出现也应该不存在明显的历时层递性特点。反诘句本来就是用疑问句的形式表达陈述句的内容，肯定形式表达否定意义，否定形式表达肯定意义，"可不X"显然属于后者。既然"可不X"是由否定形式表达肯定内容的反问句，其句末点号是问号、叹号，还是句号，完全是由上下文语境决定的。表肯定时，如果该反问句以抒发感情为主，感叹语气比较强烈，表示强烈斥责、不满类的句子就属于感叹类反诘句；如果只是强调对某命题的肯定性，语气强烈，用疑问句的语调强调，则属于一般反诘句，句末用问号；如果仅仅客观肯定一个事实，语气不是很强烈，则属于陈述句，句末用句号。

总之，时贤们讨论较多的除了将长期以来一直争论不休的问题，如副词的定义、内部分类及副词与相关词类的划界等问题继续向纵深推进

---

① 胡丽珍、雷冬平：《语气副词"还好"的形成及其研究功能》，《古汉语研究》2015 年第 1 期。

② 徐朝红、吴福祥：《从类同副词到并列连词——中古译经中虚词"亦"的语义演变》，《中国语文》2015 年第 1 期。

③ 王长武：《"可不"来源考》，《古汉语研究》2017 年第 3 期。

外，还将研究重心转移到了单个或某类副词的深层形成机制和动因的探索上。

近几年来，越来越多的人逐渐意识到静态的、片面的、共时的分析描写不能解决副词的根本问题。要想真正做好副词研究就必须从基础做起，必须加大单个副词的研究力度，必须把横向的静态分析与纵向的历时演变研究结合起来，注意总结副词的语法化机制，注重源与流的演变关系。因此，人们不断尝试新的研究方法和研究手段，转换研究视角，加强单个副词的个案研究和历时演变研究，均取得了显著成绩。研究成果主要集中在以下两个方面：

第一，副词语法化机制的不断探索。目前陆续总结出的语法化机制对解决副词研究中长期存在的分类、定义问题起到了很大的推动作用。副词主要是由实词语法化而来，语法化程度的不同构成了副词本身不同的层次性和复杂性。因此，近几年来人们对诱发实词语法化的机制给予了较多的关注，特别是语法化理论兴起以来，掀起了一个单个常用副词历时演变研究的新高潮。据统计，近些年来，有关副词个案研究的单篇论文比综合类文章要多得多，达到80%以上。当前，有关副词词汇化与语法化机制的考察在考虑语义、句法结构相互作用的同时，还较多考虑语体、语用和构式赋义等制约因素的影响，如胡丽珍、雷冬平（2015）《语气副词"还好"的形成及其研究功能》，王长武（2017）《"可不"来源考》，张福通、张寒冰（2017）《语体变用、语用原则推动下的词汇化——以"尤其"为例》等。近些年来，胡丽珍、雷冬平两位先生在这方面着力尤多，成果也较为显著，现举要介绍：胡丽珍、雷冬平（2009）认为，有些副词的形成不仅有一个来源，改变了人们以往的看法，即双音副词的语法化通常一个词仅有一个来源。超量级程度副词"太过"就极有可能是三条语法化途径汇流的结果：一是由"AP太过"结构通过语法功能的类推而产生"太过AP"结构，从而形成超量级程度副词"太过"；二是由不在同一语法层面的超量级程度副词"太"与"过"构成强化格式，当"过"后为双音节形容词时，重新分析促使副词"太过"形成；三是强化格式"太过于"脱落了"于"，这是语法化过程中强化更新的结果。①其实副词"太过"的形成，仅是强化格式"大过于"脱落了"于"，这在后面有专文论述。雷冬平（2018）独辟蹊径，认为副词的形成不仅仅只在状语的位置上才能虚化而成，程度副词"相当"的形成就是由处于定语上的"相当"由于构式语义的压制，其后名词高程度性状义凸显使它处于状语位置上而最终形成。"合适"义的"相当"在汉语史上可以充当定语，特别形成了一个固定结构"有+相当+的+名词"，该结构具有表"大量"的构式义，这一语义通过构式压制赋予构式中的构件身上，而名词前的修饰语则通过用具有"大量"语义特征的形容词来凸显这种构式赋义，于是形成了构式"有+相当+形容词+的+名词"，程度副词"相当"就是在这样的句法结构中形成。②

目前，人们总结出的语法化机制主要有以下几类：一、句法位置的改变是副词语法化的决定性条件；二、词义变化是副词语法化形成的基本条件；三、语境影响是副词语法化的外部条件；四、重新分析（包括句法层面的重新分析和语义指向的重新分析）是副词语法化形成的辅助性条件。当然，这几种语法化机制不是孤立地起作用，而是相互依存、互为条件的。一个实词由于句法位置的改变而进入某种结构关系，必然会导致词义的变化；同样，一个实词词义发生某种变化，也会影响其功能，改变它所处的结构关系的性质。

第二，新的、基础性研究领域的不断开拓。自20世纪90年代以来，有关古汉语专书副词研究的博硕士论文达到一百余篇，并且这一研究热潮还在继续升温。这将为整个汉语副词系统的研究奠定坚实的基础。新的研究领域也逐渐引起了学界的重视，如董志翘、蔡镜浩《中古虚词语法例释》把研究重心放在了相对于上古和近代研究较为薄弱的中古时期，填补了中古汉语虚词研究史上的一片空白，是目前最系统地对此期虚词做出静态描写和动态解释的一部专著。全书共收副词537个，不但对这些副词的意义、用法作了系统的、明确的阐释，而且对每个副词的新义、

---

① 胡丽珍、雷冬平：《说超量级程度副词"太过"的形成》，《语言科学》2009年第4期。
② 雷冬平：《程度副词"相当"形成的特殊路径》，《汉语学习》2018年第3期。

新用法进行了追根溯源的研究。这其中就有 32 个副词的释义引用了《魏书》例句，3 个副词在释义时将《魏书》例句列为始见例，列举如下：

［苦］表示程度极高。可译作"极""很""太""最""非常"等。

（1）详之初禁也，乃以蒸高事告母。母大怒，詈之苦切，曰："汝自有妻妾侍婢，少盛如花，何忽共许高丽婢奸通，令致此罪。我得高丽，当噉其肉。"（《北海王传》①/563②）

表示程度和范围。可译作"尽""全"。

（2）令曰："卿似欲致谏，故以左右有人，不肯苦言，朕为卿屏左右，卿其尽陈之。"（《张普惠传》/1738）

例（1）"苦切"，即"非常严厉"；例（2）"苦言"与"尽陈之"相对，明显表示"全部"。"苦"在上古汉语中常用作形容词表示"痛苦""困苦"，从认知角度看，就人们的常规社会意识而言，人在现实生活中必须面对各种各样的"苦"，"苦"本身就包含有不同程度的变化，只要不超出人们的心理承受程度，通常人们不会去关注它。但在生活中人们在乎的是自己所遇到一些极端的痛苦，刻骨铭心，难以忘怀。因此，这类词如果加上适当的句法环境的影响很容易虚化为一个"极其"义的程度副词。"程度"本身就隐含一个隐性的由低到高的弹性变化域，"范围"本身也隐含着一个由小到大的弹性变化空间域，这两者之间的相似性促使两类副词之间可以互相转化。

［特］用在动词前，表示动作行为的专为性，是一个情态副词，可译作"特地""特意"。

（3）特令澄为七言连韵，与高祖往复赌赛，遂至极欢，际夜乃罢。（《景穆十二王·任城王传》/464）

表"特意"的"特"是一个主观性很强的情态副词，表明说话人为了突出强调某人而专门发出某个动作，多用于连动句的前一动词前。该副词

---

① 凡是出自《魏书》的例句，只标明篇章，不加"魏书"二字。

② 该数字表示此例句出现于《魏书》（中华书局 1974 年版）中的页码，每个例句均参考了（北齐）魏收撰，唐长孺等点校、何德章等修订《魏书》，中华书局 2017 年版。凡引他书则一般只标明出处而不标注页码。下同，不再说明。

用法始见于汉代，盛行于魏晋南北朝，到了明清时期双音化为"特意"。

因此，笔者认为对《魏书》副词做一个全面系统的研究还是比较有意义的，希望我们的研究能给汉语副词研究提供一些基础性成果。

三　研究目标和主要内容

（一）研究目标

本书希望经过研究达到两个目标：一是在对《魏书》副词进行全面、系统地分析描写的基础上，概括出《魏书》副词的使用面貌和特征，进一步揭示出《魏书》所反映的语言特色，指出《魏书》在汉语语法史研究上的价值尤其是副词方面的地位和价值；二是我们还将运用已有的研究成果将《魏书》副词的使用情况与南朝、上古及近代文献进行比较研究，找出它们之间的异同点并尽量揭示其成因，力争为中古汉语语法研究尤其是副词方面的研究提供一些有价值的参考性资料。

（二）主要内容

首先，笔者对《魏书》副词进行全面、系统的描写分析。在分析描写的过程中，我们将着重探讨以下三种情况：上古旧有副词的多义化；中古新生副词的多义化；近代汉语副词的萌生。对于其中的双音节副词（包括同义连文式）①，将重心放在《魏书》双音节副词的形成、定性及其语法功能、结构方式的分析上。其次，我们将《魏书》副词与《南齐书》副词进行比较研究，在此基础上力争发掘出一些《魏书》中颇具时代特色和地域特色的副词。不但对它们的用法进行描述，而且还要探究其来源和成因。最后，由于探讨副词的语法化机制对于整个汉语语法史的建立尤其是副词本体研究起到非常重要的作用，就《魏书》中一些较有特色的副词或短语作个案研究，打算以这些副词和短语为切入点，通过分析它们的语义特征及语法化机制，尝试在整个汉语语法史的大框架下总结归纳出几种副词语法化的类型。

---

① 本著作所言双音副词均包括同义连文式副词。下同，不再说明。

四　研究方法

（一）穷尽描写法

穷尽描写法是目前专书词类研究比较通行、可靠的方法之一，对该书中的词类调查得是否详尽，将直接影响到结论是否具有正确性和可靠性。本书将对《魏书》副词进行穷尽性的调查描写，并对一些副词的出现频率、句法位置、归类进行详细认真的辨别统计，力争反映出《魏书》副词的真实面貌。

（二）定量分析和定性分析相结合

本书将采取定量分析和定性分析相结合的方法，在对《魏书》副词定量分析的基础上进行定性分析。对各类副词的使用情况进行认真细致的考察、统计，在此基础上总结出副词的实际使用面貌和特征。

（三）比较法

专书研究不只是为了描写该书的语言面貌，更重要的是将其置于整个汉语史研究的大框架内进行观察比较。因此，本书尽可能把《魏书》副词和南朝语料中的副词进行比较研究，揭示南北朝汉语在副词运用方面的差异，并尽量探寻差异存在的深层原因。主要选择的比较对象是：《南齐书》副词的使用情况。

（四）语义分析法

鉴于副词半虚半实的个性特征，在本书中我们将运用语义指向和语义特征分析法，希望透过副词与其他句法成分之间表层的句法结构关系达到深层的语义特征之间的关系，通过分析深层语义之间的关系来为表层结构关系寻找合理的理据。

五　统计与探析原则

（一）统计原则

凡是上古已经产生并已普遍使用的副词，只列出词目，不举例句；

中古时期产生并在《魏书》中出现的副词①，按照词目的音序排列并引用书中例句加以证明；对于中古时期新出现和上古已经萌芽主要流行于中古时期的一些副词，还将统计出该副词在《魏书》中出现的频率。在统计过程中，对于有多个义项的单个副词，按多个副词计算；对于同音同义但异形的副词，按照不同的副词计算；对于同音同形同时代同次类但词义略有不同的副词，仍看作一个副词；对于一形多义副词，按照该副词在本书中出现的先后顺序，在此副词的右下角用数字标出此副词所具有的义项数并注明词义，如"始₁刚刚""始₂才"。

（二）探析原则

分析原则在对《魏书》中各类副词的分布情况进行穷尽式调查分析的基础上，从共时和历时两方面入手，采用以例代词的方式对各类副词进行全面细致的描写，对于《魏书》中出现的每个中古新兴副词进行探源讨流式的具体分析，非假借方式形成的副词分别从语义、句法和语用三方面来探讨其来源与成因，假借方式产生的副词利用语音这个线索，寻找其来源，以便能全面展现《魏书》副词全貌。

---

① 《魏书》中的副词出现时代的认定，主要参考当前工具书与当前的研究成果，对当前学界尚无定论的，通过文献检索的方式来辨别确认。所参考的工具书有：《汉语大字典》，《汉语大词典》，社科院语言所：《古代汉语虚词词典》；向熹：《简明汉语史》；柳士镇：《魏晋南北朝历史语法》；董志翘、蔡镜浩：《中古虚词语法例释》；何乐士等：《古代汉语虚词通释》；韩峥嵘：《古汉语虚词手册》等。

第一章　副词概说

第一节　副词的定义和功能

一　副词的定义

副词的定义一直是副词研究中争议较多的问题之一，各家观点也常常仁智不一。不过，他们的定义，基本上都抓住了副词的本质特征，只是侧重点不同。总的来说，前期研究侧重于将副词的意义特征和功能特征分开来给副词下定义，如马建忠、黎锦熙、王力[①]等主要从意义特征出发给副词下定义；丁声树、胡裕树、吕叔湘、朱德熙[②]等主要从功能特征出发给副词下定义。后期则注意到了两者的结合，如杨伯峻、何乐士[③]、蒋冀骋等以副词的功能特征为主，兼顾意义特征，较为客观地给副词下定义。其中蒋冀骋（2012）认为"任何一个陈述句都是由两个或两个以上的部件组成：陈述对象和陈述对象的状态。陈述对象由名词充当，陈述对象的状态由形容词和动词充当。就汉语而言，名词是

---

① 详见马建忠：《马氏文通》，商务印书馆1998年版，第21页；黎锦熙：《新著国语文法》，商务印书馆1998年版，第20页；王力：《中国现代语法》，商务印书馆1985年版，第18页。

② 详见丁声树：《现代汉语语法讲话》，商务印书馆1980年版，第180页；胡裕树：《现代汉语》，上海教育出版社1995年版，第290页；吕叔湘：《现代汉语八百词》（增订本），商务印书馆1999年版，第18页；朱德熙：《语法讲义》，商务印书馆1982年版，第192页。

③ 杨伯峻、何乐士：《古汉语语法及其发展》，语文出版社2003年版，第226页。

表示名物的词，动词是表示动作的词，形容词是表示性质和状态的词。这些都是构成的主件，是词汇中的主体。没有主体不行，只有主体也不行。没有主体，不知说什么，不知说谁；只有主体，语义的精微处无法表达，所以还得有别的词类来参与句子的构成，如动作的时间、范围、程度、频率、方式，性质和特征的程度、情态，动词和形容词自身难以表达，故还得需要别的词来帮助。这些修饰动词和形容词的词，英语叫'adverb'，'verb'是动词的意思，'ad'是表示增加意的前缀，加在动词（verb）的上面就是对动词进行修饰、限定。Adverb 从不充当句子的主要成分，在句子中不起主要的决定性作用，只起辅助的作用，作附加的成分"[①]。

笔者比较倾向于后者，因为功能和意义两项标准互为参照，以副词的功能特征为主比较符合汉语的实际。笔者认为词类划分应该以词的语法功能为主要依据，如果侧重于词的意义特征，就会有很大的主观性和随意性，很难得出客观一致的结论。那么本书对副词的界定就是指在句法结构中通常只能充当状语，对谓词性成分起修饰限制作用，而从不充当被修饰成分，表示动作行为或状态性质的各种特征、方式、范围等的一类词。

二　副词的功能

根据我们的定义，副词在句中通常只能充当状语，对谓词性成分起修饰限制作用，而从不充当被修饰成分。这与当前语法学界的通行看法并不一致，因为当前学界普遍认为，副词在一定条件下还能修饰名词；有些副词还能够独立使用，即单独回答问题；还有人认为副词还能修饰副词。该问题杨荣祥（2005）已对该问题作了详细论述。笔者认为副词是谓语性成分的修饰成分，凡是能够在句子中充当谓语的成分均能够受副词修饰。当不常充当谓语的词类或短语受副词修饰时，也已经谓语化。

---

① 蒋冀骋："序言"，载张振羽《〈三言〉副词研究》，湖南师范大学出版社 2012 年版，第 1 页。

（一）副词修饰名词

1.时间名词

汉语中的时间名词本来就可以直接充当谓语，因此其在充当谓语时可以受时间副词的修饰，该类句子的主语与谓语部分均是时间名词，整个句子表示判断，即说话人对谓语与主语表示时间是否等同作出判断。这是上古汉语判断句用法在现代汉语中的残留。如：

(1) 其明旦即乙未，立春之日也。（《汉书·王莽传下》）

(2) 明天已经星期六了。

例（1）中的"明旦""乙未""立春之日"均为时间名词，"明旦"即"明晨"为判断句主语，"乙未""立春之日"为判断句谓语，"乙未"前用副词"即"修饰来表示强调，"立春之日"后用"也"来凸显判断语气。例（2）与例（1）句法结构完全相同。

2.判断型存在句后段：事物名词

判断型存在句的句法结构可表示为"A 段（处所名词）+B 段（判断词）+C 段（存在名物）"，当事物名词出现在省略判断词的判断型存在句后段位置上时，通常可以受一些范围副词的修饰。判断词"是"到汉代才开始出现，上古无判断词判断句占优势，受上古汉语判断句的影响，早期的判断型存在句通常只有 A 段与 C 段，因判断句中用来表示判断的名词作谓语是其固有功能，因此能受副词修饰。因范围副词在该句式中可以表示 C 段（存在名物）占据 A 段（处所）空间范围的大小情况，因而主要可以受范围副词的修饰。如：

(3) 名藩重地，皆其亲党，京官要任，必其心腹。（《魏书·韩麒麟传》）

(4) 其城四边，悉紫绀石，首罗天护，令国安隐。（《宋书·夷蛮传》）

(5) 脸上净泥。

例（3）、例（4）可以看作上古汉语判断句用法的残余。例（4）"首罗"即印度所崇奉创造宇宙之最高主神。"安隐"即"安稳"，"隐""稳"音近义通。"首罗天护，令国安隐"意为"宇宙之神在上天护佑，使国家美好安稳"。例（5）与例（3）、例（4）结构相同。

3."数量名结构"中的名词

在汉语句法结构中名词带上数量词可以充当谓语，因此"数量名结构"可以受部分副词修饰，通常是范围或频率副词，副词和"数量名结构"之间的结构为"状中"关系。

（6）夫人与天地并立为三，自家当思量，天如此高，地如此厚，自家一个七尺血气之躯，如何会并立为三？只为自家此性元善，同是一处出来。（《朱子语类·训门人六》卷118）

（7）"心"字只一个字母，故"性""情"字皆从"心"。（《朱子语类·性理二》卷5）

（8）这身衣服只三尺布。

例（6）中的"自家"为人称代词，相当于"自己"在句中作主语。例（8）与例（7）句法结构相同。

4."方位名词"

在汉语中许多方位词或具有方位意义的名词，可以受极性程度副词（最、顶等）的修饰。杜道流（2007）认为："甲骨卜辞中作谓语是方位名词的主要功能之一。"[①]在汉语中方位名词本身可以作谓语来对主语所表人或事物的方位进行介绍。当说话人对某名物的空间方位进行介绍时总要选取一个参照点，以该参照点为中心的方位，该名物就位于其向某个方向发射的射线的某点上，其距离参照点之间有一定的空间距离，空间距离本来就具有可大可小可量化的弹性变化区间，这与程度自身的弹性变化区间有相似之处，从语义上看这种契合使空间方位词语可以受程度副词修饰。不过从语用角度来说，空间位置的介绍需要精准，可副词词义所涵盖的辖域具有模糊性，通常不能精准地表明某物相对于参照点的具体位置，因此方位词通常不能受"很（甚度）"或"稍微（微度）"程度副词的修饰。不过，当某名物相对于参照点的空间距离一旦确定，

---

① 杜道流：《有关甲骨卜辞语法研究的几个问题》，载《古籍研究》（上卷）总第五十一期，安徽大学出版社2007年版，第62页。

这两者之间就像处于一条线段的两端，端点互为两极，位置明确而确定，故在介绍某名物的方所位置时可受极性程度副词的修饰。如：

（9）日南至在斗二十一度，去极百一十五度少强是也。日最南，去极最远，故景最长。（《宋书·天文志》卷23）

（10）冬至日行极南，黄道出赤道二十四度，昼极短。（《宋史·律历志》卷82）

（11）他走到最前面。

例（9）"南"作谓语，意为"冬至日太阳运行至斗宿二十一度，距离北极一百一十五度又十二分之四。太阳在最南面，距离北极最远，所以日影最长"。例（10）"极南"即"最南方"，已名语化，作补语。例（11）与例（10）句法结构相同。

（二）关于"副词单说"

副词能够单独回答问题，即单独成句。部分副词在对话形式的语境中能够独立成句，即单独回答问题，那么是否就能认为副词能够单说呢？答案是否定的。因为"副词单说"都受到较强的句法、语用条件的制约，只能出现在对话形式的语境中，因该副词的修饰成分在对话中的上下文中是明确的，参与对话的双方都不言而喻，因而可以省略。该现象是口语里句法成分大量省略的结果。离开了对话语境，"副词单说"是不能成立的。这种现象自古而然。如：

（12）我德则睦，否则携贰。（《左传·襄公四年》）

（13）"许子冠乎？"曰："冠。"曰："奚冠？"曰："冠素。"曰："自织之与？"曰："否，以粟易之。"（《孟子·滕文公上》）

（14）我明天去学校吗？不。

例（12）、例（13）中的"否"在上古汉语中是个非常特殊的否定副词，常用在肯定否定相对举的句子中或在对话中表示应答，因这两种情况下，"否"后的谓语成分在特定的上下文中听说双方都很明确，根本无须说出，故通常省略。例（12）"德"与"否德"相对举，例（13）为答语"否自织"的省略，不能因此把"否"看作能够单独成句。《大戴礼记》："孔子曰：'否，某则不能。'"下文则曰："某则否能。"①由此可见，"不""否"功能相同。例（14）与例（13）情况相同，属于答语省略。

（三）程度副词作补语

关于程度副词能否作补语的问题，随着研究的不断深入，学界已基本达成共识，即程度副词可以作补语，不过对能作补语的程度副词的数量尚存在分歧：一些认为仅有个别程度副词；一些认为相当一部分程度副词。唐贤清、罗主宾（2014）在总结前人研究的基础上通过跨语言考察发现，汉语各方言、少数民族语言里都存在程度副词后置于谓词作补语的现象，并且在能作补语的语言里也不只是表现在个别的程度副词上。②我们认为程度副词具有［＋量］的语义特征，表性状的形容词或心理活动的情感动词也具有［＋量］的语义特征，因此程度副词能够修饰形容词和部分心理活动动词来表示其量的大小，这具有跨语言的普遍性。当然在表示其量时可以位于状语的位置上也可以位于补语的位置上，以哪一种方式为主，这属于语言习惯问题，毫无疑问，汉语是多用状语的形式来凸显其程度的量，这是一种强势语序，同时也存在部分副词例外的现象。

（四）关于副词修饰副词

王力曾指出："两个以上的副词相连接的时候，不该认为甲副词修饰乙副词，只该认为甲副词修饰乙副词所在的整个仂语。例如，在'不很好'里，并不是'不'修饰'很'，而是'不'修饰'很好'。"③笔者完全赞同王力的观点。《魏书》中出现的"不甚谐韵""不甚修洁""不甚称职""甚不自得""甚不平"等均与此相同。徐以中（2015）从声学与语音节奏的角度对"不很灵验"与"很不灵验"的句法结构作了辨析，认为前者为"不"先修饰副词"很"，"不很"组合在一起再修饰"灵验"，后者为"很"修饰"不灵验"这一组合。④笔者认为，"不很灵验"

---

① （清）吴昌莹：《经词衍释》，中华书局 1956 年版，第 189 页。
② 唐贤清、罗主宾：《程度副词作补语的跨语言考察》，《民族语文》2014 年第 1 期。
③ 王力：《中国现代语法》，商务印书馆 1985 年版，第 138–139 页。
④ 徐以中：《副词的语用分析及相关语音问题研究》，世界图书广东出版公司 2015 年版，第 150 页。

中的"不"与"很"其语义指向都是指向"灵验"，"不很灵验"与"不灵验"表意基本相同，"很"在体现程度的同时还兼有舒缓语气的作用。"不很灵验"与"很不灵验"的句法结构相同。江天（1980）认为"决不苛求"中的"决"是"不"的状语，原因是"决"作副词在现代汉语中不能直接修饰谓词性成分。①其实"决"表示强调语气，可译为"一定"，在上古到近代一直可以直接修饰谓词性中心语。如《战国策·秦策四》："寡人决讲矣。"欧阳修《与高司谏书》："今者推其实迹而较之，然后决知足下非君子也。"《二刻拍案惊奇》："素梅要叫声龙香，又想他决在家里，那里在外面听得。"在现代汉语中"决"不常单独直接修饰谓词性成分是汉语词汇双音化的结果，故"决不苛求"中"决"是强调"不苛求"，而非仅仅强调"不"。

第二节　副词的分类及其与相关词类的划界

一　副词的分类

吕叔湘曾指出："副词的内部需要分类，可是不容易分得干净利索，因为副词本身就是一个大杂烩。"② 这句话道出了对副词分类的必要性和分类任务的艰巨性。由于副词自身"半实半虚"的特性和本身固有的复杂性，目前副词的分类问题仍没有得到很好的解决。现行的副词分类主要有以下几种不同观点：

1. 黄伯荣、廖序东《现代汉语》分为六类：程度、范围、时间频率、肯定否定、情态方式、语气。③

2. 胡裕树《现代汉语》分为六类：程度、情状、时间和频率、范围、否定、语气。④

3. 黎锦熙《新著国语文法》分为六类：时间、地位、性态、数量、

---

① 江天：《现代汉语语法通解》，辽宁人民出版社1980年版，第72页。
② 吕叔湘：《汉语语法论文集》，商务印书馆1990年版，第512页。
③ 黄伯荣、廖序东：《现代汉语》（下），高等教育出版社1997年版，第24页。
④ 胡裕树：《现代汉语》，上海教育出版社1995年版，第290页。

否定、疑问。^①

4. 吕叔湘《现代汉语八百词》分为八类：范围、语气、否定、时间、情态、程度、处所、疑问。^②

5. 王力《中国现代语法》分为八类：程度、范围、时间、方式、可能性和必要性、否定、语气、关系。^③

6. 杨伯峻、何乐士《古汉语语法及其发展》分为十一类：时间、程度、状态、范围、否定、疑问、推度、判断、连接、劝令、谦敬。^④

7. 张静《汉语语法问题》分为五类：程度、时间、范围、估量、语气。^⑤

8. 朱德熙《语法讲义》分为四类：范围、程度、时间、否定。^⑥

综观以上各种分类，可以看出他们大都从副词的意义特征入手，并结合其分布特征来分的。基本上都承认"程度、范围、时间、否定"这四个小类，其分歧主要存在于对其余各小类副词的认定上。不过，如果审慎地看一下，就会发现：有的分类过于简单，不能反映副词的实际面貌；有的又过于烦琐，如频率副词和时间副词并存，疑问、推度和语气副词并存，处所副词和范围副词并存等（笔者认为这些是类别和成员的关系，可以合并）。在各家分类尚未达成一致的情况下，我们仍采取比较通行的分类方法，把副词分为范围、否定、时间、程度、情状方式、语气、关联、指代性副词八类。

二 副词与相关词类的划界问题

由于副词独特的语法功能，使副词与形容词、副词与连词、时间副词与时间名词、语气副词与语气词之间都存在不同程度的纠缠交叉现象。这一问题一直是副词研究中的难点、热点。前修时贤虽然投入了大量精力，至今仍未达成共识。有关这方面问题的讨论主要以单篇论文为主，

---

① 黎锦熙：《新著国语文法》，商务印书馆 1998 年版，第 125 页。
② 吕叔湘：《现代汉语八百词》（增订本），商务印书馆 1999 年版，第 18 页。
③ 王力：《中国现代语法》，商务印书馆 1985 年版，第 131—138 页。
④ 杨伯峻、何乐士：《古汉语语法及其发展》，语文出版社 2003 年版，第 227 页。
⑤ 张静：《汉语语法问题》，中国社会科学出版社 1987 年版，第 301—302 页。
⑥ 朱德熙：《语法讲义》，商务印书馆 1982 年版，第 195—201 页。

如黄盛璋（1957）《论连词跟副词的划分》、段德森(1991)《副词转化为连词浅说》、张谊生（1995）《状词与副词的区别》等。笔者主要参照副词的功能特征和分布特点，在综合各家观点的基础上暂定如下划分标准。

（一）副词与形容词

副词与形容词的区分主要表现在语法功能上，大多数副词只用作状语修饰限制谓词性成分，极个别副词还可以用作补语补充说明谓语。而形容词除作状语外，还可以作谓语、定语，也可以直接受程度副词修饰，如"善"。

(1)高祖曰："朕昔置此官，许三年考绩，必行赏罚。既经今考，若无黜陟，恐正直者莫肯用心，邪曲者无以改肃。自非释之于公，何能尽其至理？虽不可精其微致，且望粗有殿最。诸尚书更与群官善量所以。"（《献文六王传·广陵王》/548）

(2)光少有大度，喜怒不见于色，有毁恶之者，必善言以报之，虽见诬谤，终不自申曲直。（《崔光传》/1488）

(3)诏曰："得表闻之，无恙甚善。"（《百济传》/2218）

以上三例中的"善"分别在句中作状语、定语、谓语。例（1）"善量所以"，即"好好商量怎么来做这件事情"；例（2）"善言以报之"，即"以善言报之"；例（3）中的"善"在句中作谓语。"善"作状语与作定语、谓语时，意义基本同一，一些古汉语虚词词典将其作状语时的用法归入了情状副词。笔者认为仍是形容词作状语，因为形容词本身就可表示事物的性状，同类形容词还有"好""早"等。举例如下：

(4)及将亡，谓左右曰："吾尝以方伯簿伍至青州，士女属目。若丧过东阳，不可不好设仪卫，哭泣尽哀，令观者改容也。"（《李元护传》/1586）

(5)谳弟慧，羽林监、直阁将军。早卒，赠帛五百匹，赠镇远将军、恒州刺史。（《献文六王传·赵郡王》/545）

(6)诏曰："弟勰所生母潘，早龄谢世，显号未加，勰祸与身具，痛随形起。今因其展思，有足悲矜，可赠彭城国太妃，以慰存亡。"

（《献文六王传·彭城王》/572）

例（4）"好"在该例中作状语，是说李元户到快要离世时，告诉他的左右随从我曾经以地方长官的身份带着仪仗侍从来到青州。我去世之后，如果尸体路过东阳不可不好好地设置仪仗护卫，哭泣竭尽悲伤，令观者动容啊。"好"除作状语外，还经常在句中作定语、谓语，如"好人""甚好"。例（5）中"早"作状语，"早卒"，即"早早夭折"。例（6）中的"早"作定语，"早龄"，即"早年"。该例意为"吾弟元飐的生母潘氏，早年离世，显号未加，元飐痛苦灾祸伴随着他长大，如今他辗转思念，可赠与其母封号彭城国太妃，以告慰生者与死者。"

通常情况下，要区分形容词和副词，根据它们的功能和分布特征是可以做到的，但若遇到一个词，其作谓语或定语与作状语时在意义上明显有联系，这时要确定该词是形容词还是分属形容词与副词则会有些困难。有些词既可以充当状语，又可作谓语和定语，但作状语和充当谓语、定语时语义上有明显差异，语法功能与分布上也有差别，这样的词是同形同音的两个词——副词和形容词。例如：

（7）丙子，诏曰："尚书检实，随状科赠。庶粗慰冤魂，少申恻隐。"（《出帝纪·平阳王》/290）

（8）及庄帝还宫，荣令渊进讨韩楼，配卒甚少。（《侯渊传》/1786）

以上两例中的"少"在语义上有一定联系，都表示量少，但也存在明显差异，一为程度的量少，一为数量，一虚一实。这时，从语义的同一性上来看，很难做到泾渭分明，还可结合其功能与分布上的区别，"少"作状语，本身绝对不能再受副词的修饰，如不能说"甚少申恻隐"，却可以说"很少采纳"，故前者为副词；后者为形容词。例（7）"少"与"粗"并举，为"稍微"义。"少申恻隐"，即"稍微表明一下同情怜悯之心"，该例意为："让尚书核查实际情况，根据实情和等级分别给予追赠功勋荣禄，希望以此略微告慰一下含冤而死的英魂"。例（8）中的"少"指"数量少"，为形容词，在句中作谓语。同类副词还有"深""大"等。

史书中常见短语"久之""顷之"，一些古汉语虚词词典将它们归入了时间副词，表示过去。这类短语通常在句中或句首作状语，其中的"之"是助词，一般嵌在时间词之后，没有实在意义，都是以短语的形式表达时间概念，表示前后所发生事件之间相隔的时间长短，语义指向并不是后面所发生的动作行为，在句中不仅能作句首状语，偶尔还能够作补语，所以不应看作副词。如：

（9）遭母忧去职。久之，除伏波将军，复为太仓令。（《良吏传·杜纂》/1905）

（10）太子恂废，以宫官例免。顷之，除太尉掾，兼太子中舍人。（《裴延俊传》/1528）

（11）琛少孤，曾过友人，见其父母兄弟悉无恙，垂涕久之。（《辛雄传》/1701）

从词义的角度来看，"顷之""久之"均有较实在的词汇意义，其中的"之"是一个助词，只是一个起到凑足音节或表示提顿语气作用，"顷之"与"顷"，"久之"与"久"在语义上基本上没有区别，因此把它看作一个词组更为合适。位于句首时多表示前后两件事发生间隔时间的久暂，并且在句子线性序列上是一个独立性较强的语法单位。例（9）、（10）在句首作状语，例（11）中的"久之"作补语，补充说明动作行为持续的时间。

（二）关联副词与连词 [①]

关联副词和连词的区分主要看该词的存在与否，是否影响句子正常的语意表达，副词的主要功能是修饰、限定谓语，句子缺少了副词，就会影响句子的表达效果，即便是关联副词，除了表示关联作用外，还有一定的语意上的修饰限制功能。因此当该词去掉后它所处句子的语意不能自足，语意上受到了影响，可以判定该词为副词。而连词主要起连接

---

① 该部分参考了黄盛璋：《论连词跟副词的划分》，《语文教学》1957 年第 8 期。黄文提出了划分副词和连词的标准：凡在一个句子形式中永远不能出现在主语前面，只能出现在主语之后、谓语之前的，是副词；凡能出现在主语之前（并不排斥可以出现在主语之后、谓语之前），而单独一个句子能够自足的，也是副词；凡能出现在主语之前（并不排斥也能出现在主语之后、谓语之前），但单独一个句子不能自足的，是连词。

作用，连接的是词、短语或句子，必须是两个或两个以上部分，如果舍去该词只是该句语意之间的逻辑关系不再那么明显，语意表达上基本上不受什么影响。连词与副词不同，在复句中，连词是连接前后两个分句的，去掉连词，我们仍可以根据上下文推断出连词所连接两端的意义的逻辑关系。如：

（12）宝夤自以出军累年，糜费尤广，一旦覆败，虑见猜责，内不自安。（《萧宝夤传》/1323）

（13）浩曰："……滑台、虎牢反在军北，绝望南救，必沿河东走。若或不然，即是囷中之物。"（《崔浩传》/814）

例（12）意为，萧宝夤自己以为常年出兵作战，奢侈浪费非常多，一旦战争失败，担心要被猜忌，心中不安。例（13）中的"反"是关联副词，相当于现代汉语中的"反而"，表示一种出乎意料的转折，该例是说"滑台""虎牢"都是南北作战时的重要军事基地，当时已在南朝刘宋将领的控制之下，崔浩说："这两个军事要地反而在我们大军的北面，虽然被他们占领，中间隔着我们的大军，南方救兵不能到达因此他们会感到绝望，他们一定沿河向东逃走，如果不这样，已是我们的囊中之物。"虽然以上两例中的"一旦"和"若或"都表示假设，但"一旦"在表假设的同时，还隐含着意外新情况的出现，所强调的是随后的行为动作，去掉后会影响意思的精确表达。而"若或"则强调的是前后分句之间意义上的相互关系，着重于从大的语言环境中起连接作用，语义指向并不是随后的谓词成分，去掉后基本上不影响句意的完整表达。故把"一旦"看作副词，"若或"看作连词。

有些词语在外在形式上与现代汉语中关联副词相同，但在语义上不同，也应注意区分。如《魏书·邢峦传》："臣诚知征戎危事，不易可为，自军度剑阁以来，鬓发中白，忧虑战惧，宁可一日为心。所以勉强者，既得此地而自退不守，恐辜先皇之恩遇，负陛下之爵禄，是以孜孜，频有陈请。"该例中的"宁可"并不是表示选择关系关联副词，而是一个表示反问语气的词组，可译为"怎么可以"。"宁可一日为心"，即"怎能轻松片刻"。

（三）时间副词与时间名词

区分时间副词和时间名词也主要参考其语法功能，如果该词除了能作状语外，还能够作主语、宾语、定语，并且还可以与介词组成介宾短语，那么该词为时间名词。区分时，主要注意以下两方面：

第一，有一类时间名词它们的主要句法功能是常常作句首状语，多表示对往事的追溯，这些时间名词所表示的时间概念都比较模糊，所以很容易被误认为时间副词。

（14）初，太祖避窟咄之难，遣崇还察人心。（《穆崇传》/662）

（15）昔彭城之役，既克其城，戍镇已定，而思叛外，向者犹过数方。（《高闾传》/1207）

（16）顷者，咸阳、京兆王自贻祸败，事由间惑，犹有可矜。（《献文六王传·咸阳王》/541）

（17）但比来赠谥，于例普重，如甄琛之流，无不复谥。（《甄琛传》/1516）

（18）世宗谓勰曰："顷来南北务殷，不容仰遂冲操。恪是何人，而敢久违先敕，今遂叔父高蹈之意。"（《献文六王传·彭城王》/580）

例（14）是说，当初太祖在躲避窟咄叛乱时，派穆崇回去观察民心向背情况。例（15）"向者"为"前些时候"，"犹"为"已经"，该例意为，过去彭城之战，已经攻下了该城，戍守据点已经布定，可留戍人员却想着叛变外逃，前些时候已经通过各种方向叛逃。例（16）"顷者"，为"过去"，该诏书下于北魏正光年间，即522年左右，而京兆王元黎薨于北魏神麚元年，即428年，其间时隔近100年，因此应为"往昔""过去"义，该例意为："过去，咸阳王元禧，京兆王元黎，自己招致祸端，不过事发由小人离间而一时迷惑，尚有可同情之处。"例（17）"比来"为"近来"义，该例是说，但是近来增加谥号，与惯例相比普遍加重，像甄琛之类的人，没有不是双字谥号的。例（18）"顷来"，即"近来"。该例意为世宗告诉彭城王元勰说："近来南北方事务繁多，客观上无法满足您谦逊归隐的想法。可是我是什么人啊，却敢长期违背先君之令，如今满足叔父您隐居的想法"。从意义上来看，"初""向者""顷者""顷来""比来"都表示过去的时间。"初"表示过去，对往事的追述；"向者""顷者""顷来""比来"可以理解为"最近""近来"。它们所表示的时间可近可远，都是一个不确定的模糊概念，从句法位置上来看，常常位于主语和话题的位置，与谓语部分距离较远。与一般的时间副词不同，时间副词以紧挨着谓语为常，只修饰谓语部分所表示的动作行为或性质状态，意义较为虚化空灵。如：

（19）今鸡一身已变，未至于头，而上知之，是将有其事，而不遂成之象也。（《崔光传》/1489）

（20）忽令垂组乘轩，求其烹鲜之效，未曾操刀，而使专割。（《崔亮传》/1481）

例（19）"已"的语义指向动词"变"，"已变"即"已经变化"。例（20）"垂组"为古代诸王朝服的一种配饰，在这里指"穿上朝服"，"乘轩"即"乘坐大夫的车子"，"垂组乘轩"在这里指"上朝为官"。"烹鲜"语出《老子》："治大国若烹小鲜。"后以"烹鲜"比喻治国便民之道，亦比喻政治才能。在该例中"烹鲜"指"非凡的治国之道"。"未曾操刀，而使专割"是比喻说法，意为："忽然让一个人去做官，而希望他能作出非凡的成就，就像未曾拿过刀，却让他专管用刀分解牲畜的骨肉一样。"

第二，还有一类时间名词，它们既可以作宾语、定语，又可以作状语，但是作宾语、定语时与作状语时意义不同。如：

（21）诏曰："去岁阿那瑰叛逆，遣李崇令北征，崇遂长驱塞北，返旆榆关，此亦一时之盛。"（《李崇传》/1473）

（22）时中山庄弼遗书普惠曰："……一昨承胡司徒第，当面折庭诤，虽问难锋至，而应对响出，宋城之带始萦，鲁门之析裁警，终使群后逡巡，庶僚拱默，虽不见用于一时，固已传美于百代。闻风快然，敬裁此白。"（《张普惠传》/1735）

（23）见之者无不伤楚，阖州惊震，人怀怨愤。百姓王元寿等一时反叛。（《酷吏传·于洛侯》/1917）

例（21）中的"一时"在句中充当定语，是说"李崇长驱直入塞北，直至榆关才收兵返回,这也是当时之盛事";例(22)在句中作补语,为时间名词,该例是一封由中山郡庄弼代表官府写给下属张普惠的一封表扬信,信中对其耿直、真诚、坦率以及独辩群僚的英姿进行了热情洋溢的赞赏。该例中还运用了公输般以带绕城之典,典出《墨子·公输》:"子墨子解带为城,以牒(筷子)为械(兵器),公输般九设攻城之机变,子墨子九拒之。"墨子是宋国人,公输般是鲁国人,在这里比喻张普惠像墨子一样对答游刃有余,而对方如公输般一样问难已穷。该例大意为:"昨天您趁着在胡司徒府宅之机,在大庭广众之中当着胡太后的面,争辩不止,虽然太后的质问宛如刀锋迭出,但您应答如流。您如墨子的防守一样,牢不可破;对方则似公输般的进攻一样,溃不成军。终于使后族退却,使众官员拱手缄默。虽然您的意见在当时不被接受,但必将被后代长久地传为美谈。我听到这消息,对您肃然起敬,特此裁笺作书,写了这些话"。例(23)"一时"作状语,是时间副词,即"当即反叛"。

还有一类时间名词,如表示"按时"义的"时",表示"按例、以例"义的"例"等,在谓语前作状语时,一些古汉语虚词词典将它们归入了时间副词。笔者把这种情况仍看作时间名词作状语。

综上所述,笔者把《魏书》中的"初$_{当初}$、初$_{开始}$、今、昔、向$_{当初}$、向者、顷、顷者、比来[①]、时$_{当时}$、顷来$_{近来}$、先$_{原先}$、始$_{当初}$"等看作表示时间的名词性成分;把"始$_{刚刚}$、方$_{刚刚}$、初$_{刚刚}$"等看作时间副词。

(四)疑问语气副词和疑问代词

一些古汉语虚词词典将"安、奚、何、胡、焉、恶"等归入表示疑问和反问语气的语气副词。这些词均属于疑问代词,表示有疑而问(询问)或者无疑而问(反问)是疑问代词的主要功用。疑问代词表示反问语气时,失去了称代作用,是其特殊用法。

(五)副词与助动词

助动词可以作谓语,可以受否定词"不"的修饰,在句法结构中作

---

① 由于在《魏书》中多出现"比年以来、顷年以来、自比以来、自顷以来"等短语,我们认为表示"近来"义的"比来""顷来"可能是这些短语的省略,故不看作副词。

被修饰成分，副词不能。如：

（24）始，谦之与浩同从车驾，苦与浩诤，浩不肯。（《释老志》/3035）

（25）始欲推故南安王，次推阳平王，若不肯从，欲逼乐陵王。（《陆俟传》/913）

（26）帝谓诸将曰："朕量宝不能出战，必当凭城自守，偷延日月。"（《太祖纪》/28）

以上三例，"肯"为助动词，"必当"为副词。

（六）同形异构异义现象

一些词语在词形上与近现代流行的副词完全相同，但是在意义上还是一个短语，该类词语尚不能看作一个副词。如：

（27）乙巳，诏曰："六职备于周经，九列炳于汉晋，务必有恒，人守其职。"（《高祖纪》/172）

该例中的"务必"与近现代汉语中表强调性的祈使语气的"务必"词形相同，表示说话人认为某事一定要这样做，带有指令或劝勉语气。该词始见于明代，后来一直沿用到现代汉语中，是由上古汉语中就已流行的表示该语气的两个单音词"务"与"必"，以同义连文的形式组合而成。不过该例中"务"指的是"六职""九列"，即"职务"，"务必有恒"，即"职务一定有恒"，不能看作副词。

章结： 本章主要在前人研究的基础上对副词的定义、功能、分类以及副词与其他相关词类的划界问题进行了探讨。笔者认为对于副词的定义应该遵从功能和意义两项标准互为参照，以副词的功能特征为主比较符合汉语的实际；副词的分类应该以词的语法功能为主要依据，如果侧重于词的意义特征，就会有很大的主观性和随意性，很难得出客观一致的结论；副词与相关词类的划界问题也应主要参考其句法功能。

第二章 历时视域下《魏书》副词分类探析（上）

第一节 《魏书》时间副词

何为时间副词？学界尚无定论。当前学界对时间副词的界定大都比照印欧语中动词所体现出来的语法范畴义"时（过去时、现在时、将来时）""体（一般体、进行体、完成体）""态"来进行界定。如陆俭明、马真（1985）指出："时间副词，按说都能表示时间；其实，通常所说的时间副词，大多不表'时'而表示'态'。""定时时间副词重在时，不在态。""不定时时间副词重在态，不在时。"[①]龚千言（1995）认为，时间副词都是表时态的成分，"汉语的这些前加成分就是通常所谓时间副词，其实按其性质和作用，应视为'时态副词'。"[②]邹海清（2011）认为："就时间副词的功能来看，体功能为其基本功能，具有整体上的普遍性；时功能为其次要功能，不具有整体上的普遍性。"[③]也有着眼于汉语自身特点，来给时间副词下定义的，如杨荣祥（1999）则认为，时间副词首先必须是"副词"，即"只能在'状·中'结构中充当修饰

---

① 陆俭明、马真：《现代汉语虚词散论》，北京大学出版社1985年版，第106、113页。

② 龚千言：《汉语的时相、时制、时态》，商务印书馆1995年版，第49页。

③ 邹海清：《现代汉语时间副词的功能研究》，世界图书出版公司2011年版，第3页。

成分而从不充当被修饰成分的词"。①夏群（2010）认为，时间副词主要是表示一种时间关系。夏文指出："时间副词是表示动作行为或事件与某一时间参照点的先时、后时或同时关系的一种副词……时间副词要能够与某一时间参照点产生先后或同时关系。"②笔者认为印欧语系中动词的语法范畴义"时""体""态"是针对有形态变化的语言来说的，这些概念的提出原本就没有考虑汉语的实际情况。汉语体现动词时间意义的语法手段与印欧语不同，主要是时间副词与体助词。因此这种比照印欧语来给时间副词下定义的方法不符合汉语的实际。笔者认为，时间副词就是只能在句中充当状语，表示时间意义的副词，与某一时间参照点相比，它能够体现动作行为或性状的发生变化的相对时间位置或时间长短的副词。

时间副词在《魏书》副词中所占比例最大。如果把《魏书》中的时间副词作为一个系统来考察，那么，从共时角度看，《魏书》中时间副词所体现的是一个含有不同时间层次的静态副词体系，从历时角度看，它又体现出既相对稳定又不断发展的动态历程；既有上古已通行时间副词的继续使用，又有上古萌生此期流行的时间副词的发展；既存在此期产生、并普遍使用的新兴时间副词，又有此期新生、中古之后兴盛的一些时间副词。为了更清楚地了解《魏书》时间副词的全貌，笔者对其中的时间副词进行了详细的穷尽性的统计分析描写。

时间副词是表示动作行为发生的时间及与事件发生的时间相关的副词。在句法结构中，时间副词通常位于谓语前，有时也可以位于句首。在句法功能上，时间副词一般多修饰动词性谓语，偶尔也可以修饰形容词性谓语和名词性谓语，修饰形容词或名词时该形容词或名词已经动词化在语义上均表示一种变化，语义一般只指向谓语。时间副词一般不能修饰 Nump③，少数时间副词虽然可以修饰 Nump，但这时"副词 + Nump"一定表示一种发展变化。在副词这一大类中，时间副词无论在

---

① 杨荣祥：《现代汉语副词次类及其特征描写》，《湛江师范学院学报》1999 年第 1 期。
② 夏群：《试论现代汉语时间副词的性质与分类》，《语言与翻译》2010 年第 1 期。
③ Nump 指数量词或数量短语。下同，不再说明。

数量上还是在出现频率上都占据着非常重要的地位。当前学界对时间副词的分类也莫衷一是，为了便于操作，笔者仍采用通行的分类方式。根据时间副词的语义特征，先将时间副词分为两大类，第一大类表示动作变化发生的时间在过去；第二大类表示动作发生或进行的时间状态如何。根据其内部语法意义的不同，将时间副词再分为十个次类。对于产生并流行于上古汉语中的时间副词，并且其语法功能与用法并没有发生大的变化，只列出词目；对于产生于上古但流行于中古，与中古新生副词分别列出词目并举例说明。

一　表过去、已然

此类副词表示动作行为或状况在说话前或某一特定时间之前已经发生或完成。通常只修饰动词性谓语，少数也修饰形容词性谓语（在修饰形容词性谓语时，一定表示该形容词所具有的某种性质或状态的变化或完成），一般不修饰句子形式。《魏书》中这类副词共有 11 个，其中沿用于上古汉语的有 8 个：本$_{1本来}$、曾$_{1曾经}$、尝$_{曾}$、常$_1$借作"尝"、既$_{1已经}$、已、以借作"已"，$_{已经}$、亦$_{1已经}$；见于中古汉语的有 3 个：便已$_{已经}$、经$_{1曾经}$、遂$_{1已}$。

（1）［便已$_{已经}$］值尔朱兆等便已克洛，相州刺史李神等议欲与津举城通款，津不从。（《杨播传》/1299）

（2）［经$_{1曾经}$］又曰："游历多年，与卿先经相识。"（《鹿悆传》/1763）

（3）［遂$_{1已}$］既得平仲，引与同室，致酒食，叙国军明将入意。夜中，北城上縋出平仲、灵宾等十余人。厥明，官军至城，灵宾遂归梁邹。（《房法寿传》/971）

例（1）"便已"即"已经"，"便"表肯定语气，强调客观上某种情况确实已经发生，可译为"确实"，有时还带有庆幸正好符合人愿望的意味，可译为"恰好"，"便"与"已"结合强调该动作行为在此之前确实、恰好已经发生，为中古新兴用法。该用法始见于南北朝，后沿用至清末。该例意为："遇到尔朱兆等恰好已经攻克洛阳，相州刺史李神等人商议要同杨津向尔朱兆献城通好，杨津不同意"。由于"便"表强调的语气副词用法经常与"已"连用，如：《魏书·卢玄传》："而贼自夏以来，贯甲不歇，从六里以北，城栅相连，役使兵人，便已疲殆。若大众临之，必可禽捷。"《宋书·王弘传》："闻王太保家便已匮乏，清约之美，同规古人。"。到唐末，"便"受"已"同化影响，也可单独表"已经"，如（南唐）李建勋《宫词》："宫门长闭舞衣闲，略识君王鬓便斑。""略识君王鬓便斑"，即"大概只记得君王双鬓已经斑白"。"便"表强调的语气副词用法当由"即"类化而来，两者在上古都可表示后一动作紧接着前一动作发生或出现，"举笔便/即成""一问便/即知"。"即"在上古还常表示对动作行为的肯定强调，如《史记·项羽本纪》："梁父即楚将项燕。""便"的该用法当受其类化而来。"已"本义"怀孕截止"[①]；由本义引申指"停止"，如"死而后已""大哭不已"；因"停止"指某动作行为已经结束，隐含有［＋已经结束］的语义特征，当位于其他动词前，语义指向其后的动词时就可表示其后的动作行为已经结束或完成，故可引申出该副词用法，如"木已成舟""三窟已就"等。

例（2）"经"相当于副词"曾"。"经"的该用法始见于南北朝，董志翘、蔡镜浩（1994）对该用法的所举南北朝时例证6例均为南朝文献。[②]该句话出自鹿悆之口。鹿悆，济阴，今山东菏泽人，该例表明"经"在北朝口语中亦可表"曾经"。"经"本义"织机上的纵线（与纬相对）"，因织布时经线与纬线要相互穿插与交织，故可引申指动词"经过""经历"，该词位于动词前时可表某些行为曾经经历过，由此虚化，重新分析而成。

例（3）"遂归梁邹"，其中的"遂"表示前一动作发生时，后一动作行为已经完成，即"到天亮，官军到达盘阳城时，房灵宾已经回到梁邹"。到近代"遂"与"已"可连用，表示"已经"，如《资治通鉴·淝水之战》："谢安得驿书，知秦兵已败，时方与客围棋，摄书置床上，

---

① 谷衍奎：《汉字源流字典》，语文出版社 2008 年版（2010 年 4 月重印），第 46 页。
② 董志翘、蔡镜浩：《中古虚词语法例释》，吉林教育出版社 1994 年版，第 299 页。

了无喜色，围棋如故。客问之，徐答曰：'小儿辈遂已破贼。'"遂"的该用法始见于中古，古汉语虚词词典均未见收录。"遂"虚化为该副词当由两方面的动因：一为内因，"遂"本义"逃亡"，《说文·辵部》"遂，亡也。"因逃亡意味着以前生活的结束，故可引申指动词"完成"，在句中既可作谓语又可作定语，如"功成名遂""成事不说，遂事不谏，既往不咎"，该动词具有［＋已经］的语义特征，当其位于动词前作状语时很容易虚化出该副词用法；一为外因，"乃"的类化，"遂""乃"在上古汉语中都经常作顺承关系的关联副词，表示后一动作行为紧接着前一动作行为发生，可译为"就"。至中古，受汉语词汇双音化大趋势的影响，两者常以同义连文的形式凝合在一起，如《后汉书·孔融传》："是时荆州牧刘表不供职贡，多行僭伪，遂乃郊祀天地，拟斥乘舆。""乃"在上古，作副词可表示动作行为已经发生、出现，如《左传·昭公十三年》："子产闻其未张也，使速往，乃无所张矣。""乃无所张矣"，即"使者至，已无撑设帐幕之所"。

二 表示初始、刚刚

此类副词在语法意义上表示动作行为或事物的发展变化刚刚开始，提醒听话人着眼于后续的动作行为或变化，一般只修饰动词性谓语。现代汉语中，该类副词可以修饰形容词，受该类副词修饰的形容词其实已经动词化，表示一种变化，如"天刚亮"。《魏书》中没见到这种用法。《魏书》中此类副词共12个，其中见于上古汉语的有7个：始$_{1刚刚}$、初$_{1刚}$、新、乃$_{1刚刚}$、一$_{1刚刚}$、向$_{1刚刚}$、适$_{1刚刚}$；见于中古汉语的有5个：才$_{刚}$、方$_{1刚刚}$、甫（7[①]）、仅$_{1刚}$、暂$_{1刚刚}$（3）。

（4）［才$_{刚}$］颐将葬，丧车未出端门，昭业便称疾还内。裁入阁，便于内奏胡伎，鞞铎之声，震响内外。（《萧道成传》/2166）

（5）［方$_{1刚刚}$］初之创巨方始，复吊之宾，尚改缞袭，奉哀苦次，而无追变，孝子孝孙，岂天理是与？（《房法寿传》/980）

---

① 该括号内的数字表示此副词在《魏书》中出现的总次数。下同，不再说明。

（6）［甫］囧对曰："……且徙都者，天下之大事。今京邑甫尔，庶事造创，臣闻《诗》云：'惠此中国，以绥四方。'臣愿陛下从容伊瀍，优游京洛，使德被四海，中国绰宁，然后向化之徒，自然乐附。"（《高囧传》/1208）

（7）［仅₁刚］悦自杀岳后，神情恍惚，不复如常，恒言："我仅睡即梦见岳语我'兄欲何处去'，随我不相置。"（《侯莫陈悦传》/1786）

（8）［暂₁刚刚］天光与岳、悦等驰赴之，道洛出城拒战，暂交便退，追杀千余人，道洛还走入山，城复降附。（《尔朱天光传》/1764）

例（4）"裁"通"才"。"端门"为"宫殿正南门"；"胡伎"即"胡乐"；"鞞铎"，本指"鼓铃"，在这里指"敲击乐器"。"才"表示前一动作刚发生出现不久，后一动作紧接着就发生，两者之间相隔时间极短，可译为"刚"。该用法始见于南北朝，为南北朝通用副词，后来一直沿用到现代汉语。《汉语大词典》举首见例为，柳永《西平乐》词："嘉景清明渐近，时节轻寒乍暖，天气才晴又雨。"明显滞后。"才"本义为"草木初生"。《说文·才部》："才，草木之初也。"由草木之刚刚破土而出引申出该副词义，表动作行为刚发生不久。王筠《说文解字句读》："凡始义，《说文》作才，亦借材、财、裁，今人借才。"

例（5）意为"当初巨大的创伤刚刚开始，往来吊丧的宾客尚且改穿灰黑色的袭服，在灵柩的草垫子上守丧的孝子却没有改换孝服，作为孝子孝孙，难道是在遵循天理吗？"其中"方"，表示该动作行为或某种情况刚刚发生不久，可译为"刚"。该用法应由"始"的副词用法类化而来，始见于南北朝，后来一直沿用到现代汉语中。《汉语大词典》所引该用法首见例为《诗经·大雅·公刘》："弓矢斯张，干戈戚扬，爰方启行。"朱熹集传："方，始也。"①不妥。该例中朱熹所认为的"方，始也。"并不是表示动作行为的刚发生不久，而是动词，表示动手做，

---

① 罗竹凤等：《汉语大词典》（重印本），第6卷，上海辞书出版社2008年版，第1550页。

着手进行。指将要发生事件的开始，含有祈使意味，可译为"开始"，表示前面做好了一系列准备后，后一动作行为可以开始了。"爰方起行"，即"于是开始出发"。"始"本义为"女人怀胎"，后引申出可以作名词或动词的"开始"义，因无论是静态还是动态，"开始"属于时间范畴，作名词时表静态，即时间的起点，该起点既可以着眼于某事件过去开始时的时间，也可以指将来未然事件开始时的起点。因过去事件的起点，是明确的，常看作名词，可译为"当初、过去"，如《左传·庄公十一年》："始吾敬子，今子鲁囚也，吾弗敬子矣。"因将来事件的发生，时间尚不确定，其起点相对虚化，常看作副词，可译为"开始"，如《史记·大宛列传》："汉使取其实来，于是天子始种苜蓿、蒲陶肥饶地。"在此基础上继续引申，当用于前后两件事情之间，表示两件事情的条件关系，即前一动作所表某特定条件出现，后一动作行为才开始出现发生，可译为"才"，如《左传·昭公二十八年》："昔贾大夫恶，娶妻而美，三年不言不笑。御以如皋，射雉获之，其妻始笑而言。"因"开始"表时间时，隐含有［＋时间短］的语义特征，故可引申出表动作行为发生出现不久的副词义，可译为"刚""刚刚"。如《史记·袁盎列传》："计划始行，卒受大戮。"即"计划刚执行，突然被处死"。"方"与"始"有相同的动词用法，故其副词用法也受"始"类化而来。

例（6）为高间劝谏高祖此时不宜出兵征讨之言。"甫"作副词，表示动作行为状况刚开始不久，可译为"刚刚"，始见于汉代，兴盛于六朝，后一直沿用到现代汉语中。"甫"本可指"男子之美称"。《说文·用部》："甫，男子美称也。"（清）段玉裁《说文解字注·用部》："甫，以男子始冠之称，引申为始也。"然后再有"开始"义，进而引申出"刚刚"义。

例（7）主要描写陈悦杀人后的心理状态，被杀的贺拔岳梦中一直跟随着他，无法摆脱。"仅"作时间副词，与例（4）用法相同，表示后一动作在前一动作刚发生之后不久发生，相当于"刚刚"。当今语文辞书中均未收录该用法。《说文·人部》："仅，材（才）能也。"本义为"勉强能够"，如《战国策·燕策二》："齐王逃遁走莒，仅以身免。""勉强能够做某事"意味着"只能在某个限定范围内做某事,刚达到做某事的要求"具有［+限定范围］［+刚达到］的语义特征,进而可引申出表限定的范围副词用法与表示"刚刚"义的时间副词用法。

例(8)"暂"作时间副词,表示"刚刚",其用法与例(4)、例(7)相同。该用法始见于东汉,后沿用至辽金。"暂"本义为"时间短",《说文·日部》:"暂,不久也。从日斩声。""不久",即"短时",故可引申出"刚刚"义。

三 表示进行

这一小类副词表示动作行为在说话时发生或者在说话时正在进行着。在句法结构中常常位于动词性谓语前,并且其语义指向谓语动词。和现代汉语一样,表示进行的时间副词非常少,《魏书》中只有两个,全部沿自上古汉语:方$_2$正、正$_1$正在。

四 表示将来、未然

这一小类副词在语法意义上表示动作行为或情况将要进行或发生。在句中只位于动词谓语前,语义上只指向谓语。《魏书》中此类副词共8个,其中5个沿用于上古汉语:当$_{将也}$、将$_{1将要}$、且$_{1将要}$、其$_{1将要}$、方$_{3将也}$;3个见于中古汉语:垂$_{1快要}$(6)、方将(4)、向$_{2将要}$(6)。

(9)［垂$_{1快要}$］朱蒙告水曰:"我是日子,河伯外孙,今日逃走,追兵垂及,如何得济?"于是鱼鳖并浮,为之成桥,朱蒙得渡,鱼鳖乃解,追骑不得渡。(《高句丽传》/2214)

(10)［方将］壬申,诏曰:"……今二寇摧殄,士马无为,方将偃武修文,遵太平之化,理废职,举逸民,拔起幽穷,延登隽乂,昧旦思求,想遇师辅,虽殷宗之梦板筑,罔以加也。"(《世祖本纪》/79)

(11)［向$_{2将要}$］瑒有女始笄,妙选良偶,有心于晔。遂别设一席于坐前,谓诸弟子曰:"吾有一女,年向成长,欲觅一快女婿。谁坐此席者,吾当婚焉。"(《刘晔传》/1160)

例（9）中的"垂"表示动作或情况很快就要发生，该用法始见于东汉，后来一直沿用到现代汉语中，如"大祸垂及"。"垂"本义"边疆""边际"。《说文·土部》："垂，边远也。""遥远的边界"，后来写作"陲"。因一个国家的边界，意味着国土将尽，达到边界线。后来由空间将尽虚化为副词，指时间，表示即将到达动作行为发生的时间。因"空间""时间""程度"都具有［+量］的特征，当修饰数量词语、时间名词或形容词时又可表示几乎接近某种程度，如《三国志·魏书·张鲁传》："（张鲁）雄踞巴、汉垂三十年。"在当时的汉译佛典中还出现了同义连文的"垂当"连用例，如（北魏）慧觉等译《贤愚经·长者无耳目舌品》："时彼国法，若其命终，家无男儿，所有财物，悉应入官。王遣大臣，摄录其材，垂当入官。""垂当入官"，即"即将收入官府"。

例（10）"方将"表"将要"始见于上古，流行于南北朝，沿用到清末。"方将"是由上古流行的单音词"方"与"将"以同义连文的形式组合而成。"方"的该副词用法由"将"通假类化而来，如《诗经·秦风·小戎》："方何为期，胡然我思之。"即"将何时为归期，我为何这样想念他"。马瑞辰《毛诗传笺通释》："方之言将也。""将"本为一个亦声字，从又持肉于爿，"爿"亦声。形旁又、月、爿分别是手、肉、爿的象形字，三者结合会持取义。由持取义引申指扶助，因"扶助某人做某事"含有［+想要］的语义特征，故可引申出助动词"想、要"义，进而引申虚化出表将来时的时间副词用法。该例为世祖拓跋焘所下"偃武修文"之诏，要"调整被废除的职位，推举避世隐居之民，提拔起用幽居困穷之士，延聘英才，早晚思求，想遇到老师辅助，虽殷之先王武丁举傅说于板筑之间为贤相的心情，也不会超过我此刻求贤若渴之意"。

例（11）"向"作副词表示"快要"，始见于汉末，流行于南北朝，一直沿用到现代汉语中，如"十月向尽的时候"。"向"本义为"朝北的窗户"，《说文·宀部》："向，北出牖也。"进而引申出"方向""崇尚、趋向"义，因"崇尚、趋向"含有［+向某方向趋进］的语义特征，故可引申虚化出"接近"义，因"接近"含有［＋时间＋事态］语义特征，当强调事件状态的接近时即为表示几近度的程度副词，强调时间上接近时，即为表将来时的时间副词。前者如《后汉书·段颎传》："今适期年，所耗未半，而余寇残烬，将向殄灭。"

五　表示短时

此类副词在语法意义上表示该动作行为在很短时间内即将发生或表示两动作行为事件之间，后一动作行为或事件在前一动作行为或事件结束后很短时间内发生。在句中通常修饰动词性谓语，通常只能位于主语的后面，少数能修饰句子成分。这类副词又可分为两个小类：一类指时间较短，可译为"不久""一会儿"等；一类指时间极短，可译为"立即""随即"等。《魏书》中表短时的时间副词共有 34 个，其中沿用于上古汉语的有 19 个：既而$_{不久}$、已而$_{不久}$、俄而$_{不久}$、俄$_{不久}$、旋$_{不久}$、既$_{2不久}$、顷之$_{不久}$、即$_{1立即}$、便$_{1随即、就}$、速$_{立即}$、遽$_{立即}$、立$_{立即}$、乃$_{2立即、随即}$、遂$_{2随即}$、旋$_{}$、辄$_{1立即、马上}$、骤$_{1立即}$、仍$_{通"乃"、立即}$、随；见于中古的有 15 个：便尔$_{立即}$（7）、便即$_{立即}$（11）、当即（2）、登即$_{当即}$（2）、登时$_{立即、立刻}$（3）、顿$_{1立即、一下子}$（6）、俄然$_{不久、一会儿}$（4）、即便$_{当即}$（3）、即时$_{当下、立刻}$（2）、遂便$_{随即}$（5）、随即、寻$_{不久}$、一时$_{1即时、立刻}$（9）、应时$_{即刻}$（4）、造次$_{1片刻}$。

（12）［便尔$_{立即}$］其中险要，悉有伏人，盗窃始发，便尔擒送。（《李崇传》/1466）

（13）［便即$_{立即}$］凡诸不逞，皆迭加爵位，许以南面之日，便即施行，皆疏官位名号于黄笺纸与之，各各囊盛，带之肘后。（《萧道成传》/2165）

（14）［当即］休宾答白曜，许历城降，当即归顺，密遣兼主簿尹文达向历城，观国军形势。（《刘休宾传》/964）

（15）［登即$_{当即}$］集郎与二弟躬摄甲胄，率其所领，登即擒斩。（《夏侯道迁传》/1582）

（16）［登时$_{立即、立刻}$］仰寻世宗诏书，百官普进一级，中有朝臣刺史登时襃授，则内外贵贱，莫不同泽。（《张普惠传》/

1744)

（17）〔顿₁立即、一下子〕酒阑，芳与肃俱出，肃执芳手曰："吾少来留意《三礼》，在南诸儒，亟共讨论，皆谓此义如吾向言，今闻往释，顿祛平生之惑。"（《刘芳传》/1220）

（18）〔俄然不久、一会儿〕三十年冬十月，帝征卫辰。时河冰未成，帝乃以苇絙约渐，俄然冰合，犹未能坚，乃散苇于上，冰草相结，如浮桥焉。（《序纪》/15）

（19）〔即便当即〕衍好人佞己，末年尤甚，或有云国家强盛者，即便忿怒，有云朝廷衰弱者，因致喜悦。（《萧衍传》/2184）

（20）〔即时当下、立刻〕五月，车驾出幸河北。事出不虞，天下改望。荣闻之，即时驰传朝行宫于上党之长子，行其部分。（《尔朱荣传》/1652）

（21）〔遂便随即〕丽曰："安有闻君父之丧，方虑祸难，不即奔波者！"遂便驰赴。（《陆俟传》/908）

（22）〔随即〕沙门法抚，三齐称其聪悟，常与显宗校试，抄百余人名，各读一遍，随即覆呼，法抚犹有一二舛谬，显宗了无误错。（《韩麒麟传》/1338）

（23）〔寻不久〕高祖崩，咸阳王禧等奏祚兼吏部尚书。寻除长兼吏部尚书、并州大中正。（《郭祚传》/1422）

（24）〔一时₁即时、立刻〕见之者无不伤楚，阖州惊震，人怀怨愤。百姓王元寿等一时反叛。（《于洛侯传》/1917）

（25）〔应时即刻〕臣即遣军主江悦之率诸军主席灵坦、庞树等领义勇应时讨扑。（《夏侯道迁传》/1581）

（26）〔造次₁片刻〕少雍性清正，不惮强御，积年久讼，造次决之，请托路绝，时称贤明。（《辛绍先传》/1027）

例（12）"便尔"表示"立即"，当由"便"加副词词尾"尔"组合而成。该用法始见于魏晋，后沿用至清。"尔"在上古就被借作指示代词，指"彼""此""这样"，在此基础上又虚化助词作形容词或副词词尾。"便"在上古，常用作副词表示两件事情间隔的时间很短，紧接着发生，相当于"就"。如：《史记·项羽本纪》："少年欲立婴，便为王，异军苍头特起。""欲立"与"为王"之间时间相隔极短，婴为王之后一支特异突出的军队突然兴起。"便尔"成词后，多用于先后两件事情之间，如果后一事件在语义上与前一事件相反或出乎常情与预料时就引申出情态副词用法，相当于"竟然""反而"，该用法始见于宋，后沿用至清代。如（宋）苏轼《过新息留示乡人任师中》："昔年尝羡任夫子，卜居新息临淮水。怪君便尔忘故乡，稻熟鱼肥信清美。"

例（13）"便即"表"立即、马上就（怎么做或出现某情况）"，可译为"立即"。该用法始见于东汉，盛行于魏晋，沿用至现代。该用法由上古表示"立即"的"便"与"即"以同义连文的形式组合而成，所修饰的动词多是自主动词。该例是说，萧昭业答应经常在一起游玩的为非作歹之徒，在即位之日立即兑现承诺，封官加爵。

例（14）到魏晋，"当"衍生出了副词"立即"义，如（晋）张华《博物志》卷十："（刘玄石）归至家当醉，而家人不知，以为死也，权葬之。""当即"表"立即"由表"立即"义的"当"与"即"复合而成。该用法始见于东汉，后一直沿用至现代汉语中。"当"本义"田与田相对等"。《说文·田部》："当，田相值也。"引申指"对等""相称"。由"相当"引申指处罚与罪责相当的"判处"义，如"失期当斩"。由"相当"也可引申指与常理相当的"应该""应当"义，如"当断不断，反受其乱""理当如此"。"应该"多表示人们对未然事件的主观预测性判断，故可引申指表将来的时间副词用法。"将来"所隐含的时间限域可大可小，当表示极小时，即为"将要""快要"。如果用于两件事之间，表示一件事情紧接着一件事情很快发生，就有了"当即"义。

例（15）"登即"表"立即"始见于魏晋，发展于唐宋，沿用至清代。到了魏晋时期，"登"衍生出了表"立即"义的副词用法，如《三国志·吴志·钟离牧传》裴松之注引（晋）虞预《会稽典录》："牧遣使慰譬，（曾夏等）登皆首服，自改为良民。""登即"当由表"立即"义的副词"登"与"即"以同义连文的形式凝合而成。

例（16）"登时"，即"立即"，是由"登"与表示时间范畴的"时"

凝合而成，该词始见于晋代，后来一直沿用至现代汉语中。"登""当"从古至今声母相同，韵母相近，故"登时"该用法应由"当时"通假而来。"登时"后简化为"登"，同时又与"即"组合成"登即"。

例（17）"顿"，表示"忽然""一下子"，很快出现某情况，可译为"立即""一下子"。该用法始见于汉，兴盛于魏晋南北朝，后来一直沿用至现代，到了晚清与"时"凝合成双音词"顿时"。也见于南北朝时期南朝文献，如（南朝·梁）沈约《答陆厥书》："若以文章之音韵，同弦管之声曲，则美恶妍蚩，不得顿相乖反。譬由子野操曲，安得忽有阐缓失调之声？以《洛神》比陈思他赋，有似异手之作。故知天机启则律吕自调，六情滞则音律顿舛也。""顿相乖反"与"忽有阐缓失调之声"相应，故"顿"表"忽然"。"顿舛"，即"顿时不协调"。"顿"本义"顿首"。《说文·页部》："顿，下首也。""顿首"与"稽首"均为以头至地而拜之礼，两者区别在于，"稽首"以头至地多时，而"顿首"至地则举。"顿"本义即含有［＋短时］的语义特征，故可引申出该用法。

例（18）"俄然"，即"不久、很快"，表示一件事情结束之后很快发生了另外一件事情。该用法始见于上古汉语，流行于魏晋，明代之后逐渐消失。"俄"本义"行顷也"。《说文·人部》："俄，行倾也。""行倾"即"行路歪斜"。因"行路歪斜"与"人直立行走"相比是"稍有偏侧"，由空间上的差距小映射到时间上就可指"时间上的短暂"。如《荀子·君道篇》："故有社稷者莫不欲强，俄则弱矣；莫不欲安，俄则危矣；莫不欲存，俄则亡矣。"随着汉语词汇双音化的影响，"俄"后附上副词词尾"然""而""尔"分别形成了"俄然""俄而""俄尔"。

例（19）"即便"表"立即"始见于魏晋，由上古表示"立即"的"即"与"便"以同义连文的形式组合而成，盛行于魏晋，沿用到现代汉语中。"便"本义为"安适"，《说文·人部》："便，安也。"由本义引申出动词义"做某事顺利"，"顺利即用时较短"，故可引申出该副词用法。"即"本义"即食"。《说文·皀部》："即，即食也。""即食"即"就食"，"就食必靠近餐桌"，由空间上的靠近转指时间时就可引申出时间短之义。在当时的南北朝汉译佛典中还出现了"即便"连文用例，如（北魏）慧觉等译《贤愚经·长者无耳目舌品》："其妇答言：'长者诚信，必不肯尔。为当试语。'即受其珠。平事暮归，即便具白。"（南朝·齐）求那毗地译《百喻经·三重楼喻》："即唤木匠而问言曰：'解作彼家端正舍不？'木匠答言：'是我所作。'即便语言：'今可为我造楼如彼。'是时木匠即便经地，垒墼造楼。"

例（20）"即时"，即"立即"，是由"即"与表示时间范畴的"时"凝合而成，该词始见于东汉，一直沿用到现代汉语中。该例意为，五月，皇上出走河北。事态出人意料地危急，天下人认为没有希望了。尔朱荣获悉消息后立即飞马传信朝见皇上于上党郡长子县的行宫，又调动了他的一部分军队。

例（21）"遂便"作副词，表示"随即""立即"，始见于东汉，流行于魏晋南北朝，唐以后不再出现。"便"在上古，常用作时间副词表示先后两个动作间隔的时间很短，紧接着发生，相当于"即"。"遂"作动词有"称心""如意"义，如"顺遂"。"称心"即"某事顺利"。"某事顺利"，即"用时短"，隐含有［＋时间短］的语义特征，当用于两事之间时，即可表示一件事情结束很快发生另一件事情。"遂"常用作关联副词表示顺承关系，强调先后两个动作间隔的时间很短，相当于"就"，当"遂"与"便"结合，凸显的是时间短，因此与"便"一起组合成一个表示"短时"的时间副词。

例（22）"随即"，表示一件事紧跟另一事发生，强调两件事相隔时间短，相当于"立刻就""马上就"，始见于南北朝，一直沿用到现代汉语中。《汉语大词典》首引《北史·元敏传》中例句，时代稍晚。[1]"随"本义"跟从"，《说文·辵部》："随，从也。"进而引申有顺着、接着等意义，当表示顺着、接着做某事时具有强调两件事情之间间隔时间短的语义特征，故可引申出该副词用法。该用法始见于汉代，如《汉书·佞幸传·邓通》："长公主赐邓通，吏辄随没入之，一簪不得着身。""随即"的成词，是由"随"与"即"以同义连文的形式组合而成。

---

① 罗竹风等：《汉语大词典》（重印本），第11卷，上海辞书出版社2008年版，第1105页。

例（23）"寻"表示"不久"，强调一件事情结束不久就接着发生了另一件事情，始见于东汉，沿用至清代。"寻"本义为长度单位，作动词指"测量长度"，引申而有"沿着、顺着""连续、继续"义，进而引申出该副词用法。

例（24）"一时"表示一件事紧接着一件事马上发生，相当于"即时、立刻"。该用法始见于南北朝，后来沿用至清代。该词是一个通用于南北朝时期南北方的副词，南朝用例，如：刘义庆《世说新语·容止》："始入门，诸客望其神姿，一时退匿。""一时"作名词本有"片刻、一会儿"义，隐含有［＋时间短］的语义特征，故可引申出该用法。"一时"作名词还有"同一时候"义，在该义的基础上可虚化为总括副词，当众多人、物在同一时间发出某动作行为或将某一动作在同一时间加诸众多人或物，就引申出"一起、全都"义，该用法始见于魏晋，如《三国志·魏志·田豫传》："前太守收其党羽五百余人，表奏皆当死。豫悉见诸系囚，慰谕，开其自新之路，一时破械遣之。"后一直沿用至现代汉语中。

例（25）"应时"，与前文表"立即"义的"即"相应，表示"即刻"。该用法始见于汉代，流行于魏晋，沿用至20世纪二三十年代。再如（三国·魏）曹植《与杨德祖书》："世人之著述，不能无病，仆常好人讥谈其文，有不善者，应时改定。""应"作动词有"响应"义，如"一呼百应"。由"响应"引申指"顺应"，"应时"本为动宾结构"顺应时机"义，顺应时势需要迅速、适时。该用法经常出现在状语位置上，久而久之，就凝固成一个副词，为"立刻""立即"之义。

例（26）"造次"作副词，表示短时，相当于"片刻""须臾"，始见于东汉，沿用至20世纪二三十年代。"造次"在上古作动词有"仓促行动"义，如"不敢造次"。该用法当由其流行于上古的动词用法"仓猝""匆忙"义虚化而来，由于"仓猝"本来就含有［＋时间短］的语义特征，当其所在的上下文语境只凸显"短时"时，就虚化为一个副词。

六 表示长时、持续

此类副词在语法意义上表示动作行为或状态一直持续发生或长久，

可译为"仍然、一直、一向、向来"等。该类副词在语法功能上除能修饰动词性谓语外，还能比较自由地修饰形容词性谓语。修饰动词时语义上表示动作行为长时间内持续进行或某种情况持续存在，故不能修饰瞬间动词；修饰形容词时语义上表示事物持续、长时间内保持某种性质状态。这类副词在《魏书》中共有15个，其中见于上古的有10个：犹、且$_{2仍然}$、素$_{一向、向来}$、永$_{一直}$、终$_{1始终}$、尚$_{2仍然}$、辄$_{3一直}$、犹尚、方$_{4仍然}$、故$_{1仍然}$；见于中古的有5个：更复$_{仍然}$、还$_{1仍}$（2）、仍$_{1仍然}$（28）、遂$_{3一直}$（5）、犹自（2）。

　　（27）［更复$_{仍然}$］自是积二十余年，位秩隆重，而进趋之心更复不息。（《郭祚传》/1426）

　　（28）［还$_{1仍}$］赖明明在上，赫赫临下，泥渍自消，玉质还洁。（《韩麒麟传》/1334）

　　（29）［仍$_{1仍然}$］壬申，诏曰："前以民遭饥寒，不自存济，有卖鬻男女者，尽仰还其家。或因缘势力，或私行请托，共相通容，不时检校，令良家子息仍为奴婢。"（《高宗纪》/121）

　　（30）［遂$_{3一直}$］高祖曰："朕将巡省方岳，至邺小停，春始便还，未宜遂不归北。"（《李冲传》/1184）

　　（31）［犹自］从行至邺，高祖犹自发动，謇日夕左右。明年，从诣马圈，高祖疾势遂甚，咸戚不怡，每加切诮，又欲加之鞭捶，幸而获免。（《术艺传·徐謇》/1968）

例（27）"更复"表示动作行为的仍然保持原状，没有发生变化，相当于"仍然"为南北朝新兴用法，后沿用至唐。该用法当由"更""复"在上古表示"再、又"的副词义发展而来，因为"再、又"本来就有［+继续］的语义特征，在有些语境中就凸显出"仍然、继续"义，到南北朝时期组合成一个双音节副词。"更（gēng）"本义"更改"。《说文·攴部》："更，改也。"由"更改"引申指"交替""轮流"，如"更相庆祝"。因"交替/轮流做某事"，即"继续/重复做某事"，故可引申出该副词用法。"复"的该副词用法当由"復"的本义引申而来。"復"本义"返回"。《说文·彳部》：

"复，往来也。"因"返回"，即"重新原路回去"，含有［＋继续］［＋重复］的语义特征。当修饰谓词性词语时，就被重新分析为副词。

例（28）"还（hái）"作副词表示某种性状继续存在或动作行为继续进行，相当于"仍旧"。"还（huán）"本义"返回"。《说文·辵部》："还，复也。"如"告老还乡"。故该词的引申路径与"复"相同。因"返回"表示又回到了原点，含有［＋继续］［＋重复］的语义特征。故在本义的基础上可引申虚化为副词表示"又""仍然""依然"。该用法始见于魏晋，后来一直沿用到现代汉语中。在当时的南朝汉译佛典中也有类似用例，可见该用法在当时通行于南北方。如（南朝·齐）《百喻经·得金鼠狼喻》："至水欲渡，脱衣置地。寻时金鼠变为毒蛇。此人深思，宁为毒蛇螫杀，要当怀去。心至冥感，还化为金。"

例（29）"仍"，作副词表示"仍旧""依然"，始见于晋，后来一直沿用到现代汉语中。"仍"本义为动词"依照、沿袭"。《说文·人部》："仍，因也。"如"一仍其旧"。该本义含有［＋持续不变］的语义特征，故可引申虚化出该用法。

例（30）"遂"表示"一直""仍然"，该用法仅见于南北朝时期，不见字书收录。该例是说，高祖将要迁都洛阳，而洛邑六宫未建，不可使圣驾游动来等待就绪，李冲进谏，要暂还北都，高祖要巡行州郡，春天开始就回北都，不应该一直不回北都也。也见于南朝文献，如（南朝·梁）丘迟《与陈伯之书》："中军临川殿下，明德茂亲，摠兹戎重，吊民洛汭，伐罪秦中。若遂不改，方思仆言。聊布往怀，君其详之。""若遂不改，方思仆言"，即"您如果仍然一直不知悔改，将好好想想我的话"。"遂"本义"逃亡"。《说文·辵部》："遂，亡也。"由"逃亡"引申指"前往""行进""坚持到底"等义。该副词用法应由"遂"在上古汉语中的动词义"贯彻到底"虚化而来，如《汉书·陈平传》："吾闻先生事魏不遂。"

例（31）"犹自"当是由上古表示"仍然"义的"犹"与中古新兴副词词尾"自"凝合而成，其中的"自"实词意义基本消失，具有了词尾特质。"犹"本义"猴类动物"，即"犹狙"。《说文·犬部》："犹，玃属也。"因同音关系被假借来用为动词，表示"如同""好比"，"如同"即"与原来一样"，含有［+继续］的语义特征，当修饰谓词性词语时就被重新分析为副词。该例中的"高祖犹自发动"是指"高祖的病仍旧发作"。《汉语大词典》所引首见例为（唐）许浑《塞下曲》："夜战桑干北，秦兵半不归。朝来有乡信，犹自寄征衣。"引例滞后。该诗中的"桑干"，即今"桑干河"，意为在这场战争中半数士兵战死沙场，部分将士在第二天早上还收到家信，家中亲人仍旧寄来了征人穿的衣服。

七　频率副词

此类副词在语法意义上表示动作行为发生频率的高低，在句中通常只能修饰动词性谓语。根据其语法意义的不同，又可将此类副词分为三个小类：一是表低频的频率副词，表示动作行为偶尔发生；二是表高频的频率副词，表示动作行为经常发生；三是表重复的频率副词，表示同一动作行为或状况的重复发生。《魏书》中的此类副次较多，共有48个：其中：表高频的30个，表低频的7个，表重复的11个。

（一）表高频

只修饰动词或动词短语。语义上表示某动作行为或情况经常性反复进行或出现，强调动作行为重复的次数多。《魏书》中该小类副词是频率副词中表现最为活跃的一类，数量最多，共30个。其中沿用于上古汉语的有14个：常$_{2常常}$、时$_{1常常}$、屡、数、勤、荐$_{接连}$、恒、连、往、每$_{1每次}$、再三、辄$_{2往往}$、亟、骤$_{2屡次}$；见于中古的有16个：动$_{常常}$（15）、动辄$_{动不动、常常}$、经$_{2常常}$、累$_{连续}$、每$_{2每每}$（20）、每常$_{常常}$、频、颇$_{1常常}$（35）、勤勤$_{多次、不间断}$、仍$_{2频频}$、时复$_{常常}$（2）、时时$_{常常}$、数数$_{接连}$、率常$_{经常}$（2）、率多$_{1大多、常常}$、往往$_{1经常}$（4）。

（32）［动$_{常常}$］江淮之南，地势污下，云雨阴霖，动弥旬月。（《崔辩传》/1255）

（33）［动辄$_{动不动、常常}$］又任事之官，吉凶请假，定省扫拜，动历十旬，或因患重请，动辄经岁。（《高阳王传》/553）

（34）［经$_{2常常}$］小人难育、朽棘不雕，长恶不悛，岂容抚

养。散骑常侍、镇东将军、领扈左右赵修，昔在东朝，选充台皁，幼所经见，长难遗之。（《赵修传》/1999）

（35）［累_{连续}］永安初，拜左将军、太中大夫、殷州大中正。累迁卫将军、右光禄大夫、太尉谘议参军。（《李灵传》/1098）

（36）［每_{2常常}］又有张景嵩、毛畅者，咸以阉寺在肃宗左右，而并黠了，甚见知遇。俱为小黄门，每承间陈元叉之恶于肃宗。（《阉官传·刘思逸》/2035）

（37）［每常_{常常}］宝卷每常轻骑戎服，往此诸家，与之燕饮。（《萧道成传》/2171）

（38）［频］夏四月，地豆于频犯塞。甲戌，征西大将军、阳平王颐击走之。（《高祖纪》/166）

（39）［颇_{1常常}］司空李冲之贵宠也，邕以少年端谨，出入其家，颇给按磨奔走之役。（《恩幸传·赵邕》/2003）

（40）［勤勤_{多次、不间断}］昔刘向有言："夫礼乐所以养人，刑法所以杀人，而有司勤勤请定刑法，至于礼乐，则曰未敢，是则敢于杀人，不敢于养人也。"（《李崇传》/1472）

（41）［仍_{2频频}］自发都至于洛阳，霖雨不霁，仍诏六军发轸。（《李冲传》/1182）

（42）［时复_{常常}］庄帝嘉其清素，时复赐以钱帛。（《鹿悆传》/1765）

（43）［时时_{常常}］浩非毁佛法，而妻郭氏敬好释典，时时读诵。（《崔浩传》/826）

（44）［数数_{接连}］冲时震怒，数数责彪前后衍悖，瞋目大呼，投折几案。（《李冲传》/1188）

（45）［率常_{经常}］睿出入帷幄，太后密赐珍玩缯彩，人莫能知，率常以夜帷车载往，阉官防致，前后巨万，不可胜数，加以田园、奴婢、牛马、杂畜，并尽良美。（《恩幸传·王睿》/1989）

（46）［率多_{1大多、常常}］叉以其通姻，深相委托，三人率多俱宿禁内，时或迭出。（《吴康生传》/1632）

49

(47) ［往往₁经常］又更忍虐好杀，左右失旨忤意，往往有剠斫断截者。（《刘裕传》/2150）

例（32）"动"表示"常常"，汉代已见端倪，流行于魏晋，后来一直沿用至现代汉语中。杨荣祥（2005）认为，该用法至近代才出现，[①]不妥，如《汉书·食货志》："又动欲慕古，不度时宜。""动弥旬月"，即"阴雨连绵，常常接连十天一月"。"动"本义"行动"。"行动"，即"为实现一定目标而活动"。《说文·力部》："动，作也。"后引申指"振动"，因"振动"本身就含有［＋次数、频率］的语义特征，又因就社会的常规意识而言，对某事采取行动，很多事情通常需多次才能成功，故当修饰动词时就可引申出该副词用法。

例（33）"动辄"表示高频的"每每""常常"，当是由上古旧有的表高频副词"辄"与中古新兴的"动"以同义连文的形式凝合而成。"辄"本义"古代车厢的左右两板"。《说文·车部》："辄，车两𫐄也。""辄""则"在上古三十韵部中均属入声韵，"辄"属"缉"部，"则"属"职"部。两者音近，故可借"辄"表"则"的副词义，可译为"就"，表前后两事相距时间很近，如"浅尝辄止"。如果一个动作经常紧跟在另一动作后发生就引申出高频副词用法。"辄"在汉代衍生出了表高频的副词用法，如《史记·郦生列传》："沛公不好儒。诸客冠儒冠来者，沛公辄解其冠，溲溺其中。""辄解其冠，溲溺其中"，即"常常摘下他们的帽子，把尿撒在里面"。该用法始见于魏晋，后来一直沿用至现代汉语中，如"动辄得咎"。

例（34）"幼所经见"，即"幼所常见"，非"自幼经历、看到见闻"义，"经"作高频副词"经常"，为南北朝新兴用法，后沿用至元。"经"本义"织机上的纵线"。《说文·糸部》："经，织也。"因织机上的纵线有条理，故可引申指"道理""方法"；又因解决问题的方法通常是需要人们经常遵守的，故可引申指形容词"正常"与副词"经常"义，前者如"荒诞不经"。该例是说小人难抚养，朽木不

---

① 杨荣祥：《近代汉语副词研究》，商务印书馆2005年版，第63页。

可雕，长期作恶不思悔改，岂容再对他抚养姑息。赵修昔日在东宫当差，充任侍役，朕自幼与他经常见面，长期情难相抛。该用法仅见于北朝文献，如(三国·魏)嵇康《与山巨源绝交书》："康白：足下昔称吾于颍川，吾常谓之知言。然经怪此意尚未熟悉于足下，何从便得之也？""经怪此意"，即"经常奇怪这种想法"。嵇康，谯郡铚县，今安徽宿州人，属于典型的中原官话区。该词与上古流行的表示高频的副词"常"后来凝合为"经常"，大概由于"经"的通行范围受限，造成"经常"到现代汉语中才成词。

例（35）"累"作副词表示动作行为的"连续""多次（一次接一次）"发生，始见于魏晋，后沿用至清。"累世""累月""累年"中的"累"本为动词"累积"义，如"日积月累"。《正字通·糸部》："累，叠也，增也。"当"累"与后面的名词组合时具有了形容词性质，表示"接连累积了很多或几个"，与其后的名词组成一个偏正结构，表示"接连几世""接连多月""接连多年"，该形容词义具有［＋连续］［＋多次］的语义特征，故作状语时可引申重新分析出该副词用法。

例（36）"每"作表高频的副词，相当于"常"，源于上古，盛行于六朝，一直沿用至现代。该例是说，张景嵩、毛畅等人都凭借宦官的身份在肃宗左右常常承间隙向肃宗汇报元叉的恶行。"每"本义"头饰盛美"，后引申指"植物茂盛"，借用作代词指代全体中的任何一个，故可引申出副词用法表示"重复性动作行为中任何一次"，如"每逢佳节倍思亲"，进而引申出高频副词用法。

例（37）"每常"由上古出现的两个表示高频的单音副词"常"与"每"以同义连文的形式凝合而成。该用法始见于魏晋，后沿用至清代。"常"本义"下裙"，因"下裙"为日常生活习用之物，故可引申出"平常的""永久的"等形容词用法，"平常""永久"均含有［＋经常］［＋反复］的语义特征，当该形容词作状语时，即可引申分析出该副词用法。

例（38）"频"作副词，表示"屡次"，始见于南北朝，后来一直沿用至现代。"频"本义"人逡巡水边颦蹙不前的样子"。《说文·瀕部》："瀕，水厓，人所宾附，频蹙不前而止。"因"逡巡徘徊"含有［＋多次］

[＋反复]的语义特征，故可引申出高频副词用法。

例（39）"颇"在上古作程度副词表示甚度或微度，已习见，这在《魏书》中仍继续沿用，如《酷吏传·李洪之》："会永昌王仁随世祖南征，得元后姊妹二人。洪之以宗人潜相饷遗，结为兄弟，遂便如亲。颇得元后在南兄弟名字，乃改名洪之。""颇得"即"非常熟悉、知晓"。《匈奴刘聪传·刘曜》："曜，字永明。少孤，见养于渊。颇知书计，志性不恒。""颇知书计"，即"略知文字筹算，性情不稳定"。《傅竖眼传》："敬绍颇览书传，微有胆力。""颇"与"微"相对，表微度。"颇"的程度副词用法当是由其范围副词用法引申而来，"颇"作范围副词表示"部分"，多表主语或宾语所表示人或事物的一部分，"部分"在表示一个客观量时是一个模糊的概念，可大可小，因此常常包含着说话人的主观感情。当说话人刻意强调所指部分大或小时，就会使该范围副词融入更多的主观感情，从认知的角度来看，融入的主观感情越多，其意义就越虚化。因此当带有强烈主观感情的范围副词"颇"修饰动作性不强的动词或性状类形容词时如果其语义指向发生偏移，指向其后的谓词性词语就很容易虚化为一个程度副词。其实范围副词与程度副词均为一种量的表达，不同的是范围副词所表示的是一种语法化程度较低的具体的量，程度副词所表示的则是一种语法化程度较高的抽象的量。由具体到抽象是汉语词义引申的一个基本规律。"颇"作表示高频的副词，相当于"数次""屡次""常常"[①]。孟蓬生（2015）认为，"颇"表"常"或"常常"，这是加入说话人"多"的主观评价后产生的用法，大约产生于晋代，下限不明。笔者认为，"颇"的频率副词当也由其范围副词用法引申发展而来，如果该范围副词所指的对象是时间时，该范围所含括的就是部分时间，部分时间与部分具体事物相比，本来就更为抽象，如果说话人有意强调该时间多或少时就会融入说话人更多的主观感情，促使其更为虚化，这时如果说话人刻意强调主语所表示的人或事物大部分时间都在做某事时就引申出高频副词用法，强调其做某事的时间过于少时就引申

---

① 孟蓬生：《副词"颇"的来源及其发展》，《中国语文》2015 年第 4 期。

出低频副词用法。

例（40）"勤勤"本为形容词"勤苦、努力不倦"义，"努力不倦"本身就隐含着[＋多次][＋恳切]的语义特征，因此当该词位于动词前作状语时根据语境的不同就会凸显出不同的语义特征。该例为李崇对刘向所言的评述，其中"勤勤请定刑法"存在两可的情况，既可以理解为多次，又可以理解为"恳切致诚地"，因为既然"诚意恳切地请求"，在对方不同意的情况下就会不止一次。随着上下文语境与后跟动词的变化，到了明代就逐渐虚化为一个典型的表示"多次"义的频率副词。如：（元）关汉卿《裴度还带》第一折："你便勤勤的来呵，我也不赶你去也。"

例（41）"仍"表"多次"源于上古，兴盛于中古，沿用至宋。该例中"仍诏六军发轸"，即"高祖不顾天气恶劣，多次下令让大军出发南下进攻"。"仍"本为动词，"因袭""沿用"义。《说文》："仍，因也。"引申出形容词义"接连、延续不断"，表示动作行为或某种事件、状态等的频繁屡次发生，如"战争频仍"，在该义的基础上又虚化为副词。

例（42）"时复"表高频，是由上古就已流行的表示"多次"的副词"时"与中古新兴副词词尾"复"凝合而成，该词始见于南北朝，是一个当时通行于南北方的副词，后来沿用至唐。"时"本义"一年四季中的某一季"，后来引申出"一段时间"义，时间名词可作状语自古而然，该义项作状语就表示"根据一定时间来做某事"，如"学而时习之"。时间可短可长，如果所依据规定的时间较短并且长期这样做，就引申出"频繁""多次"的副词用法，若规定时间较长，即引申出低频副词用法，可译为"偶尔"。

例（43）"时时"表示"常常"，始于汉，后来一直沿用到现代汉语中。该词是随着汉语词汇双音化进程的加速，由单音词"时"重叠复音而成。

例（44）"数数"表"接连""多次""经常"，始于汉，兴盛于六朝，其后一直沿用至现代。该词也是由上古前期就已流行的"数"复音重叠而成。该例意为"李冲当时盛怒，接连严责李彪所犯错误，怒睁双眼大声叫骂，举起小几砸断书桌"。"数"作名词有"数目"义，用作动词时表示"一一点数"，含有[＋多次][＋频繁]的语义特征，进而引申出"频繁""多次"的副词用法。

例（45）"率常"表高频，始见于东汉，沿用至唐。"率"，本义"捕鸟的网"。《说文·率部》："率，捕鸟毕也。"作动词时表示"用网捕鸟"，引申指"率领""统领"，因率领一个群体需从整体上把握，故可引申出表揣测的语气副词用法，如"率皆如此"。在上古作副词时，通常表揣测语气，揣测语气的语义非常虚灵，因此它在与词义比较实在的副词"常"组合时就仅仅体现出"常"的副词义，而"率"则成为一个凑足音节作用的词缀。

例（46）"率多"本是一个中古新兴的范围副词，即"大部分"，通常用来表示主语所表示人或事物的大部分，如（南梁）刘勰《文心雕龙·明诗》："乃正始明道，诗杂仙心；何晏之徒，率多浮浅。""率多肤浅"即"像何晏等人，作品大都比较浅薄。因为到正始年间，道家思想流行，于是诗歌里边也夹杂这种思想进来"。范围副词相对于时间副词而言，词义相对具体可见，从具体到抽象是词义发展演化过程中的一个普遍规律，副词也不例外。范围副词在词义上相当于一个具体可指的空间词语，而时间副词则是一个相对虚灵的抽象概念。在语言发展过程中借原本具体有形的表示空间概念的词语来表示较为抽象的时间概念是普遍现象，如汉语的前后上下既可以指空间概念，也可以指时间范畴。范围副词"率常"投射到时间范畴时就是"大部分时间"。当主语是人或其他动物名词时，通常就表示主语所表示的人物大部分时间在做某事，大部分时间在做某事就是"经常"做某事。"率多"也就有了表示高频副词的用法。

例（47）"往往"表"常常"，始于汉，流行于六朝，后来一直沿用至今。"往"本义"去，到（某处）"。《说文·彳部》："往，之也。"在此基础上引申出"交际来往"，如《礼记·檀弓上》："非兄弟，虽邻不往。""交际往来"含有［＋重复］［＋多次］的语义特征，故"往往"复用可引申虚化出表高频副词用法。同时该本义含有［＋前往］［＋处所］的语义特征，故"往往"连用，可表去不同地方，在此基础上引申虚化出总括范围副词用法，可译为"处处"，如《管子·度地》："令下贫守之，往往而为界，可以毋败。"

（二）表低频

只修饰动词或动词短语。语义上表示某动作行为或情况是有时候、不经常发生或出现的，强调动作行为重复的次数少，不经常。此小类副词在《魏书》中共有 7 个，见于上古的有 4 个：偶_{偶尔}、或_{1 有时}、时_{2 有时}、偶尔、间_{间或}；出现于中古的有 3 个：或复_{有时}、或时_{偶尔}（2）、时或_{偶尔}（5）。

（48）［或复_{有时}］刘灵助，燕郡人。师事刘弁，好阴阳占卜，而粗疏无赖，常去来燕恒之界，或时负贩，或复劫盗，卖术于市。（《术艺传·刘灵助》/1959）

（49）［或时_{偶尔}］手下苍头常令秉烛，或时睡顿，大加其杖，如此非一。（《甄琛传》/1509）

（50）［时或_{偶尔}］且饕餮之禽，必资鱼肉，菽麦稻粱，时或餐啄，一食之费，容过斤镒。（《崔光传》/1498）

例（48）"或复"与"或时"相对，均表示"有时、间或"，表明某事件或动作行为不经常发生。该词是由上古就已流行的表低频副词"或"与中古新兴副词词尾"复"聚合而成。该例是说，刘灵助有时担货贩卖，有时从事抢劫活动。"或"本为会意字"从戈从口，口像城形，会以戈守城之意"，即"邦国"。后来借作不定代词，表示有的（人、事、物、时），该代词具有［－确定］的语义特征，并且当表时间时，不确定的时间具有［－经常］的语义特征，多修饰动词作状语，故可衍生虚化出该副词用法。

例（49）、例（50）"或时""时或"表示"偶尔、间或"，当是汉代以降，受汉语词汇双音化大趋势的影响，上古表低频的单音副词"或"与"时"组合而成。"或时"始见于汉，流行于魏晋，沿用至明末；"时或"始见于东汉，后来一直沿用到现代汉语中。王云路（2010）^①认为："从《史记》到西晋佛经，一直到近、现代汉语，并列式合成词的语素排列基本上与平、上、去、入的调序是一致的。"这主要是因为平、上、去、入的声调顺序，符合人们的自然发音习惯。这从普通话的变调规律

---

① 王云路：《中古汉语词汇史》，中华书局 2010 年版，第 245 页。

也可以窥见一斑。在普通话中，如果两个上声字相连，前面一个要变调，变得近乎阳平调，三个上声字相连，前面两个要变得近乎阳平，变调后就符合了"平、上"的自然调序。王先生的观点虽然是针对实词而言的，不过该观点对以同义连文的形式组合而成的双音副词也同样适用，因此"时或"能够随着语言的发展在与"或时"的竞争中获胜。

（三）表重复

只修饰动词或动词短语，语义上表示动作行为或情况是重复进行的。表重复的频率副词在《魏书》中共有 11 个，出现于上古的有 5 个：复$_{1再、又}$、又$_{1再}$、更$_{1再、又}$、重$_{再、又}$、再；流行于中古的有 6 个：方复$_{再}$（4）、复更、还$_{2又}$、又重（2）、又复、又更。

（51）［方复$_{再}$］列上尚书，覆其合否。如有纰谬，即正而罚之，不得方复推诘委否，容其进退。（《萧宝寅传》/1320）

（52）［复更］萧懿闻而遣将姜修率众追袭，逮夜交战，颇有杀伤。修后屡败，复更请军，懿遣众赴之，迎者告急。（《南安王传》/495）

（53）［还$_{2又}$］社稷危而复安，洪基毁而还构。（《出帝纪》/282）

（54）［又重］赠使持节、都督雍华二州诸军事、吏部尚书、本将军、雍州刺史，谥曰贞。又重赠侍中、骠骑大将军、尚书仆射，余如故。（《裴延俊传》/1532）

（55）［又复］元明叹曰："由性不狎俗，旅寄人间，乃今有梦，又复如此，必有他故。"（《卢玄传》/1060）

（56）［又更］又发六百万功，营其父及妻二冢，下洞三泉，上崇百尺，积石为基，周回二里，发掘古冢以千百数，迫督役徒，继以脂烛，百姓嗥哭，盈于道路。又更增九十尺。（《匈奴刘聪传》/1047）

例（51）"方复"表示动作行为的重复性继续发生，可译为"再"，因为一个动作行为的继续发生就隐含着不断重复一个动作的意味在里面。"方"本义"相并的两船"。《说文·方部》："方，并船也。""两船相并"表示两物在空间上的一致性，转指时间时，即指"两事在时间上的同时性"，即"某一动作发生时，另一动作也正在发生"。因此"方"在上古就引申虚化出了表示动作行为正在发生的副词用法。表重复的副词用法当由"方"在上古汉语中就已流行的副词义"正在"引申发展而来，"正在"表示动作行为在说话人说话时正在发生。如果说话人强调该动作发生的起点是在过去的某个时点到说话人说话时一直正在发生，并且还在持续，而不强调该动作行为的现实性，这时"方" 就有了表示"再继续"的副词义，如果该动作是未然的事实可译为"再""仍然"。"方"的该副词用法的形成，始于东汉，后沿用至唐。"方复"是"方"附加上中古新兴副词词尾"复"而成，该用法未见其他字典辞书收录。该例中"不得方复推诘委否"，即"不得再推诿拒绝"。

例（52）"复更"，表示某种动作行为的继续性重复，可译为"再"，始见于魏晋，沿至明代，清代以后不见。"复"的该副词用法，由"复"的"返回"义引申虚化而来，因"返回"具有［＋重复］［＋继续］的语义特征；"更（gēng）"本义动词"更改"，"更改"即"重新做某事"隐含有［＋重复］［＋继续］的语义特征，故可引申出该副词用法。魏晋以后汉语词汇双音化进程加速，该词当由上古就已通行的表重复的单音频率副词"复"与"更"以同义连文的形式组合而成。到了明代还出现了"更复"连文成词的用例，如（明）海瑞《治安疏》："夫君道不正，臣职不明，此天下第一事也。于此不言，更复何言？"[①]

例（53）"还"与"复"相对，表示重复无疑。"还"与"复（復）"的本义均为"返回"义，因"返回"表示又回到了原点，具有［＋重复］的语义特征，故在本义的基础上可引申虚化为副词，相当于 "又"。

例（54）"又重"，作副词表示动作行为的重复，始见于汉，后来一直沿用至清。该用法当是由上古就已流行的单音副词"又"与"重"以同义连文的形式组合而成。"又"本义"右手"，后借用作副词表示同一动作行为的重复；"重（zhòng）"本为会意字，一个人身后背负

---

① 韩峥嵘：《古汉语虚词手册》，吉林教育出版社 1984 年版，第 110 页。

着盛得满满的囊橐来表示“沉重”。《说文·重部》：“重，厚也。”因囊橐中的东西必须重叠堆积才能变得沉重，故可引申出动词“重叠”义，该引申义读音发生了改变，读“chóng”。“重叠”含有［+重复］的语义特征，故可引申出该副词用法。

例（55）“又复”同样也是由上古就已流行的单音词“又”与“复”复合而成。“又复”，表示动作行为的重复性继续，始见于汉，兴盛于南北朝，沿用至今。

例（56）“又更”表示重复性继续，也是由上古就已流行的同义单音副词“又”与“更”复合而成。该例是说，所建陵墓逼迫劳工，夜以继日，在原来高百尺的基础上再增高九十尺。据查，该词用法的最早用例始见于东汉，沿用至晚清。始见例为《后汉书·西域传·妫塞》：“妫塞王自以国远，遂杀贤使者，贤击灭之，立其国贵人驷鞬为妫塞王。贤又自立其子则罗为龟兹王。贤以则罗年少，乃分龟兹为乌垒国，徙驷鞬为乌垒王，又更以贵人为妫塞王。”该例，“立其国贵人”与下文“又更以贵人”相应，显然“又更”表示继续性重复。杨荣祥（2005）将该用法归为累加副词[①]，其实只是重复的内容不同，因重复本身就含有［+累加］的语义特征，仍归入表重复类副词为宜。如“今天买了一个本子，明天再买一个本子”这是对具体对象、具体动作的重复；“今天买了一个本子，明天再买一支钢笔”这是对具体动作的重复，具体对象并不简单重复；“今天买了一个本子，明天再告诉你买什么”则明天只是重复与今天有某种关系的活动而已。

八　表示最终

此类副词在《魏书》中只修饰动词或动词短语，在语法意义上表示动作行为或情况持续到最后的结果。该小类副词较少，《魏书》中共见 8 个，其中 4 个沿用于上古汉语：终$_{2\text{最终}}$、卒$_{1\text{最终}}$、竟$_{1\text{最终}}$、遂$_{4\text{最终}}$；4 个见于中古汉语：迄$_{\text{最终}}$、终竟$_{\text{终究}}$、终于（3）、卒于$_{\text{终于}}$（1）。

① 杨荣祥：《近代汉语副词研究》，商务印书馆 2005 年版，第 64 页。

（57）［迄_{最终}］永平之中，始创雉构，基趾草昧，迄无成功。（《源贺传》/934）

（58）［终竟_{终究}］语理未尽，彪便振怒，东坐攘袂挥赫，口称贼奴，叱吒左右，高声大呼云："南台中取我木手去，搭奴肋折！"虽有此言，终竟不取。（《李彪传》/1392）

（59）［终于］虽复官须此人，停日后者终于不得；庸才下品，年月久者灼然先用。（《崔亮传》/1479）

（60）［卒于_{终于}］肃宗冲龄统业，灵后妇人专制，委用非人，赏罚乖舛。于是衅起四方，祸延畿甸，卒于享国不长。（《肃宗纪》/249）

例（57）"迄"作副词，表示动作行为的最终结果，可译为"最终""终于"。该义始见于东汉一直沿用到现代汉语中。该例是说"宫室始建，基址草创，最终无成功"。"迄"的该用法当时由"讫"通假而来，"讫"本为动词，即"终了"义，如（北魏）贾思勰《齐民要术》："刈讫则速耕。"即"收割完就赶紧耕种"，由"终了"义就引申出"终究""最终"义。因"迄"与"讫"上古音近，在上古三十韵部中均属于"物"部，仅声母不同，故两者之间可构成通假，在该副词义上两者用法通用。"迄"的本义为动词"到"，后来虚化为介词，在介词上两者也通用。

例（58）"终竟"作副词，表示经过较长一段过程最后出现的结果，一般用于动词前，可译为"终于"。该用法当时由上古就已流行的两个单音副词"终"和"竟"复合而成，始见于南北朝，后来一直沿用到现代汉语中。《说文·糸部》："终，绿丝也。"（清）徐灏《段注笺》："绿，概丝之纠结"，故引申之义为"急"。由此可见"终"本义"纺丝线结束后迅速将线头打结"，进而引申出动词义"终结"；"竟"本义"乐曲结束"。《说文·音部》："竟，乐曲尽为竟。"因而引申出"疆境（边界结束）""终了"等义。作动词时，"终""竟"同义连文，表"终了""完毕"义，其动词用法如《后汉书·皇后纪下·顺烈梁皇后》："私自忖度，日夜虚劣，不能复与群公卿士共相终竟。""共相终竟"，即"一起结束（去世）"。"终竟"副词义的形成当时由其动词义引申虚化而来。

例（59）朱福妹、马贝加（2017）认为，"终于"表动作行为的最终结果，萌芽于东汉，定型于魏晋南北朝①，后来一直沿用到现代汉语中。朱文还提出了判定"终于"成词的三个标准：一是"终＋于＋VP"式中，话题具有"非终结性"语义特征；二是VP部分是表意焦点，"事件结果"的比照点是VP发生的时间；三是用于复句的后一分句，表人生或事业某一段时间内的结果。该标准对上下文语境的依赖性太强，即便同一句子也存在见仁见智的现象，操作性不强。例（59）中"停日后者终于不得"，即表示"在位时间排名靠后的在最后的结果只是不得，而不是终结"，与下文"庸才下品，年月久者灼然先用"，即"平庸之人，在职时间长的明显先任用"。"终于"与"先"相对，体现出较为明显的时间义。该副词的形成属于跨层结构词汇化的结果，"终"与"于"本不在一个句法结构层次上，在发生词汇化之前，其句法结构形式为"终＋于＋NP"这种结构形式在汉代已习见，表示某人或某事终结的时间或处所，随着结构的扩展到了两汉时期同时也出现了"终＋于＋VP"结构，这时就为"终于"的词汇化创造了句法上条件，位于该结构中的"终"不表示"生命或事业终结""人生最终时间"等意义，而是表示"生命或事业的最终状态"这一意义时，"终"和"于"就完成了词汇化的过程，凝合为一个副词。

例（60）"卒于"与"终于"一样，在作副词时都表示动作行为的最终结果或表示经过较长时间过程最后出现的结果。"卒"本为象形字，即"在衣上加交叉线，示意衣服已缝制完毕"，故可引申出"结束""终了"义。"卒于"成词机制与"终于"一样。在该例中的"卒于"用于因果复句的后一分句前，表示由于前面一系列的原因造成了最后的结果，其中的"卒于"既可看作一个副词表示事情发展到最后结果的状态，也可看作以什么事件结束，即"结束于什么事情"。但从上下文语境来看，说话人较多强调的是最后结果的状态，所以姑且把它看作一个副词。"卒

---

① 朱福妹、马贝加：《再议副词"终于"的产生》，《语言研究》2017年第4期。

于"的该用法始见于汉，如《史记·乐书》："陵迟以至六国，流沔沈佚，遂往不反，卒于丧身灭宗。"该例中的"卒于"用于顺承关系的复句中，即"往下到六国的时候，诸侯沉溺在醉生梦死之中，于是越陷越深，终于丧生灭族"。

九　表示早晚

这一小类副词在语法意义上表示某动作行为或情况发生之前就早已这样做或出现了某种情况或在说话人看来本应早点发生。在句中常常修饰动词性谓语，有时也可修饰形容词性谓语。多用于表述过去的事，也可以表述现在的事。此类副词在《魏书》共有 8 个，见于上古汉语的有 6 个：预$_{预先}$、豫$_{预先}$、先$_{预先}$、乃$_{3才}$、方$_{5才}$、始$_{2才}$；见于中古汉语的有 2 个：久$_{早}$（2）、逆$_{预先}$。

（61）［久$_{早}$］禧曰："初遣去日，令如行人渡河，听我动静。我久已遣人追之，计今应还。"（《咸阳王传》/538）

（62）［逆$_{预先}$］事有不便，允辄求见，高宗知允意，逆屏左右以待之。（《高允传》/1075）

例（61）"久"作副词表示该动作行为在很长时间之前已经发生，可译为"早"，为中古新兴用法。"久"作形容词表示"时间长"，其副词用法当由此义引申虚化而来。如果说话人所强调的时间是以说话时的时间为基点往前推很长时间就有了表示该动作行为在很长时间之前早已发生的意义。

例（62）"逆"作副词用在动词前，表示该动作行为是在另一动作行为发生之前发生的。该用法始见于东汉，在南北朝时期非常盛行，是一个通行于当时南北方的副词，后来沿用至宋代。"逆"，本义"迎接"。《说文·辵部》："逆，迎也。"因迎接与来者方向相反，故可引申指"倒退"。该副词用法当是由"逆"的动词义"退却"引申虚化而来。其动词用法如《晋书·乞伏乾归载记》："秦州虽败，二军犹全，奈何不思赴救，便逆奔败，何面目以见王乎！""退却"所表示的是具体空间上的后退，由此可以引申出时间上的向后推，如果说话人强调某动作行为是在从说话时向后推的某个时间点发生的，就有了预先义。

十　表示临时

此类副词在语法意义上表示动作行为或状况是在一个短时间内进行或存在着，不久将发生变化。在句中一般只修饰动词性谓语。《魏书》中的此类副词共有 6 个：5 个见于上古汉语：聊$_{姑且}$、权$_{暂且}$、且$_3$$_{暂且}$、小$_1$$_{暂且}$、暂$_2$$_{暂且}$，只有 1 个见于中古汉语：聊复$_{姑且}$。

（63）［聊复$_{姑且}$］虽无足味，聊复为笑耳。（《刘昶传》/1310）

该例中的"聊复"表示为了应付某种情况而暂时发出动作行为来作出某种让步，该用法是由上古就已流行的单音副词"聊"附加上中古新兴副词词缀"复"聚合而成。"聊"本义"耳鸣"。《说文·耳部》："聊，耳鸣也。"因耳附于面旁，故可引申指"依赖""凭借"，如"百无聊赖""民不聊生"；生活有了依靠才快乐，故可引申指"快乐"，如"无聊"；聊天、闲谈可使人快乐，故可引申指"闲谈"，如"闲聊"；闲谈多随意、轻率，故又可引申指"苟且""轻率"，如《楚辞·九章·惜往日》："焉舒情而抽信兮，恬死亡而不聊。""苟且"隐含有［＋临时］的语义特征，故在此基础上可引申出该副词用法。

表 2—1　　　　　　　《魏书》时间副词总表

次类 ＼ 时代	上古汉语		中古汉语		总数
	词数	百分比（%）	词数	百分比（%）	
表过去、已然	8	72.7	3	27.3	11
表初始、刚刚	7	58.3	5	41.7	12
表进行	2	100	0	0	2
表将来、未然	5	62.5	3	37.5	8
表短时	19	55.9	15	44.1	34
表长时、持续	10	66.7	5	33.3	15
表频率	23	47.9	25	52.1	48

时代 次类	上古汉语		中古汉语		总数
	词数	百分比（%）	词数	百分比（%）	
表最终	4	50	4	50	8
表早晚	6	75	2	25	8
表临时	5	83.3	1	16.7	6
总数	89	58.6	63	41.4	152

通过以上描写我们可以看出，《魏书》中的时间副词主要表现出了以下三方面的特点。

第一，如果把《魏书》中的时间副词作为一个系统来考察的话，那么，从共时角度看，《魏书》中的时间副词所体现的是一个含有不同时间层次的静态副词体系，从历时的角度看，它又体现出既相对稳定又不断发展的动态历程。既有上古已通行时间副词的继续使用，又有上古萌生此期流行的时间副词的发展；既存在此期产生并普遍使用的新兴时间副词，又有此期新生、中古之后兴盛的一些时间副词。此外据笔者调查统计，《魏书》中共出现副词 557 个，其中时间副词有 152 个，在所有的副词次类中数量最多，占到副词总数的 27.3%。由此可以看出与动作变化有关的时间在语言信息的传递中实在是至关重要的因素。[1]

第二，《魏书》中沿用于上古汉语的时间副词总数仍多于中古时期新兴、盛行的副词总数，这大概与《魏书》的史书性质有关，因为作为一部史书，一方面要力求保持史书典雅守正的语言风格；另一方面还会不可避免地吸收一些当时当地的口语化词汇。这些口语化词汇虽然并不是完全新生，大都是由上古汉语词汇进一步引申、虚化、重组而来，但它们却代表了新的发展方向，所以更应该引起人们的注意。

第三，从整个时间副词系统的发展趋势来看，双音节时间副词的发展已占主导地位。产生并流行于上古汉语中的双音节时间副词共有 6 个，而到了中古汉语中双音节时间副词的总数增加到了 38 个，是上古时期

---

[1]　杨伯峻、何乐士：《古汉语语法及其发展》，语文出版社 2001 年版，第 230 页。

的 6 倍还多，这说明双音化趋势已成为副词发展的主流。这一现象也与整个汉语史词汇系统的双音化趋势相一致，东汉以降，整个汉语史词汇系统的双音化进程普遍加快，到南北朝时期发展更为迅速，副词的突出表现之一就是双音节副词组合的大量涌现。中古新生的单音节时间副词增长速度虽然明显减慢（产生于上古汉语中单音节时间副词总数是 83 个，而到了中古汉语中单音节时间副词仅出现了 25 个），但从总数上来看，单双音节时间副词相比在数量上仍略占优势（27∶11），主要原因就是上古汉语中一些生命力极强的单音节时间副词在上古时期就已成为整个副词系统中的基本词汇，不但在《魏书》中继续使用，而且一直沿用至现代汉语中。

第二节　范围副词

范围副词是指对主语、宾语的范围、数量或动作行为、性质状态的范围、数量进行总括、限定或统计的副词。在句中通常位于主语之后谓语之前，有时也可以位于句首，总括句首主语或话题主语。语义指向宽泛，既可以指向谓语，也可以指向主语、宾语。根据其语法意义和语义指向的不同，我们把该类副词再分为五个次类。

一　表总括

该类副词的语法功能是既能修饰动词或动词短语、形容词或形容词短语，也能修饰数词或数词短语，有些甚至还能修饰作谓语的名词。就此类副词的语法意义而言，是对动作行为或性状所涉及对象的范围进行总括，表示范围的全部或大多数，可译为"全、都、大多"。语义指向多样，大多指向谓语中心词的语义相关项，即主语、宾语，有时也可以指向谓语、兼语等。《魏书》中的总括副词共有 46 个，沿自上古汉语的有 22 个：大$_2$广泛地、彻底地、多大多、并（併）$_1$都、咸、尽$_1$全、都、皆、历、具（俱）$_1$都、凡、毕、悉、遍、率、佥、备、普、一$_2$全、都、均、兼$_1$都、交$_1$都、胥、往往$_2$处处；通行于中古汉语的有 24 个：备皆、并皆（9）、

差 $_{1基本上}$（4）、初 $_{2全}$（10）、处处 $_{到处}$（6）、大都 $_{大多}$、都（6）、顿 $_{2全、都}$
（9）、尽皆（3）、苦 $_{1全}$（2）、了 $_{全}$（14）、略 $_{1全}$（7）、颇 $_{2都}$（34）、
普皆、佥尔、全^①、殊 $_{1全}$（11）、率多 $_{2大多}$（11）、率皆 $_{全都}$（7）、悉皆（7）、
咸共（8）、咸皆、咸悉、一皆（9）。

（1）〔备皆〕灵越答曰："薛公举兵淮北，威震天下，不能
专任智勇，委付子侄，致败之由，实在于此。然事之始末，备皆
参预，人生归于一死，实无面求活。"（《傅竖眼传》/1557）

（2）〔并皆〕诏遣高聪等四军往援之，后遣都督、广陵侯 元
衍，并皆败退。（《奚康生传》/1630）

（3）〔差 $_{基本上}$〕此制一行，差止奸罔。（《卢同传》/1683）

（4）〔初〕允历事五帝，出入三省，五十余年，初无谴咎。
（《高允传》/1089）

（5）〔处处 $_{到处}$〕恩既作乱，八郡尽为贼场，及丹阳诸县处
处蜂起，建业转成蹙弱。（《司马睿传》/2107）

（6）〔大都 $_{大多}$〕羽对曰："……统论所得，大都相似。"《献
文六王传·广陵王》/547）

（7）〔都〕前魏兴太守王敬宾新死未敛，家人被驱，不得守视，
及家人还，鼠食敬宾两眼都尽，如此者非一。（《萧道成传》/
2171）

（8）〔顿 $_{2全、都}$〕车驾幸长安，行经渭桥，过郭淮庙。问祚曰：
"是卿祖宗所承也？"祚曰："是臣七世伯祖。"高祖曰："先
贤后哲，顿在一门。"（《郭祚传》/1422）

（9）〔尽皆〕初，世隆曾与吏部尚书元世俊握槊，忽闻局
上欻然有声，一局之子尽皆倒立，世隆甚恶之。（《尔朱彦伯传》/
1670）

（10）〔苦 $_{1全}$〕令曰："卿似欲致谏，故以左右有人，不肯

---

① 汪维辉（2018）认为，现代汉语最常用的"都"和"全"，都是中古新兴的副词。
详见汪维辉《汉语核心词的历史与现状研究》，商务印书馆 2018 年版，第 836 页。

苦言。朕为卿屏左右，卿其尽陈之。"（《张普惠传》/1738）

（11）［了全］沙门法抚，三齐称其聪悟，常与显宗校试，抄百余人名，各读一遍，随即覆呼，法抚犹有一二舛谬，显宗了无误错。（《韩麒麟传》/1338）

（12）［略1全］天性酷薄，虽弟侄甥婿，略无存润。（《阉官传·抱嶷》/2022）

（13）［颇2都］于时，朝士颇以崇专综既久，不应乖谬，各默然无发论者。《刘芳传》/1225）

（14）［普皆］其有土民，普皆劳遣。（《贺拔胜传》/1783）

（15）［金尔］则南州免杂徭之烦，北都息分析之叹，洛京可以时就，迁者金尔如归。（《韩麒麟传》/1338）

（16）［全］此非君人之卦，未可全为吉也。（《景穆十二王传·任城王》/464）

（17）［殊1全］由是众口喧喧，谤讟盈路，立榜大巷，克期会集，屠害其家。彝殊无畏避之意，父子安然。（《张彝传》/1432）

（18）［率多2大多］此等世习干戈，率多劲勇，今既甄拔，应思报效。（《肃宗纪》/237）

（19）［率皆全都］臣镇内之兵，率皆习水。（《刁雍传》/868）

（20）［悉皆］又顾之谓侍臣曰："拥旄者悉皆如此，吾何忧哉。"（《崔挺传》/1264）

（21）［咸共］檄之所到，咸共申省，知我国行师之意。（《萧衍传》/2184）

（22）［咸皆］及大敛，房氏操刀割左耳，投之棺中，仍曰："鬼神有知，相期泉壤。"流血滂然，助丧者咸皆哀惧。（《列女传·魏溥妻房氏》/1979）

（23）［咸悉］后有盗发之处，令桃弓追捕，咸悉擒获。于是州境清肃。（《刁雍传》/874）

（24）［一皆］玄入建邺宫，逆风迅激，旌旗、服章、仪饰一皆倾偃。（《桓玄传》/2123）

66

例（1）为宾语前置句，主语承前省略，"备皆"表示宾语"事之始末"所指的整个全部过程是动作行为"参预"直接涉及的对象。该副词是上古就已流行的同义单音副词"备"与"皆"，以同义连文的形式复合而成。该词仅见于《魏书》。《说文·人部》："备，慎也。""备"本义"谨慎"；因凡事预则立，不预则废，故由谨慎引申指"预先安排筹划"，如"有备无患"；预先筹划贵在全面，故可引申指"齐全"，如"求全责备"；"齐全"隐含有［+全部］的语义特征，故可引申虚化出该副词用法。从"皆"的西周金文字形""看，为会意字，从从，从曰。盖会言行并相从意，指出其本义为俱词，即今表示整体的范围副词，当是"言行并相从"的引申虚化。《说文·白部》："皆，俱词也。"

例（2）"并皆"用在动词前，总括主语所表示的人或事物都承受了"败退"这一动作行为，可译为"全都"。该词也是由上古已盛行的单音副词"并"与"皆"复合而成。该词始见于汉，盛行于魏晋，沿用至清末。"并"本义"两人并排在一起"。《说文·竝部》："竝，併也。"其本义隐含有［+全部一起］的语义特征，故可引申虚化出该副词用法。

例（3）"差"作范围副词，表示宾语所指的人或事物基本上（接近整体的全部）都要接受其谓语动词所发出的动作行为。该用法始见于南北朝，下限不明。"差"本为亦声字"从左从垂，垂亦声"。"左"为"辅佐"，故可引申出"副贰、副职"；"垂"本为"草木花叶下垂形"，"花叶下垂，参差不齐"。因左与右不同，正与副不同，两者会合，意为"差别、不同"，因差别可大可小，隐含有［+范围］的语义特征，故可引申虚化出范围副词用法。《说文·左部》："差，贰也。差不相值也。"所释应为其引申义。"差"作名词，表"差别"，如《荀子·荣辱》："使有贵贱之等，长幼之差，知愚能不能之分。"因"差别"可大可小，在此基础上就引申出范围副词用法，分别表示与整体差距小，接近整体的全部，即"大致""基本上"或小部分。表小部分，如《三国志·魏志·乌丸鲜卑传》："方可三百里，多竹木丛林，有三千许家，差有田地，耕田犹不足食，亦南北市籴。""差有田地"，即"有小部分田地"。

由于范围副词与程度副词都是一种量的表达，不过，范围副词所表示的量比较实在大都具体可见，而程度副词所表之量相对抽象虚灵。因此"差"在范围副词的基础上就引申出程度副词用法，分别表示"甚度"与"微度"。如《后汉书·吴汉传》："吴公差强人意，隐若一敌国矣。""差强人意"，即"很能振奋人心，好像一个能与别国将士所匹敌的将领了"。《后汉书·光武帝纪下》："今军士屯田，粮储差积。""差积"，即"稍积"。

例（4）中的"初"语义指向"无"的宾语"谴咎"，即"全没有受过任何责备"，因此"初"为范围副词总括宾语所表示的人或事物。该用法始见于东汉，后沿用至清。《说文·刀部》："初，始也。从刀从衣，裁衣之始也。""初"本义"裁衣之始"，进而引申出时间名词"开始"义，通常位于动词前作状语，表示动作行为的开始。如《公羊传·宣公十五年》："初税亩。初者何？始也。""初税亩"，即"初税以亩（开始以亩收税）"。由"开始"义，很容易引申出"某动作行为本来的情况"，当说话人强调的是动作行为原本开始时的情况时，"初"就有了"本来"义。如《三国志·魏志·武帝纪》注引《曹瞒传》："后逢叔父于路，乃阳败面喝口。叔父怪而问其故，太祖曰：'卒中恶风。'叔父以告嵩，嵩惊愕，呼太祖，太祖口貌如故。嵩问曰：'叔父言汝中风，已差乎？'太祖曰：'初不中风，但失爱于叔父，故见罔耳。'""初不中风"，即"本来就不曾中风，只是叔父不喜欢我，所以你被欺骗了"。由于说话人当介绍一种情况的原本状态时，会认为听话人本来就知道该情况按道理就该这样，因此常容易融入说话人较多的主观感情，融入的主观感情越多，该词义就越虚化，因此"初"就又引申出了语气副词用法，表示一种理所当然的语气，即"某动作行为按道理就该这样"。如杜甫《秋日荆南述怀》："得丧初难识，荣枯划易该。"即"得失本来难以分辨识别，而荣枯则划然分明可见"。如果说话人强调该动作行为从开始到说话时一直如此，那么"初"就引申出了"从来""始终"义，总括一段时间：从开始到说话时，表示该动作行为自始至终一直如此。如《后汉书·吴汉传》："每当出师，朝受诏，夕即引道，初无办严之日。"即"早上受令，晚上即上路，从来没有置办行装的时间"。时间与空间范围都是一种量的表达，两者之间存在互通性，因此"初"又引申出表示总括的范围副词用法，相当于"全"。如《梁书·沈约传》："约乃出怀中诏书并诸选置，高祖初无所改。""选置"即"选择处理官吏的文稿"，其中的"初"语义指向主语"诏书与选置"，表示对主语所表范围的总括。

例（5）"处处"的语义指向主语"丹阳诸县"，表示动作行为所涉及的所有范围。该用法始见于汉代，盛行于魏晋，后来一直沿用到现代汉语中。《说文·几部》："处，止也。""处"本义"止息"，如"日夜不处"；引申指"居住"，如"穴居野处"；因居要有其所，作名词时可指"处所""地方"。"地方"含有［＋范围］的语义特征，故复用时可指"不止一个地方""各处、到处"。

例（6）"大都"语义指向主语，表示对主语所表示人或事物涵盖的范围进行总体上估量，可译为"大多"。该用法始见于南北朝，后来一直沿用到现代汉语中。该词是由表示"大率""大部分"义的"大"与总括范围副词"都"凝合而成。"大"既表估量，即"对精确数值的整体估量"又表范围，"都"表"范围"，两者结合在一起表示对范围的整体估量。《说文·大部》："大，天大、地大、人亦大，故大像人形。""大"本为象形字，像正面站立的人形。因天大、地大都无从笔画作字，故用像人形的大来表示。故由本义可引申指"容积、体积、面积等方面超过一般"，该引申义含有［+量大］的语义特征，故虚化作副词，表范围，可指规模大，如"大张旗鼓"；表程度，可指程度深，如"大惊失色"；表揣测，可指从大体上把握，如"杀伤大当"。

例（7）"都"总括全部，总括的对象是位于"都"前的主语，可译为"全部"。据李宗江（1998）考察，该用法始见于汉末，唐代以后使用频率大幅上升，宋金时代已经超过"皆"等占据总括副词的首位，此后"都"一直占据总括副词的统治地位，具有绝对优势①，一直沿用

---

① 李宗江：《汉语总括副词的来源与演变》，《汉语史研究集刊》第 1 辑，巴蜀书社 1998 年版。该文又收录于李宗江《语法化与汉语实词虚化》，学林出版社 2017 年版，第 79—91 页。

到现代汉语中。太田辰夫（1987/2003）认为"都"的原义为聚集，转为"全都"之义①；董志翘、蔡镜浩（1994）认为，《说文》："都，有先君之旧宗庙曰都。"可见是大邑，为民众聚集之所。故引申有"聚"义，再由此引申而有"总括"义，成为副词。②由此可见，"都"的该副词用法是由其"聚集"义引申而来，因"聚集"隐含有［+总括范围］的语义特征。该用法也见于当时的汉译佛典，如（北魏）慧觉等译《贤愚经·长者无耳目舌品》："估客惊言：'我都不忆，何时负君？若相负者，明人是谁？'"

例（8）"顿"表示总括，对其前主语所表示事物的总括"先贤"即"郭淮"，"后哲"即"郭祚"。该用法仅见于南北朝，为当时南北方通用副词。《说文·页部》："顿，下首也。""顿"本义"下首"，"下首"为古代一种礼节，以头叩地停一下即抬起。该本义含有［+停顿］的语义特征，故可引申指"停顿"。该副词用法当由"顿"在上古汉语中常见的动词义"停顿"虚化而来，因为一个在持续行进过程中动作的停止往往带有"突然性""同时性"，即表示该动作行为相关动作的统一性总括性的停止，即"一下子，同时停止"，当该词位于其他动词前时，并且说话人强调其后动作行为的"同时性""突然性"时，"顿"就仅仅体现出时间性，在此基础上就引申出副词义"突然""一下子"。如（晋）张华《博物志》："人以冷水自渍至膝，可顿啖数十枚瓜。"时空转换，再由对时间的统一性总括引申出对范围的总括。

例（9）"尽皆"表示对其前主语所表事物的总括。该词是由上古就已流行的总括副词"尽"与"皆"受汉语词汇双音化的影响以同义连文的形式凝合而成，始见于南北朝，后沿用至明清。"尽"本为亦声字，从皿从聿聿亦声，一个人手持炊帚刷器皿，表示器皿中的饭菜已经吃完，即"终结"，"全部结束"，含有［+全部］语义特征，故可引申虚化出该副词用法。李宗江（1998）认为"先秦文献中最主要的总括副词是

---

① ［日］太田辰夫：《中国语历史语法》，蒋绍愚、徐昌华译，北京大学出版社2003年版，第264页。

② 董志翘、蔡镜浩：《中古虚词语法例释》，吉林教育出版社1994年版，第148页。

'皆''尽''俱'三个"①。

例（10）"苦"与"尽"相对，表示对动词后所省略宾语"谏言内容"的总括。"苦"本义"苦菜"。《说文·艸部》："苦，大苦，苓也。"由本义引申指"困苦""痛苦"，"痛苦"为其上古常用义项之一，与"甘"相对，"苦"本身就有一种程度深浅变化的弹性空间。因为就社会的常规意识而言，"痛苦"是人们通常不愿承受的，正因为不愿承受，当人们面对痛苦时，通常要把这个"苦"往大里说。因此"苦"位于其他动词前时就引申出副词用法，表示一种情态，即在做某事时力求达到最大限度，"竭力""尽力"做成某事。如（南朝·宋）刘义庆《世说新语·识鉴》："王大将军始下，杨朗苦谏不从。"该例意为"王大将军刚要东下进攻建康，杨朗就竭力谏止，将军却不听从。"一个人竭力做某事时就意味着要付出很大努力，故在此基础上就引申出表甚度的程度副词用法，可译为"很"。如：（三国·魏）曹丕《善哉行》之一："上山采薇，薄暮苦饥。""苦饥"，即"感觉很饿"。程度副词与范围副词都是一种量的表达，甚度副词表示很大量，因此在此基础上就引申出总括范围副词用法。该范围副词用法始见于南北朝，后沿用至宋代。

例（11）"了（liǎo）"的语义指向动词"无"后面的宾语"误错"，表示对宾语所表事物的总括。"了"表范围，用在否定词前面，表示完全彻底否定，可译为"完全""一点儿"。该用法始见于魏晋，后一直沿用至现代汉语中。"完全"与"一点儿"在修饰否定词时，通常表示对其动词后跟宾语所表事物的全部否定，只不过前者是从全局进行全部否定，后者是从最小量进行否定，连最小量都没有的事物也就是完全没有，两者意义相同，"一点儿没有"即"完全没有"。"了"本为象形字，像小儿两臂及两足皆捆缚于襁褓之中，表"收束"义，后引申出"了结""结束"义。《说文·了部》："了，尦也。从子无臂，象形。"疑"尦"为动词，在今豫东周口方言中该动作行为表示逗孩子取乐的一种方式，

---

① 李宗江：《汉语总括副词的来源与演变》，《汉语史研究集刊》第 1 辑，巴蜀书社 1998 年版；又载李宗江《语法化与汉语实词虚化》，学林出版社 2017 年版，第 85 页。

即向上反复抛接襁褓中的孩子以为乐。"了"的范围副词义当由其动词义"完成""了结"义虚化而来。如（汉）王褒《僮约》："晨起早扫，食了洗涤。"一件事情完成则意味着该事件的全部结束，因此当该词出现在否定词前时则体现出"全部否定"义，就衍生出了总括范围副词用法。同样，总括的范围投射到程度上就引申出了表甚度的程度副词用法，可译为"极其""非常"。如（唐）韩偓《宫柳》诗："幸当玉辇经过处，了怕金风浩荡时。"该例意为"恰好遇到皇帝经过的地方，非常害怕秋风大起时枝叶摇落"。

例（12）中的"略"语义指向其前的主语，表示对主语"弟侄甥婿"的总括，常用在否定词前，强调范围的周遍性。该用法始见于魏晋，后沿用至 20 世纪二三十年代，现代汉语中消失。其语义指向既可前指主语也可后指宾语，后者如《魏书·奚斤传》："其地卤薄，略无水草。"也可与非否定词连用，如《魏书·陆彰传》："禧诛，养于彭城王第，庄帝亲之，略同诸姊。""略"本义"经营土地，划定疆界"。《说文·田部》："略，经略土地也。"因"划定疆界"需要先确定划定范围，找出区域的边界，然后再简要切分，故该本义隐含有［＋整体范围］［＋简要］的语义特征，由此可引申出，"简略""大概"等义。该副词用法当由该词的形容词义"简略"虚化而来，如《荀子·非相》："传者久则论略，近则论详；略则举大，详则举小。"该例是说"事情流传得久了谈起来就简略，近来的事情谈起来就详细；简略的就列举其大概，详细的则列举其细节"。该动词义又引申转指名词义"简要的情况"，如"闻其略"。"简略"即意味着从整体上对事物进行把握，故在此义的基础上可以引申出表总括的范围副词用法，该用法一直沿用至清末 20 世纪二三十年代。又由于在人们常规意识中，"简略"与"整体"的全量相比往往显得少而小，因此在与否定词结合时也可表示对从细微处入手来进行否定，表示"一点儿也不，没有"等。其实从整体上进行否定与从细微处进行否定，两者语意基本等值，这是语意逻辑问题造成的。至于该词表总括还是细微，应该从整体来把握，据栗学英（2017）统计"略"在中古八书使用特点为："略＋不／无"共出现 24 例，占总数的 28.9%；"略＋尽"连

用共 18 例，占总数的 21.7%；"略＋同／等／齐／遍／周／依／准"等 29
例，占总数的 34.9%；其他搭配形式 14.5%。这些特点均与"都"用法相
类似，^① 故应看作总括范围副词为妥。同样范围副词与程度副词、时间副
词之间存在着相通性，"略"也引申虚化出表示微度的程度副词用法和
表示短时的时间副词用法，分别可译为"略微"与"暂且"。前者如（北
周）庾信《周骠骑大将军李夫人墓志铭》："（夫人）本有风气之疾，
频年增动，略多枕卧。"后者如（唐）吴融《浐水席上献座主侍郎》诗：
"暖泉宫里告虔回，略避红尘小宴开。""告虔"，即"答谢"。

例（13）"颇"语义指向主语，表示对主语所表人或事物的总括，
与下文的"各自默然无言"相对，可以看出"颇"总括全部。刘淇《助
字辨略》："颇，本训略，而略又有尽悉之义，故转相通也。""颇"
与"略"作副词时通常都可表示粗略的情形，可译为"大体""大致"，
因"粗略"是一种从整体上不精确的揣测估计，因此含说话人较多的主
观评价，故可衍生出总括范围副词用法。"颇"的总括范围副词用法，
当是由"略"类化而来。该用法始见于汉，后来沿用至明代。

例（14）"普皆"是由汉代新兴总括范围副词"普"与上古已流
行的"皆"以同义连文的形式组合而成。该用法多见于佛经文献，始见
于南北朝，后沿用至唐。"普"本义"太阳无光"，《说文·日部》：
"普，日无光也。"既然日无光，则远近皆同，故该本义含有［＋全
部］［＋无例外］的语义特征，进而引申指"普遍"。其副词用法当是
由其形容词"普遍"义引申虚化而来。

例（15）"佥尔"，语义指向其前的主语，表示对主语所表人物的
总括。该用法由上古就已流行的总括范围副词"佥"受汉语词汇双音化
大趋势的影响附加副词词尾"尔"而成。《说文·亼部》："佥，皆也。
从亼，从叩（喧），从从。"该字本义疑为"众人同说，一起喧闹"。
其范围副词用法应由较早的实词意义引申虚化而来。"佥尔"表总括，
仅见于南北朝时期的北朝文献，现行字书均未载。

---

① 栗学英：《中古汉语副词演变研究》，南京大学出版社 2017 年版，第 37 页。

例（16）"全"作副词语义指向主语，表示主语所表示的人或事物无一例外具有某种性状，可译为"完全""都"。李宗江（1998）认为，该用法始见于晋代，^①其实，汉代已见，如《史记·扁鹊仓公列传》："诊病决死生，能全无失乎。"该用法始见于汉，盛行于魏晋，后来一直沿用至现代汉语中。"全"本义"完整""整体的"，引申指"完备""齐全"，"完备""齐全"含有［＋全部］［＋无例外］的语义特征，故可引申出该副词用法。

例（17）"殊"语义指向宾语，表示对宾语所表事物的总括，常用在否定词前，表示全面否定，可译为"全""丝毫"等。"殊"本义"断绝"。《广雅·释诂一》："殊，断也。"由《释诂四》："殊，绝也。"因"断绝"意味着将使某事物发生变化，与原来不同，故可引申指"差异""不同"，如"殊途同归"，进而可引申指"特别""特出""出众的"，因"与众不同的特别"，通常意味着在某方面能力特别突出，因此该词在修饰性状类形容词时很容易凸显出表极度的程度副词义，可译为"特别""极其"，这在上古时期已经完成。如《战国策·赵策四》："老臣今者殊不欲食，乃自强步，日三四里，少益耆食，和于身也。"程度副词与范围副词都是一种量的表达，两者之间存在相通性，尤其是用在否定词前时，由于对于范围的两个极端进行否定，即最大范围的否定与最小范围的否定均等于全部否定，因此就引申出了表总括的范围副词用法。该用法始见于魏晋，后沿用至宋。又由于在人们的常规意识中对某事物的评价通常不全部否定，当全部否定时往往出乎人们的意料，所以在此基础上就引申出了表示出乎意料的语气副词用法，可译为"竟""竟然"。如（汉）徐干《情思》诗："君行殊不返，我饰为谁荣。"该用法始见于汉，后沿用至宋。当"殊"位于否定副词"未"前时，由于"未"所表示的是对未然事件的否定，当对该未然事件全部否定时则表示该事件仍未发生，因此"殊"在全部否定范围义的基础上又引申出"仍然"

---

① 李宗江：《汉语总括副词的来源与演变》，《汉语史研究集刊》第 1 辑，巴蜀书社 1998 年版，又载李宗江：《语法化与汉语实词虚化》，学林出版社 2017 年版，第 85 页。

义。如南朝（宋）谢灵运《南楼中望所迟客》诗："园景早已满，佳人殊未适。""殊未适"即"仍未去"。该用法始见于南北朝，沿用至唐宋。该事件一直未发生，也即是最终未发生，因此在此义的基础上又引申出表示最终情况的"终竟"义。如《太平广记》卷十《神仙传》："有书生张姓，从学隐形术。仲甫言：'卿性褊急，未中教。'然守之不止，费用数十万，以供酒食，殊无所得。"

例（18）"率多"语义指向主语，表示主语所表人或事物的大部分都具有谓语所具有的性状，可译为"大多"。"率"本义"拉紧的大绳"，《说文·率部》："率，捕鸟毕也。"《说文》中"捕鸟的网"当为其引申义，因绳索能结网。（元）周伯琦《六书正讹》："率，大索也。象形。上下两端象绞索之具，中象索，旁象麻枲之余。"由"捕鸟之网"引申指动词"网罗""聚集"，因"聚集"含有［＋所有个体］［＋整体范围］的语义特征，故可引申虚化出总括范围副词用法，可译为"一概""都"。因网罗鸟兽并非都能一网打尽，作范围副词时，也可表示整体全部中的大多数，可译为"大多""大概"，因"大多"表范围时，不是很精确的范围表达，隐含有不很精确的估计揣测语气，可译为"大概"。"多"本义"数量大"，为形容词，后引申指"某全体范围内的大多数"，可作状语，作状语时其语义指向主语，总括主语所表人或事物的大多数。到中古，两者结合在一起成为一个副词，"率""多"均凸显其范围义。该词始见于南北朝，沿用至现代汉语中。例（19）"率皆"，表示对主语的总括。该词当时由上古就已流行的总括范围副词"率"，可译为"大多"与"皆"凝合而成。该词始见于魏晋，后沿用至清末。

例（20）"悉皆"语义指向主语，表示对主语的总括。该词是由上古就已流行的单音词"悉"与"皆"受汉语词汇双音化大趋势的影响凝合而成，始见于南北朝，后沿用至明清。"悉"本义"详尽"，《说文·采部》："悉，详尽也。从心从采（biàn）。""采，辨也。"心里对事物辨别得很清楚，所以就对事物了解得很详尽。"详尽"含有［＋全面］的语义特征，故可引申指"全部"，如"悉心照料"，"全部"，即"无一例外"，进而引申虚化出该范围副词用法。

例（21）"咸共"语义指向主语。其主语"檄之所到"代指"所到之处的百姓"。"咸"与"共"在上古汉语中都经常用作总括范围副词，到了中古受汉语词汇双音化的影响，凝合成了一个双音词。该词始见于东汉，后沿用至唐宋。"咸"本为会意字"从戌从口"，"戌象斧钺之形"表示"众口齐声呼喊，以助杀伐"。《说文·口部》："咸，皆也，悉也。"所释为引申义。因"众口齐呼"隐含有［＋全部］的语义特征，故可引申之。共（góng）本义"双手共同奉物"。《说文·共部》："共，同也。"由本义引申指动词"一起享用"，如"同甘共苦"。"一起"隐含有［＋总括］的语义特征，故可引申出该副词用法。例（22）"咸皆"表示对主语的总括，始见于南北朝，后沿用至唐。例（23）"咸悉"语义指向主语。"盗发之处"代指"盗发之处的盗贼"。该词始见于魏晋，后沿用至唐宋。

例（24）"一皆"，也是由"一"与"皆"以同义连文的形式组合而成，用于动词前，表示对主语的全部概括，没有例外，可译作"全部"。该词始见于汉，魏晋以后常见，后沿用至现代汉语中。"一"本义"原始的计数符号，即最小的正整数"，因数之始也，故不可再分，由不可分可引申指形容词有"完全""整个"义，如"一国""一家"，"整个"，即"全部无例外"，故可引申虚化出总括范围副词用法，如《诗经·邶风·北门》："王事适我，政事一埤益我。""一埤益我"即"都扔给我"。到中古，与常用总括范围副词"皆"凝合在一起。

二 表限定

此小类副词在语法意义上表示动作行为或性质状态所涉及对象只是其中的部分或个别，可译为"只""仅"。在句中通常位于动词性谓语和名词、数量结构形式的谓语前，语义可以指向谓语动词本身，也可以指向主语或宾语。此类副词在《魏书》中共有 18 个，其中见于上古汉语的有 13 个：不过_仅仅、（衹）、惟（唯）（维）、仅、才（裁）（纔）_2只、乃_4才、仅仅、但_只、止、徒_1只、直_1只、独_独自、只是、特_1只、专_1只；见于中古汉语的有 5 个：空_1只（1）、偏_1只（2）、唯独（1）、正_2只（42）、政$_{1只}$（5）。

（25）［空$_{1只}$］亮外甥司空谘议刘景安书规亮曰："……而
朝廷贡才，止求其文，不取其理；察孝廉，唯论章名，不及治道；
立中正，不考人才行业，空辨氏姓高下。"（《崔亮传》/1479）

（26）［偏$_{1只}$］世宗曰："谋勇二事，体本相须。若勇而无谋，
则勇不独举；若谋而无勇，则谋不孤行。必须兼两，乃能制胜。
何得云偏须运筹。而不复假勇乎？"（《良吏传·明亮》/1904）

（27）［唯独］乃上书曰："……皇祚承历，自北而南，诛灭
奸雄，定鼎河洛，唯独荆扬，尚阻声教。"（《李苗传》/1594）

（28）［正$_{2只}$］顺递抗声叱之曰："尔刀笔小人，正堪为几
案之吏，宁应忝兹执戟，亏我彝伦！"（《任城王传》/483）

（29）［政$_{1只}$］陛下往冬之举，政欲曜武江汉，示威衡湘，
自春几夏，理宜释甲。（《陆俟传》/912）

例（25）"空"与前文的"止""唯"相对，表限定无疑。"空（kǒng）"
本义"空穴"，《说文·穴部》："空，窍也。"因"空穴"中什么都没有，
故可引申指否定词"没有"，该引申义读音也发生了变化，读"kōng"。
如果做了某事但是没有取得应有的效果，那么这件事就等于没有做，因
此，"空"就引申出情态副词义表示没有效果的"徒然""白白"义，
又由于"白做了某事"意味着"仅仅做了某事而没起到应有的效果"，
在此基础上就引申出限定范围副词用法，可译为"只"。该用法始见于
南北朝，唐代兴盛，[①]后沿用至元代。

例（26）"偏须"与"不复"相对，可译为"只须"，表示必要条
件。"偏"本义"偏斜"，《说文·人部》："偏，颇也。""偏斜"
通常仅向一边，故可引申出"边侧"义，在上古汉语中作名词指"边侧"，
如《左传·僖公十年》："七日，新城西偏，将有巫者而见我焉。"因"边
侧"相对于整体而言就是相对偏远的一部分，就引申出"片面"义，"片

---

① 如（唐）崔颢《黄鹤楼》："昔人已乘黄鹤去，此地空余黄鹤楼。"中"空"即为该义。
现行注本中多未见出注。

面地关注某事"，即"专一关注某事"。因此在"片面"义的基础上就引申出情态副词义表专注于某事的情态，可译为"专一"。如（北齐）颜之推《颜氏家训·书证》："沛国刘显博览经籍，偏精班《汉》。""专一做某事"即"仅仅关注某事"，自此基础上就引申出限定范围副词用法，可译为"仅""只"。该词始见于南北朝，后一直沿至现代汉语中。

例（27）"唯独"当被修饰的成分是动词短语时表示主语表示的人或事物或者动作行为支配的对象仅限于某个范围，可译为"单单"；当被修饰的成分是名词短语时，通常是突出某个特定对象加以说明，可译为"只有"。该词是由上古流行的两个单音副词以同义连文的形式组合而成，始见于战国末期，汉以后盛行，后一直沿用到现代汉语中。"唯"本义"应答声"，《说文·口部》："唯，诺也。""应答"，即"答应""肯定"，对某个对象作出肯定性回答，意味着对其余所有对象给予了否定，因此含有［+限定对象］的语义特征，故可引申虚化出限定副词用法。"独"，本义"单独"，《说文·犬部》："独，犬相得而斗也。羊为群，犬为独也。"羊喜欢结群，犬生性好斗，好斗则独而不群。"单独"隐含有［+限定］的语义特征，故可引申出该副词用法。

例（28）"正"作限定副词，用在动词前，其语义指向宾语，可译为"只""仅仅"。该用法始见于魏晋，后沿用至宋。刘淇《助字辨略》："正得为止者，即之转也。""即之转也"，意为"即的一声之转"。"正""止"，在上古音中声母相同，即同为"章"母，"即"为"精"母，同为齿音。因此"正""即"发音部位相同，其间可以通转。并且"正""即"作副词时也存在相通性，两者作副词时都可表示确认语气，强调事实的确如此。因此，两者之间存在音近义通关系，可以互转。故"正"之限定范围副词用法也应由"即"类化而来，"即"在上古可作限定范围副词，如《孟子·梁惠王上》："晋国虽褊小，吾何爱一牛？即不忍其觳觫，若无罪而就死地，故以羊易之也。"例（29）"政"表限定范围副词当是"正"的通假用法，两者只是写法不同，用法完全相同。不过"政"后来一直沿用至晚清，在通行时间上比"正"较长。

三　表协同

此小类副词在语法意义上表示多个个体协同动作或共同被处置，具体来说又可分为两类：一类强调“同时”，即强调动作行为是若干主体同时共同发出或是同时施及若干受事者，可译为“一齐”；一类除隐含“同时”外，强调多个个体都在其内，统一行动或统一被处置，可译为“一起”。在句中一般位于主语之后，动词性谓语之前。语义指向复杂，既可以指向谓语，又可以指向主语、宾语。此类副词在《魏书》中共有10个，其中7个沿自上古汉语：同$_{一起}$、共$_{一起}$、俱$_{2一起}$、并（併）$_{2一起}$、兼$_{2一起}$、相与$_{1一起}$、相率$_{1一起}$；3个盛行于中古汉语：并共$_{一起}$（2）、齐$_{一齐}$（7）、率同$_{一同}$。

(30)［并共$_{一起}$］衍深耽释学，遂集名僧于其爱敬、同泰二寺，讲《涅槃大品经》，引同轨预席，衍兼遣其臣并共观听。（《李顺传》/849）

(31)［齐$_{一齐}$］宜先遣刘昶招喻淮南。若应声响悦，同心齐举，则长江之险，可朝服而济；道成之首，可崇朝而悬。（《程骏传》/1347）

(32)［率同$_{一同}$］法寿供给，亚于安都等。以功赐爵壮武侯，加平远将军，给以田宅、奴婢。性好酒，爱施，亲旧宾客率同饥饱，坎壈但常不丰足。（《房法寿传》/970）

例（30）“并共”与“兼”相应，“兼”即“全”，因此“并共”表示一起，语义指向其前的相关主体人物，表示主体人物一起发出某动作。该用法始见于东汉，后沿用至宋，宋代以后不见。该词是由上古就已流行单音副词“并”与“共”随着东汉以后汉语词汇双音化进程的加速凝合而成。“并”本为会意字，甲骨文字形“”，像在腿部把两个人连绑在一起，本义“兼并”，即“把两个或几个事物合并在一起”，隐含有［+多个个体统一行动］的语义特征，故虚化为副词可表协同，可译为“一起”“一齐”；“并”本义“两人并立”，如“并驾齐驱”，由空间方位上并列转指时间，可表时间上的同时，多个主体同时发出某动作，即有了"同时""一齐""一起"义。因此"并"与"並"当初作"协同"范围副词用法强调的侧重点不同，前者强调"统一"，后者强调"同时"，后来才逐渐混同。"共（gòng）"本义为形容词"相同的"，如"天山共色"，《说文·共部》："共，同也。"因多个主体在某方面相同，即"多个主体都具有某方面特征"，作动词时可表"多个主体一起承担、享用或从事"，如"同甘共苦"，因而可虚化出协同范围副词用法。

例（31）"齐"语义指向其前的主语，该主语通常具有集体性，是由两个或两个以上主体组合而成，表示多个主体同时一起发出某个动作行为。该用法始见于汉，后沿用至明清，清代以后不见。"齐"本为象形字，"像谷穗上端齐平之形"，《说文·齐部》："齐，禾麦吐穗上平也。""禾麦上平"，即"禾麦高低一致"，故可引申指"一致"，即"思想或行动一致""同心协力"，如《荀子·议兵》："民齐者强，民不齐者弱。"因一个集体同心协力做某事，即一起努力做某事，可虚化出协同范围副词用法。该例中的"朝服""崇朝"均指时间短暂。

例（32）"率同"其语义指向主语，主语多是由多个单个个体组成的集体，表示主语包含的多个主体同时发出或承受某动作，可译为"一起"。该用法始见于南北朝，后沿用至清末。该例中"率同饥饱"，即"一起生活"，只是因经常不得志，生活不丰足。"率"在上古汉语中有总括范围副词用法，可译为"都""一概"，"同"有表示协同副词义，可译为"一起"，到了南北朝时期两者凝合在一起，偏指"同"的副词义。"同"本为会意字，与"兴（興）"同源，甲骨文一形写作 ，由一个四人抬东西的象形和"口"组成，表示四人用口令协调行动，本义为"聚合协调众人之力"，进而可引申指"聚合""会合"，如《诗经·豳风·七月》："嗟我农夫，我稼既同，上入执宫功。""聚合"隐含有［＋协同一致］的语义特征，故可引申出该副词用法。

四　表分别、各自

此类副词在语法意义上表示动作行为的主体是分散地进行同一活

动，既可以表示不同的人分别做同一件事情，也可以表示不同的事物分别具有某种属性，可译为"分别、各自"。马真（2016）将该小类副词归入到方式副词，并指出"在现代汉语中'分别'与'各自'在语义指向上有区别——'各自'只能指前，不能指后，'分别'则既能指前，也能指后"①。不过，该小类副词在《魏书》中的语义总是前指，总是指向某个集体范围内的各个个体，所以将其归入到范围副词中。此类副词在句中的句法位置和语义指向都和协同类副词相同，只是更强调动作行为的个体性。这一小类副词在《魏书》共见5个，3个沿自上古汉语：各_{各自}、别_{分别}、各自；2个见于中古汉语：各别_{分别}、各各_{各自}。

（33）［各别_{分别}］继晚更贪婪，聚敛无已。牧守令长新除赴官，无不受纳货赂以相托付。妻子各别请属，至乃郡县微吏，亦不得平心选举。（《京兆王传》/403）

（34）［各各_{各自}］景久攻未拔，而衍外援虽多，各各乖张，无有总制，更相妒忌，不肯奋击。（《萧衍传》/2186）

例（33）"各别"语义指向其前的主语，主语所表示的多是由两个或两个以上个体所组成的具有施动性的生物名词。该副词表示主语所包含的单个个体分别发出某个动作行为，可译为"分别各自"。该词始见于南北朝，后来一直沿用到现代汉语中，是由上古就已流行的单音副词"各"与"别"，到了南北朝随着汉语词汇双音化进程的加速凝合而成。"各"本为会意字，从凵从夂，"夂"像倒趾之形，"凵"像坎穴之形。古人穴居，以足向居穴以会来至之义。《说文·口部》："各，异词也。"《说文》所释"各自"义应为其假借用法。"别"本义"分解骨和肉"，从刀从冎（guǎ），表示用刀剔骨头。在本义的基础上引申指"分开""分别"。"分开""分别"隐含有［+把集体分成个体］的语义特征，故作状语时，可以表示分别各自做某事，在此基础上可引申虚化出该副词用法，如《史记·高祖本纪》："汉将别击布军洮水南北，皆大破之，追得斩布鄱阳。""别击布军"即"分别带兵在洮

---

① 马真：《现代汉语虚词研究方法论》（修订本），商务印书馆2016年版，第88页。

水南北进攻黥布的军队"。

例（34）"各各"是由上古就已盛行的单音副词"各"受汉语词汇双音化的影响复音化而成，该词始见于南北朝，后来一直沿用至现代汉语中。复音化后的"各各"还衍生出代词用法，指称某一类人或事物中的所有个体，相当于"每个""个个"。如《后汉书·赵熹传》："帝延集内戚燕会，欢甚，诸夫人各各前言：'赵熹笃义多恩，往遭赤眉出长安，皆为熹所济活。'帝甚嘉之。"在该例中"各各"与称代的对象"诸夫人"组成同位词组，充当主语。

五　表类同

此小类副词在语法意义上表示人与人、事物与事物之间的类同关系。因就整体而言，表示两类人或事物因某方面相同，可以归入一类，即同一个范围，故将其归入范围副词。在句中对被修饰成分的选择与总括副词基本相同，可以修饰动词性谓语、形容词性谓语、名词性谓语以及数量结构形式的谓语等。语义指向宽泛，既可以指向谓语中心词又可以指向谓语关联项。《魏书》中共有此类副词4个，其中1个沿自上古汉语：亦$_{2也}$；3个见于中古汉语：乃$_{5也}$（1）、亦复$_{也}$（2）、亦自$_{也}$（2）。

（35）［乃$_{5也}$］昔句践致贡而延世，夫差争长而后死，两寇方之吴越，不乃劣乎？（《萧衍传》/2188）

（36）［亦复$_{也}$］朕于齐明帝，外有凭敌之力，内尽帷幄之诚，日自三省，曾无寸咎，远身边外，亦复不免。（《萧宝寅传》/1317）

（37）［亦自$_{也}$］亮谓僚佐曰："昔杜预乃造河梁，况此有异长河，且魏晋之日亦自有桥，吾今决欲营之。"（《崔亮传》/1477）

例（35）"乃"相当于"亦"，表示"两寇"与"吴越"虽然所处时代不同，但双方最终结局一样，即具有相同之处，可译为"也"。"乃"本为象形字。所像不明。有说像妇女奶头的侧视形。《说文·乃部》："乃，曳词之难也。象气之出难。""曳词之难"，即"出词很难，像语气出口困难的样子"。《说文》所释为假借义。该副词用法当是由上古常用表肯定的反问句结构"不亦＋形容词＋乎"中的"亦"类化而来。因"乃"与"亦"作副词时都可作限定范围副词，如《汉书·蒯伍江息夫传·蒯通》："将军将数万之众，乃（只）下赵五十余城。"《孟子·滕文公上》："尧舜之治天下，岂无所用其心哉？亦（只）不用于耕耳。"两者经常出现在相同的句法位置上，故可产生类化现象。该词在体现出类同义的同时，还具有舒缓反问语气的作用，去掉"亦"之后反问语气明显增强。该例中"夫差争长而后死"为用典，指"吴晋争长未成而勾践袭吴"这件事，即"吴国与晋国之间争当盟主还没有成功而勾践偷袭了吴国"。该用法因受"不亦＋形容词＋乎"结构的强势影响，出现的次数不多，仅偶见该类用例，始见于南北朝，后沿用至唐，唐以后不见。

例（36）"亦复"表示"类同"，可译为"也"。说话人认为自己劳苦功高，并且对齐明帝忠心耿耿却与其他碌碌无为者下场相同。该词是由上古就已流行的类同副词"亦"附加上中古新兴副词词尾"复"而成。"亦"本义"腋窝"，其副词用法应为假借。该用法始见于东汉，流行于魏晋，后一直沿用至现代汉语中。

例（37）"亦自"也表示类同，可译为"也"。该例是说，西晋时期的杜预为了方便行人就曾在黄河上建桥，何况渭河又不同于黄河，并且魏晋时期这里与黄河上一样有桥。该词也是由上古就已流行的类同副词"亦"附加上新兴副词词尾"自"而成，始见于魏晋，后沿用至明清。

六 表另外

此小类副词在语法意义上表示动作行为在原有的范围以外发生、出现或者及于别的对象，可译为"另外"。在句中只修饰动词性成分。此类副词在《魏书》中仅见1例：别_{另外}，并且沿自上古汉语。"别"本义"分解骨和肉"，即"将骨与肉分开"，故可引申指"分开"，"分开"含有［＋将某个体从集体中分离出来］的语义特征，故可引申虚化出该副词用法。

表 2—2　　　　　　　　　　《魏书》范围副词总表

次类＼时代	上古汉语		中古汉语		总数
	词数	百分比（%）	词数	百分比（%）	
表总括	22	47.8	24	52.2	46
表限定	13	72.2	5	27.8	18
表协同	7	70	3	30	10
表分别、各自	3	60	2	40	5
表类同	1	25	3	75	4
表另外	1	100	0	0	1
总数	47	56	37	44	84

由上表可知，《魏书》中的范围副词主要表现出了以下三方面的特点：

第一，如果把《魏书》中的范围副词作为一个系统来考察，那么，从共时角度看，其中的范围副词所体现的是一个含有不同时间层次的静态副词体系；从历时角度看，它又体现出既相对稳定又不断发展的动态历程。既有上古已通行范围副词的继续使用，又有上古萌生此期流行的范围副词的发展；既存在此期产生并普遍使用的新兴范围副词，又有此期新生、中古之后兴盛的一些范围副词。此外据我们调查统计，《魏书》中共出现副词557个，其中范围副词有84个，在所有的副词次类中数量较多，占到副词总数的15.1 %。由此可以看出说话人在叙述事件时，非常关注动作行为变化所涉及的范围，这也是交际双方需要有明确的交际范围才能收到较好的交流效果。

第二，《魏书》中沿用于上古汉语的范围副词总数仍多于中古时期新兴、盛行的副词总数，这大概与该书的史书性质有关，因为作为一部史书，一方面，要力求保持史书典雅守正的语言风格；另一方面，还会不可避免地吸收一些当时当地的口语。这些口语化的语言材料虽然并不是完全新生，大都是由上古汉语词汇进一步引申、虚化、重组而来，但它们却代表了新的发展方向，所以更应该引起人们的注意。

第三，从整个范围副词系统的发展趋势来看，双音节范围副词的发展已占主导地位。产生并流行于上古汉语中的双音节范围副词共有 5 个，而到了中古汉语中双音节范围副词的总数增加到了 20 个，刚好是上古时期的 4 倍，这说明双音化趋势已成为副词发展的主流。这一现象也与整个汉语史词汇系统的双音化趋势相一致，东汉以降，整个汉语史词汇系统的双音化进程普遍加快，到南北朝时期发展更为迅速，副词的突出表现之一就是双音节副词组合的大量涌现。中古新生的单音节范围副词增长速度虽然明显减慢（产生于上古汉语中单音节范围副词总数是 42 个，而到了中古汉语中单音节范围副词仅出现了 17 个），但从总数上来看，单双音节范围副词相比在数量上仍略占优势（59∶25），主要原因就是上古汉语中一些生命力极强的单音节范围副词在上古时期就已成为整个副词系统中的基本词汇，不但在《魏书》中继续使用，并且一直沿用至现代汉语。

章结：时间和空间既相互独立又相互转化，这一现象在副词中也有所体现。据统计，《魏书》共出现兼有时间和范围副词用法的兼类词 9 个：有的在上古就已为兼类副词，如乃；有的在上古流行用法为范围副词，到中古衍生出时间副词用法，如：才、仅、往往；有的则相反，在上古流行用法为时间副词，到中古衍生出范围副词用法，如：初、正；有的两种用法均为中古新兴用法的兼类词，如：顿、颇、率多。本章主要从共时和历时两方面对《魏书》时间、范围副词进行了详细的分类描写，在初步分类的基础上，又将时间、范围副词再分为 16 个次类。在描写时，不但对各小类副词作了具体的分类说明，还对每个副词的小类归属进行了认真的考察、辨别，尤其是对每个中古新兴副词的历时流变、成词的机制动因进行了探析，对其出现、消亡时代也作了细致的考察、认定。

第三章 历时视域下《魏书》副词分类探析（中）

第一节 程度副词

程度副词表示动作行为或性质状态所达到的程度。现代汉语中程度副词最大的特点就是，大都可以比较自由地修饰单个形容词，修饰动词时要受到很多限制，通常只能修饰表心理活动的动词、助动词和一些特定的动词结构。与现代汉语相比，中古时期的程度副词除能修饰形容词和表示心理活动的动词外，还能够比较自由地修饰一般行为动词或动词短语，少数还能修饰名词性谓语。在语义上通常指向后面的谓语。

朱德熙（1982）针对现代汉语中程度副词的特点指出："不同的程度副词，除了语义上表示的程度有差别外，语法功能也不完全一样。"①根据《魏书》中的程度副词在语义、分布和功能方面的不同，将其再分为五个次类。

一 表强度

此小类副词在语法意义上表示程度很高或达到了顶点。在句中常常修饰形容词、表心理活动的动词和一般的动词短语，语义通常指向后面

---

① 朱德熙：《语法讲义》，商务印书馆 1982 年版，第 196 页。

的谓语。《魏书》中的此类副词共有 27 个：其中 15 个沿自上古汉语：偏 $_{2很}$、至、尽 $_{2至}$、最、尤、极 $_{1特别、尤其}$、最、甚、大 $_{甚}$、良 $_{1甚}$、孔、深、颇 $_{3甚}$、殊 $_{2特别}$、绝、特 $_{2特别}$；12 个盛行于中古汉语：差 $_{2很、非常}$（5）、笃 $_{甚}$（9）、极其 ^{①}（1）、剧 $_{极}$（1）、苦 $_{2很}$（1）、酷 $_{很}$（5）、偏 $_{2甚}$（2）、颇自 $_{非常}$（2）、深自 $_{非常}$（3）、殊自 $_{特别}$（2）、雅 $_{甚}$（47）、雅自 $_{非常}$（1）。

（1）［差 $_{2很、非常}$］肃宗初，萧衍遣将犯边，劭上表曰："……臣国封徐州，去军差近，谨奉粟九千斛、绢六百匹、国吏二百人，以充军用。"（《献文六王传·彭城王》/584）

（2）［笃 $_{甚}$］神俊风韵秀举，博学多闻，朝廷旧章及人伦氏族，多所谙记。笃好文雅，老而不辍，凡所交游，皆一时名士。（《李宝传》/896）

（3）［极其］世隆兄弟群从，各拥强兵，割剥四海，极其暴虐。（《尔朱彦伯传》/1669）

（4）［剧 $_{极}$］修能剧饮，至于逼劝觞爵，虽北海王详、广阳王嘉等皆亦不免，必致困乱。（《恩幸传·赵修》/1998）

（5）［苦 $_{2很}$］母大怒，詈之苦切，曰："汝自有妻妾侍婢，少盛如花，何忽共许高丽婢奸通，令致此罪。我得高丽，当啖其肉。"（《北海王传》/563）

（6）［酷 $_{很}$］出而告人曰："主上酷似刘璋。今年国灭，吾必死之。"（《徒何慕容廆传》/1072）

（7）［偏 $_{2甚}$］怀吉本不厉清节，及为汾州，偏有聚纳之响。（《薛安都传》/1358）

（8）［颇自 $_{非常}$］卫操，字德元，代人也。少通侠，有才略。晋征北卫将军卫瓘以操为牙门将，数使于国，颇自结附。（《卫操传》/599）

（9）［深自 $_{非常}$］既克凉州，世祖大会于姑臧，谓群臣曰："崔

---

① 此时的"极其"虽然还不是一个典型的副词，但此用法在副词"极其"的形成过程中起到了承上启下的关键作用，故暂列于此。

公智计有余，吾亦不复奇之。吾正奇<u>馥</u>弓马之士，而所见能与<u>崔</u>同，此深自可奇。"（《伊馥传》/990)

（10）［殊自_{特别}］<u>道固</u>谓<u>刘休宾</u>、<u>房法寿</u>曰："古人云'非我族类，其心必异'，信不虚也。<u>安都</u>视人殊自萧索，毕<u>捺</u>固依依也。"（《崔玄伯传》/630)

（11）［雅_甚］<u>思伯</u>弟<u>思同</u>，字<u>士明</u>。少厉志行，雅好经史。（《贾思伯传》/1615)

（12）［雅自_{非常}］<u>庄帝</u>雅自约狭，尤亦<u>徽</u>所赞成。（《城阳王传》/512)

例（1）"差"语义指向其后的谓语"近"，表"甚度"，可译为"很""非常"。该用法始见于东汉，魏晋时盛行，后沿用至清代。"差"本义应为"辅佐"，故可引申出"副职"；又因"正与副不同"故可引申指"差别"。"差别"，即指出事物之间的差异性。由于事物之间的差异度是个可以变化的弹性空间，可大可小。这与范围、程度副词的语义特征相似，都隐含有一种量的表达，在此基础上很容易引申虚化为范围、程度副词。作程度副词时分别可以表示"甚度"或"微度"。这在常用成语"差强人意"词义上可以窥见一斑，该词在现代汉语中表示"稍微能符合人意"，其中"差"表"微度"；而在古代汉语中"差"除表"微度"外，还可表"甚度"。如：《后汉书·吴汉传》："诸将见战陈不利，或多惶惧，失其常度，汉意气自若，方整厉器械，激扬士吏。帝时遣人观大司马何为，还言方修战攻之具，乃叹曰：'吴公差强人意，隐若一敌国矣。'"该例是说，光武帝刘秀在一次战争失败后，看到将士们都垂头丧气，就派人观察吴汉在干什么，吴汉却在整修作战进攻的器械，于是感叹道"吴公很能振奋人的意志，我们有了他好像就有了一个能与敌国匹敌的国家了"。从光武帝说这句话的背景来看，是极力赞叹他与其他将士不同，身处逆境仍能积极向上振奋人心。（清）陈廷焯《白雨斋词话》："晏、欧著名一时，然并无甚强人意处。即以艳体论，亦非高境。""差强人意"与"甚强人意"词同，亦可看出"差"有"甚"义。董志翘、蔡镜浩（1994）指出，"吴公差强人意"中的"差"表"甚度"；韩峥嵘（1984）、何乐士等（1985）认为表"比较度"①。《汉书·赵尹韩张两王传·赵广汉》："其后百石吏皆差自重，不敢枉法妄系留人。"白玉林、迟铎（2004）认为，"皆差自重"中的"差"表"微度"，不妥，如果表"微度"，"枉法妄系留人"这种现象就不会完全消失。②如果两物之间的差异较小时，即非常相似，甚至有些人会认为两物最相似，因此"差"还可表"极度"，如《资治通鉴·唐纪·高祖武德二年》："朕即位以来，每虚心求谏，然惟李纲差尽忠款。"该例中的"差"表示最高程度，说明李纲在所有的大臣中是最突出的，白玉林、迟铎（2004）认为，"差尽忠款"中的"差"表"微度"，不妥。③如果两物之间的差异较小，在常人看来就是大体上相似，因此在融入较多主观感情的基础上就会引申出表揣测的语气副词，可译为"大致"。如《世说新语·言语》：谢太傅寒雪日内集，与儿女讲论文义。俄而雪骤，公欣然曰："白雪纷纷何所似？"兄子胡儿曰："撒盐空中差可拟。"兄女曰："未若柳絮因风起。"公大笑乐。该例中"差可拟"，即"大概可以比拟"。因此"差强人意"，还可表一种不很精确的估计，可译为"大体上"，如（清）江顺诒《词学集成》："北宋惟李易安差强人意。"该例中的"差"含有揣测的意味。该类型的"差强人意"与"粗强人意"大致相当，如（南宋）魏了翁《鹤山集》："陈昱粗强人意。"故"差强人意"中的"差"在古代汉语中有三种意义：表甚度，相当于"甚"，可译为"很"；表微度，相当于"略"，可译为"稍微"；表揣测，相当于"粗"，可译为"大体上"。

例（2）"笃"表程度很高，可译为"很""非常"，语义指向其后的谓语。该词始见于魏晋，后沿用至清代。"笃"本为形声字，从马、竹声，本义"马行走缓慢顿迟"，《说文·马部》："马行顿迟。"由于在人们的常规意识中马以快为良，马行顿迟大都因疲病所致，故可引申指"沉重（多指病情）"，进而又引申出形容词"深厚

① 董志翘、蔡镜浩：《中古虚词语法例释》，吉林教育出版社1994年版，第56页；韩峥嵘：《古汉语虚词手册》，吉林人民出版社1984年版，第28页；何乐士、敖镜浩、王克仲、麦梅翘、王海棻：《古代汉语虚词通释》，北京出版社1985年版，第47页。
② 白玉林、迟铎：《古汉语虚词词典》，中华书局2004年版，第25页。
③ 白玉林、迟铎：《古汉语虚词词典》，中华书局2004年版，第25页。

（多指感情）"义。如：（晋）干宝《搜神记》："后元伯寝疾，甚笃。"①（唐）李延寿《南史·孙瑒传》："瑒事亲以孝闻，于诸弟甚笃睦。"（南梁）沈约《宋书·礼志二》："孚等重奏：'伏读明诏，感以悲怀。辄思仲尼所以抑宰我上问，圣思所以不能已已，甚深甚笃。'"②因"感情深厚""病情沉重"多指人的心理情感变化剧烈，当该词位于表示心理活动变化的动词前时，其［+心理活动］的语义特征就会被弱化而仅仅体现出变化的程度深，这时就成为一个程度副词。

例（3）从现代汉语的语境来看已经是一个典型的程度副词了，不过在南北朝时期"极其"尚未出现副词用法，并且由于"极其"前的主语还是具有施动性的有生名词，"极"的动词性还很强，还不是典型的程度副词。但该类句式在"极其"成词的过程中起到了承前启后的关键作用，故权列于此。杨荣祥（2005）认为在（宋）朱熹《朱子语类》中已出现"极其"的典型范围副词用例。③由此可见，其成为一个典型副词的时间大致在宋代，后来一直沿用到现代汉语中。

例（4）"剧"作程度副词始见于南北朝，后来一直沿用至现代汉语中。"剧"本为"亦声字"，《说文》中本无从刀豦声之"劇"，而只有从力豦声之"勮"，后"力"讹为"刀"。其本义"用力过分"，如"马不可极，民不可剧"，《说文·力部》："勮，务也。"该本义引申出"激烈""厉害""疾速""痛快"等义。其作形容词时，有"厉害（多指病痛）"相当于"甚"，"痛快（多指谈话、饮酒）"义。该类形容词均具有表示性状程度深的语义特征，当位于形状类的形容词或动词前时，很容易虚化为一个副词。该例中的"剧"还不是一个典型副词，不

---

① 《三国志·魏书·华佗传》："后太祖亲理，得病笃重，使佗专视。"何乐士、敖镜浩、王克仲、麦梅翘、王海棻（1985），董志翘（1994），白玉林、迟铎（2004）均认为该例中的"笃"为副词，我们认为看作形容词更为妥当。

② 该例为用典，宰我，即宰予，是孔子弟子中最善言辞的一个，善辩好问，言辞犀利，经常提出与孔子针锋相对的观点，故多次受到孔子责难，故"抑宰我上问"；"圣思"明言孔子，暗言"圣上"，"不能已已"，即"圣上的想法是不能反驳抑制的"。

③ 杨荣祥：《近代汉语副词研究》，商务印书馆2005年版，第57页。

过其形容词词性已经有些弱化，相当于"极量饮酒"，当该词经常位于该类动词前很容易引起人们对该句法结构的重新分析，在"剧"虚化为副词的过程中起到了非常重要的作用，故权列于此。汉以后"剧谈（痛快地谈）""剧饮（通快地饮）""谈剧（谈得痛快）""饮剧（喝得痛快）"习见。何乐士等（1985）认为"剧谈"类"剧"为典型副词，不妥。[①]后者如：（清）褚人获《隋唐演义》第二十五回："杯移飞落月，酒溢泛初霞。谈剧不知夜，深林噪晓鸦。"《全宋词·谢薖》："饮剧狂歌，歌终起舞，醉冷光凌乱。"

例（5）"苦"作副词，表"甚度"，可译为"很"，始见于魏晋，后一直沿用到现代汉语中。该例中"共许"为固定结构，意为："经对方同意而允许。""高丽婢"，指"安定王元燮的王妃"。"苦"本义"苦菜"，即"荼"，《说文·艹部》："苦，大苦，苓也。"如《诗经·唐风·采苓》："采苦采苦，首阳之下。"毛传"苦，苦菜也"。因"苦菜"味苦，故可引申出形容词"穷苦"义，如《孟子·梁惠王上》："乐岁终身苦，凶年不免于死亡。""穷""尽"作名词均有"尽头"义，如"无穷无尽"。"穷"与"尽"在该名词义的基础上很容易虚化为一个副词，表示"竭尽全力去做某事"，即"竭力""尽力"，如"穷追"，即"尽力追击""竭力追究、追求"，"尽善尽美"，即"尽力完善尽力完美"；由于通常情况下，身处穷苦中的人总会竭力去摆脱它，故在此基础上也引申出"竭力""尽力"义，如古代汉语中常见词语"苦谏""苦让""苦净"，即"极力谏阻""极力推让""极力谏净"。这样一来，表"竭力""尽力"的情态副词义将三者系联在一起。当"竭力"做某事时，当会使出很大量，甚至最大量的力气去完成它，就这一点而言与表甚度的程度副词都是很大量，甚至最大量的表达存在相似之处，因此可引申出该程度副词用法。当拼尽全力来做某事时，即将所有力气总括聚集在一起，这与总括范围副词的用法相应，因此又引申出范围副词用法。又由于"拼

---

① 何乐士、敖镜浩、王克仲、麦梅翘、王海棻：《古代汉语虚词通释》，北京出版社1985年版，第317页。

尽全力做某事",大都需要多次努力才能完成,因此在特定的从上下文语境中"苦"由体现出表高频的频率副词义,可译为"多次""频繁"①,如(唐)骆宾王《帝名篇》:"春去春来苦自驰。争名争利徒尔为。""苦自驰"即"频频驰骋","徒尔为",即"只为你";《敦煌变文集·伍子胥变文》:"子胥即欲前行,再三苦被流连。""苦"与"再三"同义连文。该用法始见于唐代。

例(6)"酷"作程度副词表甚度,可译为"非常",始见于魏晋,后来一直沿用到现代汉语中。《汉语大词典》所举首见例为清代,时代太晚。②"酷"本义"酒味浓厚",《说文·酉部》:"酷,酒厚味也。"引申指"香气浓"。如(唐)温庭筠《病中抒怀呈友人》:"蕊多劳蝶翅,香酷坠蜂须。"后又引申而指"盛烈",如"酷日";"残暴",如"残酷"等。"浓"即指该液体或气体所含的某种成分的量多而大,程度也是一种量的表达,具体的量大在程度上体现出来就是程度深,因此当该词位于性状类形容词或状态动词前时就体现出程度深的语义特征。该例中"酷"并非"残酷"义,是一个典型的程度副词,因历史上的益州牧"刘璋"并非暴君,而是一个典型的子承父业,软弱无能的愚昧君主形象。

例(7)"偏"作程度副词经常用在动词或形容词前,表甚度,可译作"特别""很""最"。该用法始见于上古,流行于魏晋南北朝,后沿用至清代。清代例,如朱芳霭《南浦》词:"三月雨偏多,疏篱外,满地残花红凝。""偏"本义"不正""斜",《说文·人部》:"偏,颇也。"作形容词有"不居中""偏颇"义,作名词有"边侧"义。由于在我们传统文化中一直倡导"中庸之道",这种不坚守中庸,就意味着背离常道,与常规恰恰相反,因此由"不居中""偏颇"义,引申出表示"事实与希望相反"或"故意违反客观要求"的情态副词,可译为"偏偏""偏要"。如《汉书·外戚传上·孝武李夫人》:"是邪,非邪?立而望之,偏何姗姗其来迟!"该副词义个人的主观感情色

---

① 参见董志翘、蔡镜浩《古汉语虚词手册》,吉林人民出版社1984年版,第323页。
② 罗竹风等:《汉语大词典》(重印本),上海辞书出版社2008年版,第9卷,第1408页。

彩较浓，故意违反要求做某事，在人们的常规意识里，给人一种正好与客观规律相违背的感觉，故在此基础上又引申出表示时间上出乎意料的情态副词"恰巧"。如（唐）皇甫冉《曾东游以诗寄之》："正是扬帆时，偏逢江上客。"又由于"不居中"即"偏向某一部分"，因此引申出"部分"义，作状语时，表示范围，多表示主语所表人或事物的一部分与谓语动词所发出的动作相关，如《汉书·匈奴传上》："朕闻天不颇覆，地不偏载。"该例中的"颇""偏"均指"部分"。因为"部分"可大可小，因此作范围副词，既可以表示大部分的"多半"，也可以表示限制的"小部分"。如《史记·天官书》："金在南，曰牝牡，年谷熟。金在北，岁偏无。" 即"金星在北面，年景多半没有收成"。《资治通鉴·梁纪·武帝中大同元年》："东魏司徒、河南大将军、大行台侯景，右足偏短，弓马非其长，而多谋算。""右足偏短"即"右腿正常情况短一小部分"。因"边侧"相对于整体而言，仅仅是极少的一部分，因此在此基础上就引申出表示限定的范围副词义，可译为"只"。因范围副词与程度副词均是一种量的表达，范围副词表部分，语气情态副词表融入较多主观感情的强调，当强调的为整体的大部分时，两者结合就凝合出表甚度的程度副词用法。

例（8）"颇自"是由上古就已流行的表甚度的程度副词"颇"与中古新兴词尾"自"凝合而成。该用法始见于魏晋，后沿用至唐代，唐代以后罕见。[①]该例中指卫瓘以卫操为牙门将，卫操多次出使他国，因此卫瓘非常亲附卫操，其中"自"自己本身的副词义已经基本消失，已成为一个典型的副词词尾了。"颇"本义"头偏"，《说文·页部》："颇，头偏也。"由"头偏"引申指"不正""不居中"，因"不居中"即偏向某一部分，"部分"隐含着［＋范围］的语义特征，故引申出范围副词用法，既可表示整体的"大部分"或"小部分"，也可表示接近整体的全部，因范围与程度都是一种量的表达，故可引申出程度副词用法，既可表"微度"，又可表"甚度"。

---

① 唐代以后，"颇自"中的"自"均体现出明显的副词义，如"颇自尊贵""颇自骄矜"等。

例（9）"深"作程度副词，表示动作行为的程度很高。该用法始见于汉代，后来一直沿用到现代汉语中。"深"本义为"从水面到水底的空间距离大"，如"如临深渊"；进而引申泛指从上到下或从外到内的距离大，如"深山""深谷"。空间与程度都是一种量的表达，由空间距离大就引申虚化指"程度深"，如《史记·汲郑列传》："然至其辅少主，守城深坚，招之不来，麾之不去。"到中古"深"与中古新兴副词词尾"自"凝合，该例中的"自"词义已经基本消失，因为在同时期的文献中也可单用"深"来表示。如《魏书·任城王元云传》："高祖曰：'深可怪也！任城意欲令全著乎？一言可以丧邦者，斯之谓欤？'""深可怪也""深自可奇"，其中"深"与"深自"用法相同，故"深自"为一词无疑。由于"深"与"自"组合也可构成一个副词词组，两者均可单独体现出副词义，这样一来，"深自"就属于副词连用而不再是一个副词。这与副词"深自"所表示的意义容易相混淆，故"深自"作为一个程度副词通行范围并不广。

例（10）"殊自"与"固"相对，"殊自"表程度，相当于"特别""非常"，其中的"自"副词义已基本消失，只起凑足音节作用。该例是崔道固将薛安都与毕众敬对自己的态度作对比，薛安都对自己特别冷漠而毕众敬的确是情真意切。"殊"本义"杀头""杀死"，《说文·歹部》："殊，死也。"由"杀头"引申指"断绝"，如《左传·昭公二十三年》："断其后之木而弗殊。"杨伯峻《春秋左传注》云："此谓砍伐树木而不使断绝。"由"断绝"进而引申指"差异""不同"，如"殊途同归"。从认知的角度来说，对于不同的事物，人们通常最先关注的是造成两物之间差异的区别性特征，这种显示事物本身区别性特征的特别性通常也是人们认识这一事物时需要特别关注的，因此具有该类意义的形容词就可以引申虚化出副词义表示程度之甚，可译作"特别""非常"。"殊"作副词始见于上古，如《战国策·赵策四》："老臣今者殊不欲食。"该词盛行于魏晋；后来一直沿用至现代汉语中，如"殊可钦佩""殊感欣慰"等。当出现在否定词前时，因否定的对象通常都具有一定的范围。又因程度与范围都是一种量的表达，只不过范围是一种显性的量，程度是一种隐性的量，当程度副词出现在否定词前时仅体现出对显性量的强调，故在语意上可以理解为全部否定。如《后汉书·班超传》："虑既到，兜题见虑轻弱，殊无降意。""殊无降意"即"全无降意"。因全面否定，往往给人一种出乎意料的感觉，当说话人强调这一情态时，"殊"就引申指表出乎意料的情态，可译为"竟然"。如（汉）徐幹《情思》诗："君行殊不返，我饰为谁荣。""未"作否定副词，多表示对未然事件的否定，因未然事件本来就带有不确定性，当"殊"位于"未"前时，就体现出说话人更强的主观性，在含有较强出乎意料的感情色彩的同时也对未然事件未发生时间的全部否定，即隐含有"到说话人说话时，本该早已发生的事情竟然仍未发生"，可译为"竟然仍""竟然还"，如（南朝·宋）谢灵运《南楼中望所迟客》诗："园景早已满，佳人殊未适。""殊未适"，即"竟然还未到"。到中古，副词"殊"与中古新兴的副词词尾"自"结合，就形成了"殊自"，如果该副词所修饰的动作行为是主语所表示人或事物发出的，"自"通常也体现出一定的副词义，所以该用法的通行时间与范围均因此受限。

例（11）"雅"作程度副词，始见于汉，流行于魏晋南北朝，后沿用至清代。"雅"本义"乌鸦"，《说文·隹部》："雅，楚乌也。"后假借为"正统的"，如"雅言"；进而引申指"高雅""优美"，因从人们的常规意识来看，"高雅""优美"相对于"世俗"来说，既然是高出，就有量的表达，这与程度副词相似，因此就引申出副词义。当表示时间上量大时就引申出时间副词用法，可译为"向来"，如《史记·高祖本纪》："雍齿雅不欲属沛公，及魏招之，即反为魏守丰。"裴骃集解："服虔曰：'雅，故也。'苏林曰：'雅，素也。'"

例（12）"雅自"表程度副词是由中古新兴程度副词"雅"与新兴副词词尾"自"凝合而成。该用法仅见于南北朝时期北朝文献。如（北齐）颜之推《颜氏家训·名实》："有一士族，读书不过二三百卷，天才钝拙，而家世殷厚，雅自矜持，多以酒犊珍玩交诸名士，甘其饵者递共吹嘘。""矜持"即"自负"，"雅自矜持"中的"自"的副词义已基本消失，作为词尾的特征已经非常典型。

二　表弱度

此类副词在语法意义上表示程度轻微，可译为"略微""稍微"。在句中一般修饰形容词性谓语或动词性谓语。《魏书》中共有此类副词9个，其中6个沿自上古汉语：稍_{稍微}、稍稍、小_{2稍微}、微_{1稍微}、颇_{4稍微}、少_稍；3个首见于中古汉语：差_{3略}（4）、差自_{稍微}（1）、粗_{1稍微}（8）。

（13）［差_{3略}］兼历岁从戎，不遑启处，自景明已来，差得休息。事农者未积二年之储，筑室者裁有数间之屋，莫不肆力伊瀍，人急其务。（《李平传》/1451）

（14）［差自_{稍微}］真香验案其罪，赦提惧死欲逃。其妻姑为太尉、东阳王丕妻，恃丕亲贵，自许诣丕申诉求助，谓赦提曰："当为诉理，幸得申雪，愿且宽忧，不为异计。"赦提以此差自解慰。（《酷吏传·张赦提》/1922）

（15）［粗_{稍微}］丙子，诏曰："……尚书检实，随状科赠。庶粗慰冤魂，少申恻隐。"（《出帝平阳王纪》/290）

例（13）"差"作程度副词表弱度始见于汉，流行于魏晋，后来一直沿用至现代，如"差可告慰""差强人意"。该例意为在景明之前整年从军，没有时间安居，从景明以来，稍微得到时间休息。"差"本义"辅佐"，进而引申"副职""差别"等义。"差别"，即指出事物之间的差异性。由于事物之间的差异可大可小，这与程度副词的语义特征相似都隐含有一种量的表达，当说话人强调这种量值较小时，在此基础上很容易引申虚化为程度副词，表"微度"。

例（14）中的"差自"中的"自"尚有一定的副词义，作为副词词尾不够纯粹，"差自解慰"即"稍微自得宽慰"。不过"表微度程度副词+自"中的"自"也可略去，而意义基本不变。如《旧五代史·太祖本纪·梁书六》："光稠卒，复命延昌领州事，方伯亦颇慰藉。""颇慰藉"，即"颇自慰藉""略自慰藉"。因此"差自解慰"中的"自"从语法功能上看介于词尾与副词之间，故权列于此。该类用法仅见于南北朝。

例（15）"粗"与"少"相对，表微度，可译为"略微""稍微"。该用法始见于《魏书》，唐代盛行，后沿用至现代汉语。《汉语大词典》引例至清代①，其实在现代汉语中也使用，如"我想，他们能粗识几个字，会点儿加减法，知道一点儿历史，便已够了"。"粗"本义为粗粮，如《庄子·人世间》："吾食也执粗而不臧（精美）。"在古代汉语中"麤"为"粗"的通假字，常以"麤"为"粗"，如《左传·哀公十三年》："粱（精美之粟）则无矣，麤则有之。""粗"，"从米且声"，《说文·米部》："粗，疏也。"因此在本义的基础上可引申出形容词义，表"粗糙""不精细"。由"不精细"进一步虚化，就引申出总括情态副词用法，即从整体上对某事作出粗略的评价，主观性较强，可译为"大略"。又由于对某事从总体上进行评价，隐含有较强的个人主观揣测意味儿，与该事件的精确真实情况相比，往往存在少许差异，故在此基础上可进一步引申出微度程度副词用法，可译为"稍微""略微"。

三　表比较度

这类副词在语法意义上表示性质状态或动作行为在程度上进一步加深，可译为"更加、又"。在句中通常修饰形容词或动词性谓语。《魏书》中共有此类副词10个，7个见于上古汉语：更$_{2更加}$、复$_{2更、还}$、逾（愈）（踰）、加、弥、滋、益；3个见于中古汉语：偏$_{3更}$（1）、亦$_{3又}$（1）、转$_{1更}$（8）。

（16）［偏$_{3更}$］二人皆承奉茹皓，亦并加接眷。而扫静偏为亲密，与皓常在左右，略不归休。（《恩幸传·茹皓》/2002）

（17）［亦$_{3又}$］允谏曰："……古人有言：'一夫不耕，或受其饥；一妇不织，或受其寒。'况数万之众，其所损废，亦以多矣。"（《高允传》/1073）

（18）［转$_{1更}$］高祖又谓肃曰："淹能制卿，其才亦不困。"肃言："淹才词便为难有，圣朝宜应叙进。"高祖言："若因进淹，

---

① 罗竹风等：《汉语大词典》（重印本），上海辞书出版社2008年版，第9卷，第206页。

恐辱卿转甚。"（《成淹传》/1754）

例（16）"偏"表示两相比较后，其中一方在某方面程度上更胜一筹。该例是说，徐义恭、陈扫静均是世宗身边的侍臣，两人都奉承茹皓，茹皓也都给以礼遇接待，就两人与茹皓的关系而言，陈扫静更为亲密。"偏"本义"斜"，向一方倾斜即意味着袒护，故可引申指"偏袒"，可与"厚"一起表示"偏袒厚待"，如《魏书·酷吏列传·李洪之》："初，洪之微时，妻张氏助洪之经营资产，自贫至贵，多所补益，有男女几十人。洪之后得刘氏，刘芳从妹。洪之钦重，而疏薄张氏，为两宅别居，偏厚刘室。由是二妻妒竞，互相讼诅，两宅母子，往来如仇。"如果在某个集体中偏袒某个人，被偏袒者在群体中就最受宠；当双方相比，一方受到偏袒，则体现出更为受宠。故当被偏袒者与群体中其他人相比时，则最为受宠，故可引申出副词义，表最高程度与比较度，当说话人强调两者比较时，就应该看作比较度副词。前者可译为"最"，如《庄子·庚桑楚》："老聃之役（门徒），有庚桑楚者，偏得老聃之道。"成玄英疏："庚桑楚最胜，故称偏得也。"后者可译为"更"。因该用法极易与该词的极度、甚度副词用法相混，通常将其看作这两种副词用法因语境不同而出现的特殊用法，故不见字书收录，也未见有人论及，在《魏书》中也仅见1例，至于其流变通行情况，还有待进一步探究。

例（17）"况"表示让步关系的连词，经常用于让步关系复句的后一分句，前一分句先退一步说一人不劳作就会有人受损；后一分句再进一步说数万人不劳动，所损失就更多了。前后两个分句表达的事件具有同一性，只不过前后比较，后者程度更深，相当于现代汉语中的"又"。"亦"本义"腋窝"，《说文·亦部》："亦，人之臂亦也。"因同音的关系，"亦"被假借过来作副词，相当于现代汉语中的"也""又""只"等。"亦"的这种表比较度的副词用法，多用于让步关系复句中，该［＋比较度］的用法是前后分句的语义关系附加给"亦"而形成的。因"亦"单独作副词可表示动作行为的重复继续发生，相当于"又"。当位于让步关系复句的后一分句的谓语前时，后一分句在语意程度上比前一分句更进一步的意义也就转嫁给了"亦"。该用法不见于字书，也未见有人提及。其实该用法在上古已见用例，笔者用过文献检索辨析，发现该用法在汉语发展史上使用频率一直不高，明代以后基本不见。举例如下：

A. 彼日月之照明兮，尚黯黮而有瑕；何况一国之事兮，亦多端而胶加。（《楚辞·九辩》）①

B. 东京以桓荣为三老，儒者犹或耻之。谨何人哉，猥以不经之礼尊之，陋亦甚矣！〔（明）于慎行《谷山笔麈·杂说》〕

例（18）"转"作比较度副词，始见于南北朝，后来一直沿用至明代。"转"本义"移徙"，即"转运"，《说文·车部》："转，运也。"因"转运"隐含着要改变方向、位置、形势、情况等，故可引申指动词"变化"，如"千转万变而不穷"。当一个动作行为或性状的变化结果与之前相比在程度上更甚时，"转"就引申虚化出"更加"义。又由于程度变化加甚，往往是一个渐变的过程，因此"转"又可表示渐进度的程度副词，可译为"渐渐""逐渐"，该用法始见于魏晋，后沿用至唐。如《宋书·范晔传》："晔转醉，子蔼亦醉，取地土及果皮以掷晔，呼晔为别驾数十声。"

四　表几近度

此类副词在语法意义上表示动作行为、性质状态或数量接近某种程度，可译为"几乎"。在句中通常位于动词、形容词或数量短语前。语义一般只指向谓语。《魏书》中共有该小类副词8个：其中仅有3个沿自上古汉语：几、将$_{2将近}$、且$_{2将近}$；5个见于中古汉语：垂$_{2将近}$（5）、垂将$_{将近}$（5）、殆将$_{几乎}$（1）、几将$_{几乎}$（1）、向$_{3将近}$（8）。由此可以看出此类副词在中古时期获得了较为迅速的发展。

（19）〔垂$_{2将近}$〕民妻有美色，豪势因而协之，率多自杀。太子、诸公私令采发者，亦垂一万。（《羯胡石勒传》/2053）

（20）〔垂将$_{将近}$〕自尔迄今，垂将一纪，学官凋落，四术寝废。

---

① 该例意为，日月光辉明亮，尚且黑暗而有斑点；何况一个国家的政事呢，那就更头绪纷繁，错综交织了。

（《郑羲传》/1241）

（21）［殆将_{几乎}］足又进击衍辅国将军范峻，自余斩获，殆将万数。（《邢峦传》/1439）

（22）［几将_{几乎}］神龟二年二月，羽林、虎贲几将千人，相率至尚书省诟骂，求其长子尚书郎始均，不获，以瓦石击打公门。（《张彝传》/1432）

（23）［向_{3将近}］又臣家贫禄薄，唯任孤力，至于纸尽，书写所资，每不周接，暨正始元年，写乃向备。（《崔光传》/1504）

例（19）"垂"作副词表示"十分接近"，即某种动作行为快要出现或者表示某种情况将要接近某一数量。该用法始见于东汉，后来一直沿用到现代汉语中。"垂"本义"边疆""边际""边陲"，即"国境的边远地带"，《说文·土部》："垂，边远也。"这个意义后来写作"陲"，即指某个特定区域的辖域快要结束之处，作动词有"靠近边沿"义，如《汉书·司马相如传下》："盖明者远见于未萌，而知者避危于无形，祸固多藏于隐微而发于人之所忽者也。故鄙谚曰：'家累千金，坐不垂堂'此言虽小，可以喻大。"动词"靠近边沿"义要求其后宾语必须是某个空间位置点，才能保持常规动宾结构"动＋名"在句法与语义结构上的平衡自足，当其后跟谓词性词语时，这一原有的平衡结构被打破，新建立的结构与另一常规句法结构——状中结构无论在表层显性的句法结构，还是深层隐性的语义结构上都高度一致，故受习惯性句法结构分析的影响，就将"垂"分析为一个副词作状语，故可引申出"将近"义副词，如"垂死挣扎""功败垂成""生命垂危"等，后来扩展到"数量短语"。该例是说，东晋十六国后赵的开国君主石勒的侄子石虎极其荒淫无道，下令各地官员搜寻漂亮女子送到后宫，百姓妻有美色者官员们就顺势胁迫他们，大多自杀，太子、诸公私下令寻找送进宫的也将近一万。

例（20）"垂将"是由两个表示几近度的单音副词"垂"与"将"组合而成，"将"流行于上古，"垂"中古新兴，"垂将"组合始见于魏晋，后沿用至宋元时期。该例意为，从那时至今，将近十二年，学校衰落，诗书礼乐四经废弃。"将"本义"持取"，引申指"扶助"，因"扶助某人做某事"隐含有［＋想要］的语义特征，故后跟谓词性词语时可引申指助动词"想、要"，如《老子·三十六章》："将欲取之，必固与之。"因"想要做的事情"多是未然的事情，未然的事情多带有不确定性，即便说话人对未然事情的发生进行肯定性评价时，也隐含有［＋揣测］的语义特征，故在此基础上可引申指"对即将发生事情的肯定性揣测"，可译为"快要"，如《论语·八佾》："天下之无道也久矣，天将以夫子为木铎。"又因"揣测"隐含有［＋估量］的语义特征，当说话人对某一情况即将到某种程度进行肯定性估量时，就引申出了几近度程度副词用法，如《孟子·滕文公上》："今滕，绝长补短，将五十里也。"再如"天将破晓""时将隆冬"等。

例（21）"殆将"是由两个上古就已流行的单音几近度副词"殆"与"将"组合而成，始见于魏晋，后沿用至清代。"殆"本义"危险"，《说文·歹部》："殆，危也"。因"危险"，即"有遭到损害或失败的可能"隐含有［＋未然］［＋预测］的语义特征，因就人们的常规社会意识而言，通常对于即将到来的危害要预测和防备，故可表示对某种危险事件的揣测，可译为"恐怕"，如《孟子·梁惠王上》：（孟子）曰："殆有甚焉。缘木求鱼，虽不得鱼，无后灾；以若所为，求若所欲，尽心力而为之，后必有灾。"后泛指对于一般事件的揣测，可译为"大概"，如（北宋）苏轼《石钟山记》："郦元之所见闻，殆与余同，而言之不详。"由"揣测"进一步引申指"估量"，同样当说话人对某一情况即将达到某种程度进行肯定性估量时，就有了"几近度"程度副词用法，如（汉）孔融《论盛孝章书》："海内知识，零落殆尽。"

例（22）"几将"也是由上古就已出现的两个单音副词"几"与"将"组合而成。"几将千人"，即"几乎千人"。"几将"组合始见于东汉，后一直沿用至清末。"几（幾 jī）"本义"隐微""细微"，从戍从丝，会兵事隐微莫测之义，《说文·丝部》："幾，微也。"该本义含有［＋细微］［＋隐秘］，因事情发生的征兆通常也是隐微莫测，故可引申指"事情的征兆"，如《周易·系辞下》："君子见几而作，不俟终日。"由

101

于在人们的常规意识里通常是"忧患生于所忽，危祸起于细微"，故可引申指"危险""危机"，如《左传·宣公十二年》："利人之几而安人之乱，以为己荣，何以丰财。"该例点校有误，该句是一个三重复句，"利人之几"与"而安人之乱，以为己荣，何以丰财"之间为第一层，即"因果关系"；"而安人之乱，以为己荣"与"何以丰财"之间为第二层，即"假设条件关系"；"安人之乱"与"以为己荣"之间为第三层，即"递进关系"。其正确的标点应为"利人之几；而安人之乱，以为己荣，何以丰财"。意为"因为我们是趁人之危获胜，如果安于别人国家的祸乱，并且以此作为自己的光荣，那么靠什么来恢复经济"。同理"危险"多含有［＋未然］［＋预测］，故可引申出肯定性揣测语气的副词用法，可译为"大概"，如《韩非子·初见秦》："臣以为天下之从，几不难矣。"由"揣测"进而引申指"对某一情况即将达到某程度进行肯定性估量"，可译为"几乎"，如《周易·小畜》："月几望（盈）。"

例（23）"向"表示几近度副词，始见于魏晋，后来一直沿用至清代。"向"本义"朝北的窗户"，《说文·宀部》："向，北出牖也。"因"朝北的窗户方向感很明确"，故作动词时有"朝向"义，如《庄子·秋水》："始旋其面，望洋向若而叹。"由"朝向"义继续引申指"朝某个方向行进"，如《三国志·吴书·吴主传》："是岁，权向合肥新城，遣将军全崇征六安。""朝某个地点去，必然会逐渐接近"，故又引申出指动词"接近"，通常表示接近某个时点，如（唐）李商隐《登乐游原》："向晚意不适，驱车登古原。"该义项要求其后的宾语必须是名词才能和常规的句法语义结构要求相一致，当其后为谓词性词语时，原有句法语义结构的平衡性被打破，新建立的句法语义结构与常规句法语义结构相一致，故就可重新分析为副词，如（晋）陶渊明《归去来兮辞》："木欣欣以向荣，泉涓涓而始流。"

五　表过度

此类副词在语法意义上表示某种动作行为或性质状态超过一定的限度，可译为"过于"。在句中通常修饰形容词或动词短语，语义指向单一，只指向所修饰的谓词性成分。此类副词在《魏书》中共有 3 个：2 个沿自上古汉语：太、过_{过于}；1 个见于中古汉语：过于（1）。

（24）［过于］时固年逾五十，而衰过于哀，乡党亲族咸叹服焉。（《阳尼传》/1611）

"过于"作副词，表示程度上超过了一般标准，萌生于南北朝，流行于唐宋，后来一直沿用至现代汉语中。《汉语大词典》引首见例为宋代例[①]，时代太晚。胡丽珍、雷冬平（2009）认为程度副词"过于"形成于唐代，殷树林、高伟（2018）认为，"过于"的副词用法产生于元明，该看法均过于保守，我们认为副词"过于"应该萌芽于南北朝。此外，殷文对"过于"副词化历程的探讨不够精细，所举例证多为道教文献，许多道教术语，如"天""大善""大恶""大"均为道家的专有名词，均有特定含义，代表着道家所代表的某种标准，是名词，文中均看作谓词，明显不妥。对某些例句的把握也不太准确，如《抱朴子·内篇》："人生之为体，易伤难养，方之二木，不及远矣，而所以毁之者，过于刻剥，剧于摇拔也。济之者鲜，坏之者众，死其宜也。"其中"二木"分别指"杨柳""木槿"，意为人体与此二木相比，其自身生养能力远不及二木，但是人们对于人体的伤害比对二木的刻剥、摇拔更加过分剧烈。"过于""剧于"中的"于"引进比较对象，而非指出在哪方面的"过分"[②]。"过"和"于"本是不在同一个句法层次上的两个语言单位。"过"为"经过"，后来引申出形容词"过分"义，表"过分"时，"过 + 于 +NP"中的"于 +NP"一起作"过"的比较补语。后来"过于"后的"NP"扩展为"形容词或心理情感类动词"，这时造成"于"的介引功能悬空，迫使"于"与"过"凝合在一起。到唐代，"于"后中心语基本上均以双音词语为主，并与"过于"一起组成四字格式，受四字格式韵律节奏的影响，"过"常常与"于"形成一个语音组块，出现在一个音步当中。

---

① 罗竹风等：《汉语大词典》（重印本），上海辞书出版社 2008 年版，第 10 卷 962 页。

② 胡丽珍、雷冬平：《说超量级程度副词"太过"的形成》，《语言科学》2009 年第 6 期；殷树林、高伟：《超量程度副词"过""过于""太过"的形成与使用特点》，《语文研究》2018 年第 1 期。

这一句法格局与另外的一种常规句法格式——状中关系，无论在语法形式上还是在语法意义上都非常相似，在人们认知心理的驱使下，就会对此格式进行重新分析。总之，副词"过于"的形成由其特殊的句法位置、"过"的词义虚化与语义指向的后移，韵律节奏与汉语词汇双音化大趋势的影响共同促成。该例中的"过于"作为副词仍不太典型。因其中的"哀"，既可理解为形容词"悲伤"义，意为"阳固为人至孝至义，遇母亲丧，过于伤心"；也可理解为指称化的名词，即"当时社会公认的居父母丧时的悲哀标准"。不过从上下文语境来看，"丧过于哀"与"乡党亲族咸叹服焉"之间为因果关系，乡党之所以叹服，说明阳固悲哀之貌过甚，不仅仅是超过一般标准。至少该类句式在"过于"词汇化的过程中起到了重要作用，已经有了明显的副词化倾向，故权列于此。

表3—1　　　　　　　　　　　　《魏书》程度副词总表

次类＼时代	上古汉语		中古汉语		总数
	词数	百分比（%）	词数	百分比（%）	
表强度	15	55.6	12	44.4	27
表弱度	6	66.7	3	33.3	9
表比较度	7	70	3	30	10
表几近度	3	37.5	5	62.5	8
表过度	2	66.7	1	33.3	3
总数	33	57.9	24	42.1	57

由表3—1可知，《魏书》中的程度副词主要表现出了以下三方面的特点：

第一，如果把《魏书》中的程度副词作为一个系统来考察，那么，从共时角度看，其中的程度副词所体现的是一个含有不同时间层次的静态副词体系；从历时角度看，它又体现出既相对稳定又不断发展的动态历程。既有上古已通行程度副词的继续使用，又有上古萌生此期流行的程度副词的发展；既存在此期产生并普遍使用的新兴程度副词，又有此期新生、中古之后兴盛的一些程度副词。此外据调查统计，《魏书》中共出现副词 557 个，其中程度副词有 57 个，在所有副词八个次类中数量的绝对值虽然排在第四位，约占副词总数的 10.2%，但每个词出现频率较高。由此可以看出说话人在叙述事件或性状变化时，非常关注变化的程度，这也说明量变过程中的程度变化是交际双方都特别关注的。

第二，《魏书》中沿用于上古汉语的程度副词总数仍多于中古时期新兴、盛行的副词总数，这大概与该书的史书性质有关，因为作为一部史书，一方面要力求保持史书典雅守正的语言风格；另一方面还会不可避免地吸收一些当时当地的口语。这些口语化的语言材料虽然并不是完全新生，大都是由上古汉语词汇进一步引申、虚化、重组而来，但它们却代表了新的发展方向，更应该引起人们的注意。

第三，从整个程度副词系统的发展趋势来看，双音节程度副词的发展已占主导地位。产生并流行于上古汉语中的双音节程度副词仅有 1 个，而到了中古汉语中双音节副词程度的总数增加到了 10 个，刚好是上古时期的 10 倍，这说明双音化趋势已成为副词发展的主流。这一现象也与整个汉语史词汇系统的双音化趋势相一致，东汉以降，整个汉语史词汇系统的双音化进程普遍加快，到南北朝时期发展更为迅速，副词的突出表现之一就是双音节副词组合的大量涌现。中古新生程度副词的单音词增长速度虽然明显减慢（产生于上古汉语中单音词总数是 32 个，而到中古，单音词仅出现 14 个），但从总数上来看，单双音节程度副词相比在数量上仍略占优势（46∶11），主要原因就是上古汉语中一些生命力极强的单音词在上古时期就已成为整个副词系统中的基本词汇，不但在《魏书》中继续使用，而且一直沿用至现代汉语中。

第二节　情状方式副词

本节承接前一节主要对《魏书》中的情状方式副词进行详细的分类描写。在描写方法上与本章第一节相同，主要从共时和历时两方面入手。

情状方式副词在语法意义上表示动作行为进行的方式、手段，或进行时以及进行后所产生的结果的状态。在句中一般只修饰动词性谓语，不能修饰形容词谓语、主谓谓语和数量短语，语义指向也很单一，通常也只指向谓语动词。与其他类副词相比，该类副词的含义比较具体、实在，词汇意义也相对明显，大多是兼类副词。根据其词义和用法的不同，我们把情状方式副词再分为十四个次类。

一 表躬亲

这类副词强调动作行为是由主语本身发出并亲自执行的，可译为"亲自"。《魏书》中的此类副词共 10 个，见于上古汉语的有 8 个：自 $_{1亲自}$、亲 $_{亲自}$、手 $_{亲自}$、亲自、躬、躬自、身 $_{亲自}$、身自；见于中古汉语的有 2 个：躬亲（4）、手自（8）。

(1)〔躬亲〕丙寅，诏曰："察讼理冤，实维政首；躬亲听览，民信所由。"（《肃宗纪》/226）

(2)〔手自〕浩著《食经叙》曰："余自少及长，耳目闻见，诸母诸姑所修妇功，无不蕴习酒食。朝夕养舅姑，四时祭祀。虽有功力，不任僮使，常手自亲焉。"（《崔浩传》/827）

例（1）"躬亲"用来表明施动者发出动作行为的方式，常位于动词前强调动作行为是由施动者亲自发出的，可译为"亲自"。该词是由上古就已盛行的单音词"躬"与"亲"组合而成。该词萌生于汉，兴盛于魏晋，后沿用至清代。"躬"本义"身体"，《尔雅·释诂上》："躬，身也。"如"鞠躬尽瘁"；因"身体"的支配权主要在自身，故可引申指"自己""自我"，如"卑躬屈己"；"自己"修饰动词性词语时，表示"自己亲自做某事"，当其前出现该动作的发出者时，主语与"躬"语义上所指相同，但"躬"的句法位置位于主谓之间的状语位置上，久而久之，就被人们重新分析为状语表示强调主语"亲自"做某事，如诸葛亮《出师表》："臣本布衣，躬耕于南阳。""亲"本义"关系密切""感情深厚"，《说文·见部》："亲，至也。"如"亲疏远近"；因"关系密切"就会"相互亲近"，故可引申指动词"亲近"，如"亲贤臣，远小人"；"亲近"隐含有〔+亲自〕〔+接近〕的语义特征，其〔+接近〕的语义特征要求其后的宾语必须是名词性词语，当其后为谓词性词语时，［＋接近］就被弱化隐藏，［＋亲自］的语义特征就得以强化凸显，故由"亲近"义可引申出该副词用法，表示"不经他人，由本人直接做"，如《左传·僖公六年》："武王亲释其缚，受其璧而祓之。""躬亲"作动词有"亲自从事"义，这一意义后来一直沿用到现代汉语中，如"事必躬亲"。当动词义的"躬亲"位于动词前时，由于其自身动作性不强，受其后动作性较强的动词的影响，必然会引起人们关注的焦点偏移到后面的动词上，其中［＋从事］的语义特征就会被弱化，再加上其特殊的句法位置，与副词通常出现的句法位置相同，就必然会引起人们对该句法结构的重新分析，当这种观念深入人心时，就成为一个典型副词。

例（2）"手自"是由上古就已流行的两个单音词"手"与"自"复合而成，用以强调施事者亲手亲自发出某动作。该例意为，妇女在家勤劳持家，即使有费时费力之事，也不使用童仆，要亲力亲为。"手"本义"臂前端的指掌部分"，《说文·手部》："手，拳也。""手"是人身体的一部分，并且是人进行劳作的最主要的器官之一，故"手"作动词时，可指"亲手做某事"，如《汉书·司马相如传上》："生貔豹，搏豺狼，手熊罴，足野羊。"《汉书》例中的"生""搏""手""足"均为动词，分别指"活捉""搏击""亲手击杀""足踏"。"亲手做某事"隐含有［＋亲手］［＋施动］的语义特征，该动词义要求其后的宾语必须是名词才能满足其常规句法、语义结构上的要求，当其后为动词时，原有的句法、语义结构上的平衡被打破，因［＋施动］是所有及物动词都具有的语义特征，故当其后为及物动词时，该语义特征就显得多余而被隐藏，只凸显其［＋亲手］的语义特征，新建立起来的结构与另一常规句法结构——状动宾的句法、语义结构相一致，就被重新分析为一个副词，表示施动者发出动作的方式是动作主体亲手完成的。这在上古已完成，如《韩非子·难三》："有间，遣吏执而问之，则（就是，表确认语气）手绞其夫者也。""自"本义"鼻子"，《说文·自部》："自，鼻也。"因"鼻子"是身体的一部分，人们在强调自己时习惯指着自己的鼻子说"自己怎么样"，就引申出"自己""亲自"义。江蓝生（2016）指出："我们把语义复指、语义部分重合和语义同指概括为语义羡余。语言中的某一成分如果是羡余的，那它的语义就容易空灵化、虚化，如果羡余成分恰好处于汉语句法的某个功能词的位置，它就可能语法化为相应的虚词。"① 当该词出现在"施事者＋自＋动词"结构中时，"自"在语义上与其前的施事主语重合，"自"的实词义就显得羡余而被弱化，再加上其特殊的语法位置，就被重新分析为副词作状语。该用法一直沿用至现代汉语中，如"自尊""自强""自信""自立"等。"手"与"自"组合成"手自"，作为一个双音副词始见于东汉，发展于魏晋，盛行于唐宋，后沿用至清代。

二　表肆意、任意

本小类副词在语法意义上表示动作行为发出者的态度是随心所欲、肆无忌惮的。该类副词在《魏书》中共出现 11 个：6 个见于上古汉语：妄胡乱地、任意地、轻轻易、任意地、擅、苟随便、任意、肆肆意、横1肆意地；5 个见于中古汉语：轻尔随便、任意（2）、轻辄擅自（1）、任情任意（2）、辄4随便（15）、辄尔随便（2）。

（3）[轻尔随便、任意]呈谏曰："陛下不以臣等凡浅，备位宫臣，太子动止，宜令翼从。然自此以来，轻尔出入，进无二傅辅导之美，退阙群僚住侍之式，非所谓示民轨仪，著君臣之义。"（《杨播传》/1292）

（4）[轻辄擅自]及平硖石，宜听处分，方更肆其专恣，轻辄还归。（《崔亮传》/1579）

（5）[任情任意]开逆之始，起自宋维；成祸之末，良由腾矣。而令凶徒奸党，迭相树置；高官厚禄，任情自取，非但臣等痛恨终身，抑为圣朝怀惭负愧。（《韩麒麟传》/1336）

（6）[辄4随便]于是诏曰："自今已后，若非朕手敕，勿令

---

① 江蓝生：《超常组合与语义羡余——汉语语法化诱因新探》，《中国语文》2016年第5期，又载《汉语语法化的诱因与路径》，学林出版社2017年版，第237页。

儿辄出。"（《杨播传》/1292）

（7）［辄尔_{随便}］答曰："臣等非不闻人言，正恐不审，仰误圣听，是以不敢言。"于后，终以不言蒙赏。及二圣间言语，终不敢辄尔传通。（《杨播传》/1290）

例（3）"轻尔"，表示施事者发出某种动作行为时的态度是随心所欲的，可译为"随便""任意"。该词是由上古就已流行的单音词"轻"加上副词词尾"尔"凝合而成，"尔"在上古汉语中常作形容词或状态动词词尾，前者如"莞尔""铿尔"，后者如"嗼尔""蹴尔"。由于形容词与状态动词都可作状语，这与副词的句法功能相似，在类推作用的支配下，也可用作副词词尾。该用法仅多见于北魏，其后仅在《隋书》见1例，疑为北方方言词。"轻"本义"车名"，即"空车"，《说文·车部》："轻，轻车也。"（清）段玉裁注："轻，本车名，故字从车。"（清）徐灏《说文解字注笺》："车载衣物谓之辎重，其无所载者谓之轻车。"因"空车"与"承载衣物的车"相比会轻便很多，故可引申指"轻便""轻快"，如"轻舟（轻快的小船）""轻弓（轻便的弓）"等，"轻便"多用于表示事物的特性，指物的特性时含有［+速度快］［+容易］的语义特征，指事件时含有［+轻松］的语义特征。如果用来形容人时，当人们认为所要做的事件很轻松时，就会匆忙不假思索地去做，就引申指"轻率""不稳重"。"轻率"隐含有［+随便］［+任意］的语义特征，故位于动词前状语位置时，其实词义就会被弱化，而附加的感情色彩义就会被凸显，进而体现出施事者"随便""任意"的情态，如《韩非子·奸劫弑臣》："当此之时，秦民习故俗之有罪可以得免、无功可以得尊显也，故轻犯新法。"

例（4）"轻辄"与"专恣（专横放肆）"相连，凸显出施动者毫无顾忌地任意、擅自去做某事的情态。该例意为："平定硖石后，本该听从命令再行动，却又恣意妄为，擅自归还。"该词是由上古就已流行的情态副词"轻"与中古新兴副词"辄"组合而成，"轻"表"随便"，"辄"表"擅自"，合言之"轻辄"，即"随意、擅自"。该词仅见于《魏书》中，疑与作者个人的语言习惯有关。"辄"本义"车箱左右板上端向外翻出的部分，亦称'车耳'"，《说文·车部》："辄，车两輢也。"因"辄""则"读音相近，就被借过去，作副词相当于"则"，表示后一动作行为紧接着前一动作行为发生出现，可译为"就"。如：

A.《汉书·艺文志》："每一书已，向（刘向）辄条其篇目。"

B.《后汉书·张衡传》："如有地动，尊则振龙，机发吐丸。"

以上两例中"辄"与"则"用法完全相同，由于"辄"的该副词用法具有［＋时间短＋迅速］的语义特征，如果一个人不经研讨，迅速做出决定，就有了"专擅"义，如《晋书·刘弘传》："甘受专辄之罪。"当"专擅"义的"辄"出现在"施事主语＋辄＋动词谓语"的位置上时，就被重新分析为一个体现附加感情色彩义的情态副词，表示随心所欲地做某事，可译为"擅自"，如《三国志·魏志·曹爽传》："臣辄敕主者及黄门令罢爽、羲、训吏兵，以侯就第。"因罢免朝廷重要官员本应只有皇帝才能做，而司马宣王——司马懿私自命令主管官员罢免曹爽、曹羲、曹训的官位兵权，是迫于客观情况自作主张地做未经批准之事，带有很强的主观随意情态。"轻辄"连用则更加凸显其"随意"情态。

例（5）"任情"，即"任意"，表示施动者在做某事时是无拘无束、毫无顾忌地任凭自己的心意来做。该词始见于南北朝，是南北朝时期南北通行的一个副词，后来一直沿用至现代汉语。"任"本义"抱"，后引申指"肩负""承担"，由于承担责任要凭借一定的人力物力才能完成任务，故又引申指"凭借"，如"任兴（凭借兴趣）"。"任情"最初与"任意"相同，都是本不在同一个句法层次上的句法结构——"动＋宾"，即"任凭自己的想法、心意"，该动宾结构动作性不强，其后跟动作性较强的动宾短语时，语义的焦点就会后移。任凭自己的想法做某事与汉语中的另一常规句法语义结构"工具状语＋动"非常相似，因工具状语可由单个词充当，如《汉书·霍光传》："群臣后应者，臣请剑斩之。"故"任情/意"就被重新分析为一个作状语的副词。"情"与"意"为同义词，如"情真意切"，在"任情"与"任意"除了基本义相同外，两者之间还有一定的细微差别，"任情"只在书面语体中使用，并且含有"尽情地去做某事"的意味。

例（6）"辄"位于动词前，表示施动者主观上毫无顾忌地做了超越自己职权范围的事，可译为"擅自"。该用法始见于南北朝，盛行于唐宋，后沿用至清末。"辄"与"则"音近，故可构成通假，"辄"可作顺承副词，表示后一动作行为紧接着前一动作行为发生、出现，可译为"就"，表"擅自""随便"义的情态副词当是由该承接义引申而来，后一动作紧接着前一动作发生，隐含着后一动作的发生具有[＋不假思索、随意性]的语义特征。因为"辄"所承接的前后动作之间如果经常发生，就会引申出高频副词用法，可译为"总是""常常"，如《史记·魏公子列传》："臣子客有能深得赵王阴事者，赵王所为，客辄以报臣，臣以此知之。"董志翘、蔡镜浩（1994）指出，"辄"作副词，表"常常""往往""每每"义是由"动辄"省缩而成。"动辄"犹每每，刘淇《助字辨略》卷三："凡言动者，即兼动辄之义，乃省文也。动，举动也，辄，即也。言每举动即如此也。""动辄"可以省缩为"动"，同样"动辄"也可省缩为"辄"，其义一也。[①]因某人经常发出某动作，隐含着没有例外之义，进而可转指范围，因此后来引申出总括范围副词用法，如《史记·李斯列传》："二世拜赵高为中丞相，事无大小，辄决于高。"

例（7）是由"辄"与副词词尾"尔"凝合而成，该词始见于南北朝，盛行于唐宋，后沿用至明代。该例意为"文明太后与高祖母子所言，自始至终不能随便互相传递"。

三　表徒然、凭空

此类副词在语法意义上表示动作行为的发出是平白无故的，没有任何理由的，可译为"徒然、白白地、无故地"。在句中，只修饰动词谓语，语义也大都只指向谓语动词。《魏书》中的此类副词共有8个，4个见于上古汉语：徒$_{2白白地}$、虚、空$_{2徒然}$、素$_{白白地、空}$；4个见于中古汉语：横$_{2白白、无故地}$（18）、徒尔$_{白白}$（1）、枉$_{屈枉地、白白地}$（2）、坐$_{空}$（11）。

（8）［横$_{2白白、无故地}$］如有清贞奉法不为回者，咸共谮毁，

---

① 董志翘、蔡镜浩：《中古虚词语法例释》，吉林教育出版社1994版，第631页。

横受罪罚。（《高崇传》/1709）

（9）［徒尔_{白白}］崇在官和厚，明于决断，受纳辞讼，必理在可推，始为下笔，不徒尔收领也。（《李崇传》/1472）

（10）［枉_{屈枉地、白白地}］齐献武王上言，建义之家枉为尔朱氏籍殁者，悉皆蠲免。（《出帝平阳王纪》/282）

（11）［坐_空］按亮受付东南，推毂是托，诚应忧国忘家，致命为限。而始届汝阴，盘桓不进，暨到寇所，停淹八旬；所营土山攻道，并不克就。损费粮力，坐延岁序。（《崔亮传》/1478）

例（8）"横"，表示该动作行为的发生是平白无故地，隐含着在通常情况下该动作行为本不该发生却发生了，常带有意外性，可译为"空"。该用法始见于魏晋，后沿用至唐，仅通行于中古汉语。"横"本义"门闩"，《说文·木部》："横，阑木也。"今俗闭门时，内有一木横拒之，门为纵竖向，横为横向，故引申指方向与"纵"相对。由于依常理应纵向行进的事物如果横向行进，就有违背常规乱行的意味，因此"横"作副词时可表示动作行为不守规则地胡乱行进，如"河水"通常是顺着河道纵向行进的，如果向两边横向流淌就是"横流"，人通常是沿着道路行进的，如果不沿着道路前进而是横着走，就是不守规则地乱走，即"横行"。"横流""横行"就是"乱流""乱行"，由于违背常规的"乱"给人一种出乎意料的感觉，因此"横"就引申出"突然"义，表示动作行为的突然意外发生，突然意外发生的事情往往具有"无缘无故"的意味，因此"横"又引申出"白白"义，表示动作行为无缘无故地发生。

例（9）"徒尔"表示该动作行为的发生是平白无故地，通常位于否定词之后，表示某动作行为不会无缘无故发生或出现，"不徒尔收领"，即"不白白拘禁"。该词是由上古就已流行的单音副词"徒"加上副词词尾"尔"凝合而成，始见于南北朝，后沿用至明代。"徒"本义"步行"，《说文·辵部》："徒，步行也。"因"步行"不借助车马，可引申指"空的""没有凭借的"，如"徒手搏虎"；因"没有凭借"就只有靠自己，故可引申虚化出限定范围副词用法，如"家徒四壁"；"没有凭借"可引申出"没有根据""没有理由"，故作副词可表示没有任何理由地"白白""平白无故地""无缘无故地"，如《史记·廉颇蔺相如列传》："欲予秦，秦城恐不可得，徒见欺。"意为"想把和氏璧给秦国，又怕得不到秦国的城池，平白无故地被欺骗"。因"没有根据、理由地去做某事"通常不能得到应有的效果，因此在上古汉语中"徒"作副词常表示在说话人看来该动作行为的发生没有任何意义，即没有达到预期的目的或没有取得应有的效果，可译为"白白"，如《左传·襄公二十五年》："齐师徒归。"即"齐国的军队劳而无功，白白返回"。再如今之熟语："少壮不努力，老大徒伤悲""徒有虚名""徒费口舌""徒为人笑""徒劳"等。

例（10）"枉"表示该动作行为的发出是无根据、平白无故地，该用法始见于东汉，后一直沿用至清末。"枉"本义为形容词"弯曲"，《说文·木部》："枉，邪曲也。"如"枉木"，即"弯曲的木材"，成语"矫枉过正"中"枉"也为"弯曲"义。该词作状语，表示弯曲、歪曲事实做某事，既然歪曲事实，那么就是无根据、平白无故地做某事，通常情况下，无根据无缘无故地做某事是毫无意义的，因此该词作副词时，也表示某动作行为的发生是毫无意义的。"枉"作副词，表示"白白""徒然"有两种含义，一种表示动作行为的发出是毫无任何理由的，一种表示动作行为发出的效果是毫无意义的，现行虚词词典通常将两者混在一起，其实两者之间是有区别的。前者如《后汉书·宦官传·孙程传》："又帝舅大将军耿宝、皇后兄大鸿胪闫显更相阿党，遂枉杀太尉杨震。"意为"耿宝与闫显互相勾结，竟平白无故地杀了杨振"后者如成语"枉费心机"中的"枉"，即表示"费心机是毫无意义的"。

例（11）"坐"，可译为"白白""徒然"，表示该动作行为的发出没有任何理由这样做，"坐延岁序"与"停淹八旬"相对，指责崔亮行动不力。该用法始见于南北朝，后沿用至明代。同理"坐"作副词也可表动作行为不能取得任何效果，如(南朝·齐)王融《和王友德元古意》"坐销芳草气，空度明月辉。""坐"与"空"相对，均表示动作毫无意义。"坐"的"徒然"义，盖来自其动词"安坐"义，"坐"本义"两人对坐于土上，表示人止息的方式之一"，《说文·土部》："坐，止也。""安坐止息"则无行动，无行动则无效果，故虚化为副词而指"徒然"。

四 表相互、轮迭

此类副词在语法意义上表示动作行为是连续交错进行的或动作行为是由多个施事主体相继混杂实施的，可译为"相互、相继、递相"。在句中通常位于动词谓语前，偶尔也可以位于分句的句首。语义指向多样，既可以指向谓语，也可以指向主语或宾语。此类副词在《魏书》中共有16个：10个沿自上古汉语：相$_{1相互}$、交$_{2相互}$、更$_{3交替、互相}$、更相、互、迭相、相与$_{2相互}$、迭、递、递相；6个出现于中古汉语：更迭$_{交替、轮流}$（1）、互相（6）、先后$_{顺序先后}$（1）、相继（10）、相将$_{相继}$（1）、相率$_{2相继}$（12）。

（12）〔更迭$_{交替、轮流}$〕琛与显监决其罚，先具问事有力者五人更迭鞭之，占令必死。（《恩幸传·赵修》/2000）

（13）〔互相〕帝曰："此群狄诸种不识德义，互相侵盗，有犯王略，故往征之。"（《库莫奚传》/2222）

（14）〔先后$_{顺序先后}$〕方藉良才，遂登高秩，先后凋亡，朝野伤悼。（《良吏传·羊敦》/1913）

（15）〔相继〕臧质、柳元景、薛安都等至关城，并相继败走。（《刘裕传》/2140）

（16）〔相将$_{相继}$〕自此夷夏之民，相将为乱。岂有余憾哉？盖由官授不得其人，百姓不堪其命故也。（《辛雄传》/1696）

（17）〔相率$_{2相继}$〕于是，除禁锢，释嫌怨，开仓库，赈穷乏，河南流民相率内属者甚众。（《世祖纪》/69）

例（12）"更迭"用于动词前表示多个施事者随着时间的推移一个接着一个轮流接替做某事，可译为"轮流"。该例意为"甄琛与王显负责监管对赵修的处罚，两人先准备五位力气大的执杖行刑之役卒轮流鞭打他，口头命令一定要鞭打至死"。该词是由上古就已流行表"轮流"义的单音词"更"与"迭"以同义连文的形式组合而成，该词始见于南北朝，后来一直沿用到现代汉语中。"更"本义"更改"，《说文·支部》："更，改也。" 如《论语·子张》："更也，人皆仰之。"因全部更改，即意味着"改换"，故由 "更改"可引申指"替换"，如果表"替换"义的"更"出现在"主语（集体名词）＋更＋VP"结构时，就表示多个实施者替换着去做某事，该位置上的"更"在语义上表示其后动作行为的方式，其语义同时指向主语与其后动词，受常规句法结构（主＋状＋VP）分析的影响，就被重新分为一个副词。"迭"本义"交替""更换""轮流"，《说文·辵部》："迭，更迭也。"与"更"相同，该义类的动词处于状语位置上时很容易被重新分析为一个副词，从时间的角度来强调轮换着做某事。

例（13）"互相"表示多个施动者所发出的动作行为交替涉及对方。该词是由上古就已流行表"互相"义的单音词"相"与"互"组合而成，该词始见于汉，在南北朝时期通行于南、北朝，后来一直沿用至现代。"互"本义"收绳器"，篆文"互"像古代收丝或绳的器具形，《说文·竹部》："𥰓，可以收绳也。互，𥰓或省。""互"为"𥰓"的或体，"𥰓"的省略。因收绳器所收起的绳成交错状，故可引申指"交错"，如《汉书·谷永传》："百官盘互，亲疏相错。"颜师古注："盘互，盘结而交互也。"该义项的"互"出现在"主语（集体名词）＋互＋VP"类句式中时，因"交错"本来就一个状态动词，很容易被重新分析为一个副词，故就引申虚化为一个副词，如（三国·魏）何晏《〈论语集解〉序》："所见不同，互有得失。"再如"互通有无""互惠互利"等。"相"本读"xiàng"，本义"察视"。由"察视"可引申指"亲自去看（是否合乎心意）"，该引申义读音也发生了改变，读"xiāng"，如"相亲""相中"。"亲自去看"有时是相互的，故可引申虚化出副词"相互" 义，如"相亲相爱"。

例（14）"先后"表示在某一段时期内某一事件发生的先后次序，即"某一动作行为是先后相继发生的"，其主语通常包含多个施动对象。该例意为"齐献武王因羊敦和中山太守苏淑都正凭借自己的优秀才能将要荣升高位，可不幸先后离世"。该词始见于汉，后一直沿用至现代汉语中。"先后"本是一个联合式方位词，指"前后"，如《楚辞·离骚》："忽奔走以先后兮，及前王之踵武。"因"前后"本在空间方位上就有一定的序列性，在语言发展过程中时空转换借原本具体有形的表示空间序列概念的词语来表示较为抽象的时间序列是普遍现象，时间相关的词语在句中本来就以作状语为常，故"先后"就引申出，表时间先后次序的副词用法。

例（15）"相继"表示动作行为是一个接着一个发生的，其主语是含有多个施动性主体的词语。该词始见于东汉，后来一直沿用到现代汉语中。"相继"本是一个状中结构的动词词组，"相"为副词，"继"为动词中心语，表示"相互接替"义，如"父子相继"。该副词的形成是由该词组位于动词前作状语，人们对此句法结构重新分析而来。该词组在语义上具有［+方式状态］的语义特征，如果出现在"主语（集体名词）+相继+VP"结构中时，受常规句法格式"主+状+宾"结构的影响，很容易被重新分析为一个副词，表示一种方式状态。

例（16）"相将"，即"相继"，表示动作行为接连发生，该用法始见于汉，后一直沿用至清末。"相将"本为一个状中结构的词组，"将"本义"持取"，后引申指"辅助"，如《诗经·周南·樛木》："乐只君子，福履将之。"① 又引申指"顺从"，如"将计就计"；又引申指"跟随"，如《汉书·礼乐志》："钟鼓竽笙，云舞翔翔，招摇灵旗，九夷宾将。"颜师古注："将犹从也。""相将"即"相互跟随"，"相互跟随"是描态性较强的状态动词短语，即表示动作行为的方式状态。故出现在动词前时，体现出对其后动词的修饰性。受习惯性句法结构分析的影响，会引起人们对整个句法结构作出重新分析，"相将"就被重新分析为一个整体一起修饰其后的动词，即"相继"。

例（17）"相率"表示动作主体相继，一个接一个地做某事，该动作主体多由几个或众多个体组成。该词始见于汉，后来一直沿用至现代汉语中。"率"本义"捕鸟的网"，用作动词时表"用网捕鸟"，如（汉）

---

① "只"，句中语气词；"福履"，即"福禄"。

张衡《东京赋》："悉率百禽，鸠诸灵囿。"因捕鸟需要拉引，故可引申指"率领""带领"，"相率"本也为状中结构，即"相互带领着"，"相互带领着"，即"相互跟随着"，如《荀子·富国》："百姓诚赖其知也，故相率而为之劳苦，以务佚之，以养其知也。"① 其副词化历程与"相将""相继"同。

五　表突发、急促

这类副词在语法意义上表示动作行为发生得急遽或突然，可译为"忽然"。与表短时义的时间副词相比，该类副词更侧重于强调动作行为发生时的情状。《魏书》中共见此类副词20个：11个沿自上古汉语：卒$_{2忽然、一下子}$、奄$_{忽然}$、忽、忽然、暴$_{忽然}$、骤$_{3忽然}$、卒然、乍、倏忽、倏焉、暂$_{3忽然}$；9个见于中古汉语：横$_{3突然、意外地}$（4）、忽遽（1）、倏然（1）、欻（3）、欻然（2）、奄尔（1）、奄忽（1）、奄焉（2）、一旦$_{1忽然}$（2）。

（18）［横$_{3突然、意外地}$］详言："审如中尉所纠，何忧也，正恐更有大罪横至耳。"（《北海王传》/562）

（19）［忽遽］孝伯又问畅曰："何至忽遽杜门绝桥？"（《李孝伯传》/1169）

（20）［倏然］骏于新亭造中兴佛寺，设斋。忽有一僧形貌有异，众皆愕然。问其名，答云名惠明，从天安寺来。言竟，倏然而灭，乃改为天安寺。（《刘裕传》/2143）

（21）［欻］初，圣武帝尝率数万骑，田于山泽，欻见辎軿②自天而下。（《序纪》/2）

（22）［欻然］初，世隆曾与吏部尚书元世俊握槊，忽闻局上欻然有声，一局之子尽皆倒立，世隆甚恶之。（《尔朱彦伯传》/1670）

（23）［奄尔］谓极眉寿，弥赞王业。天不遗老，奄尔薨逝。

---

① "知"，"智"；"以务佚之"，即"以辛劳勤务来使之安逸"。

② 辎軿：辎车和軿车的并称。后泛指有屏蔽的车子。

（《尉元传》/1115）

（24）［奄忽］去月二十五日圣体康念，至于二十六日奄忽升遐。（《尔朱荣传》/1646）

（25）［奄焉］伏惟孝文皇帝承天地之宝，崇祖宗之业，景功未就，奄焉崩殒，凡百黎萌，若无天地。（《李彪传》/1395）

（26）［一旦₁忽然］衍未败前，灾其同泰寺，衍祖父墓前石麟一旦亡失，识者咸知其将灭也。（《萧衍传》/2187）

例（18）"大罪横至"，即"大罪突然至"，"横"突出动作行为的突发性与意外性。"横"本义"门闩"，《说文·木部》："横，阑木也。"张舜徽《说文解字约注》："许云阑木者，谓距门使不得开之木也，非谓凡遮阑木也。今俗闭门时内有一木横距之，古谓之横。"因"门"大都是纵向竖立，故与其垂直相交即为横，作方位名词与"纵"相对。由于人或物在行进时要沿着线性道路纵向前进，因此本该纵向行进的人或物如果横向行进就背离了常规行进路线，给人一种出乎意料之感，出乎意料之事通常带有突发性，因此就有了"突然"义。该用法始见于汉，后沿用至明代。

例（19）"忽遽杜门绝桥"，即"忽然连忙闭门断桥"，"忽"与"遽"在上古汉语中均有副词义分别表示"忽然""赶快"，由于两词均有体现出施动者"突然急切的样子"的共性特征，故在此将其看作一个副词。颜师古在为《汉书》作注时也将两词连用，如"卒，读曰猝，忽遽之貌也。"该词始见于南北朝，后沿用至宋。"忽"本义"忽略""不经意"，《说文·心部》："忽，忘也。"如《尚书·周官》："蓄疑败谋，怠忽荒政。"该例意为"积疑不决，定会败坏良谋；懈怠疏忽，定会荒废政务"。"不经意"在语义上也体现一种状态，如果某事不经意地发生，就是出乎意料的突然发生，故可引申出副词用法，表"忽然"。"遽"本义"驿车"，《说文·辵部》："遽，传（zhuàn）也。"因古之驿车以"急速"著称，故可引申指"疾速""迅速"，如《梁书·王僧孺传》："修名既立，老至何遽。""疾速"在语义上本就表一种状态，在句中以作状语为常，久而久之就被重新分析为一个副词，表示动作行为出现得很快，如《左传·僖公二十四年》："仆人以告，公遽见之。"当语义指向其后的动作时，表示该动作行为发生得突然，伴随着出乎意料的特征。"忽遽"成词，也是以同义连文的形式凝合而成，当两者一起位于动词前作状语时就被重新分析为一个副词。

例（20）"倏然"突出动作行为发生时的突然迅速之貌。该词是由单音同义副词"倏"附加上词尾"然"凝合而成，始见于东晋，后一直沿用至现代汉语中。"倏"本义"犬快速奔跑"，《说文·犬部》："倏，犬走疾也。从犬攸声。"由犬快速奔跑泛化为形容词"疾速"，通常与"忽"组成同义连文，如《楚辞·招魂》："往来倏忽。"活用作名词时可表示"顷刻（极短的时间）"，如《战国策·楚策四》："（黄雀）昼游乎茂树，夕调乎酸醎，倏忽之间坠于公子之手。"某事很快发生，通常给人一种出乎意料的感觉，故可引申指"忽然"，如"倏来忽往""倏阴忽明"等。

例（21）"欻"作副词表示动作行为的突然迅速出现，即"暴起之貌"。该词始见于上古，兴盛于魏晋，后一直沿用至清代。"欻"本义"火猝起也"，即"火突然着起"，本为亦声字，从欠从炎，炎亦声，《说文·欠部》："欻，有所吹起。读若忽。"意为"'欠'为人张口吹起形，火因有风气吹乍然兴起"。后引申出副词用法，表"忽然"，表示事件或现象的突然发作或出现。例（22）中的"欻然"由"欻"加副词词尾"然"凝合而成。"欻然"始见于上古，后沿用至明代。

例（23）"奄"本为会意字。从大从申。本义"覆盖"，意为"从字形来看上面是展开的大东西覆盖下面的物品"。表"忽然"义的副词为其假借用法。"奄"作副词，表示动作行为的意外突发之貌，始见于上古，如《楚辞·九辩》："白露既下百草兮，奄离披此梧楸。"意为"白茫茫秋露浸润着百草，梧桐楸梓忽然枝叶凋落。"后沿用至宋代。"奄尔"是由"奄"附加上副词词尾"尔"凝合而成，"尔"作为词缀经常跟在形容词或副词的后面，增加其形象化色彩。该词使用频率不高，从魏晋至明清时期的文献检索，仅检得4例，始见于南北朝，后沿用至宋。这可能由"尔"经常用作形容词词尾类化而来。例（24）"奄忽"凸显动作行为发生得意外迅疾，该例意为"身体本来已经康复，却突然离世"。该词是由上古就已流行的两个单音词"奄"与"忽"以同义连文的形式组合而成，始见于汉代，后一直沿用至清代。例（25）"奄焉"是由上古就已流行的"奄"后附词缀"焉"凝合而成，"焉"与"然"在上古音近，"然"作词缀时，常附在形容词或副词之后，增加其形象化色彩，在句中常作状语。"焉"的词尾化，应受"然"类化而来。该词始见于晋代，活跃于南北朝，后沿用至唐。

例（26）"一旦"表示动作行为的突然意外发生，始见于魏晋，后一直沿用至晚清。"一旦"本为时间名词"一天之间"，如《战国策·燕策二》："乃还而视之，去而顾之，一旦而马价十倍。"白玉林、迟铎（2004）将《战国策》例中的"一旦"看作表"突然"义的副词[①]，不妥。因"一天"作为时间名词带有不确定性，表示不确定某事发生在哪天，故可引申出假设关联副词用法，在上古汉语中经常用于假设复句的前一分句中，表示如果有一天出现某情况，则必然会出现某种结果，如《战国策·赵策四》："今媪尊长安君之位……而不及今令有功于国，一旦山陵崩，长安君何以自托于赵？"由于这种假设，本来就是一种预测，预测带有不确定的意外色彩，如果有一天确实意外突发了某情况，说话人仅仅强调该事件的突发性时，就有了"突然"义。该用法也见于南朝文献，如(南朝·梁)丘迟《与陈伯之书》："昔因机变化，遭遇明主，立功立事，开国称孤，朱轮华毂，拥旄万里，何其壮也！如何一旦为奔亡之虏，闻鸣镝而股战，对穹庐以屈膝，又何劣邪！"

六　表徐缓

这类副词在语法意义上与表突发、急促义的情态副词恰恰相反，着重强调动作行为进行的状态是缓慢逐渐的，可译为"渐渐、逐渐"。我们在《魏书》中看到的此类副词有 7 个：3 个见于上古汉语：渐、稍渐渐、逐渐、徐渐渐地；4 个见于中古汉语：渐渐（1）、徐徐（2）、转2渐渐（17）、转

① 白玉林、迟铎：《古汉语虚词词典》，中华书局 2004 年版，第 397 页。

自_{逐渐}（1）。

（27）［渐渐］自兹以降，渐渐长阔^①，百姓嗟怨，闻于朝野。（《张普惠传》/1736）

（28）［徐徐］相去百八十里，追军不至，乃徐徐西遁，唯此得免。（《崔浩传》/818）

（29）［转_{2渐渐}］行次湣阳，高祖谓勰曰："吾患转恶，汝其努力。"（《彭城王传》/576）

（30）［转自_{逐渐}］自冯氏数终，余烬奔窜，丑类渐盛，遂见陵逼，构怨连祸，三十余载，财殚力竭，转自屏蹙。（《百济传》/2217）

例（27）"渐渐"表示动作行为或性状的变化是逐渐缓慢进行的。该词的形成是由上古就已流行的单音词"渐"复音化而来，"渐渐"始见于汉，流行于魏晋南北朝，后一直沿用至现代汉语中。"渐"本为"古水名"，《说文·水部》："渐，水。"该河流发源于安徽黄山南麓，东流至浙江省杭州市东入海，南北朝后称"浙江"。因与"趣"读音相同，被借作"趣"，《说文·走部》："趣，进也。""进"即"逐步发展"，如"西学东渐"，作名词有"逐渐发展之过程"义，如《管子·明法》："奸臣之败其主也，积渐积微，使主迷惑而不自知也。""逐渐发展"在语义上本来就体现出一种状态，故当出现在动词前时，受习惯性常规句法结构（状+动）分析的影响很容易被重新分析为一个情态副词，故在此义的基础上进一步引申出副词用法，指"渐渐""逐渐"，如《乐府诗集·焦仲卿妻》："转头向户里，渐见愁煎迫"，再如"渐入佳境""循序渐进"等。

例（28）"徐徐"表示动作行为或状况缓慢逐渐发生，该词也是由上古就已流行的同义单音词"徐"复音化而来，始见于汉，如《淮南子·原道训》："原流泉浡，冲而徐盈；混混滑滑，浊而徐清。"该例意为"源

---

① 长阔：指当时征收赋税时所用的斗、尺、秤的单位量值不断增大，已达到多取于民的目的。

头水流像泉水一样涌出，无水空穴渐渐被灌满；水浪翻滚，开始浑浊而渐渐变清。"后兴盛于中古，一直沿用至现代汉语中。"徐"本义"安舒地行走"，《说文·彳部》："徐，安行也。从彳余声。"后引申指形容词"缓慢"，与"疾"相对，如《战国策·赵策》："入而徐趋。"作状语时表示动作行为缓慢进行，因缓慢本来就表示一种状态，具有"渐进性"，经常出现在动词前时，就会引起语义焦点后移至其后的动词上，当说话人有意强调其所修饰的动作行为的渐进状态时就可引申出副词用法，表"渐渐"。

例（29）"转"表示动作行为或性状的逐渐变化。该用法始见于东晋，后来一直沿用到明代。"转（zhuǎn）"本义"转运"，既可转运具体物品，即改变物品的位置、方向，也指转运抽象的事物，即改变事物的形势、状况，如《汉书·高帝纪上》："丁壮苦军旅，老弱罢转饷。"《史记·管晏传》："其为政也，善因祸而为福，转败而为功。"后泛化为动词"变化"义，因有的变化是在之前程度的基础上更进一步，因此可引申出比较度副词"更加"义，而有的变化是在原有的基础上缓慢逐渐发展的，故也可引申出表示"缓慢渐进貌"的副词义。故其"渐进"副词义的形成主要是受前后语境义的影响。例（30）"转自"是由渐进貌副词"转"后附上中古新兴副词词尾"自"凝合而成，该例中"自"还有一定的词汇意义，但是在同时期的文献中"转"常单独与"蹙弱"结合，表示逐渐变弱，如《晋书·郭默传》："默与石瓮战败，矩转蹙弱，默深忧惧。""矩转蹙弱"，即"李矩越来越困窘弱小"。故把它当作一个副词。该例意为："自从冯氏运数已尽，残余部队四处逃窜，凶徒逐渐增多，欺凌逼迫，祸端接连不断，三十余年，财损力竭，逐渐越来越困窘孱弱。"该用法始见于南北朝，后沿用至唐代。

七 表适值

此类副词在语法意义上表示动作行为恰值某时发生或与另一行为动作的发生恰好相合，可译为"恰好"。《魏书》中的此类副词全都沿自上古汉语，共4个：会、属、正$_3$恰好、适$_2$恰巧。

八　表伪诈

此类副词在语法意义上表示动作行为的虚假和欺诈，常常含有故意的成分，可译为"假装"。由于这类副词在整个副词系统中本来就不发达，因而我们在《魏书》中看到的该类副词也仅有 3 个，其中 2 个见于上古汉语：谬_{假装}、诈_{假装}；1 个见于中古汉语：饰_{假装}。

（31）［饰_{假装}］及还建业，裕进侍中、车骑将军、都督中外诸军事，饰让不受。加录尚书事，又诈不受。（《刘裕传》/2130）

"饰"为一个兼类词，兼动词与副词，作动词时为不及物动词，其动词义"伪装"与副词义"假装着"在语义上基本等值，但其语法功能与语用义不同，其副词用法是由该动词义作状语重新分析而来。该例"饰"与"诈"相对，表示"假装做某事"。该类副词常用于动词前，表示假装着去做某事，可译为"假装着""表面上"等，如"饰让不受"即"假装谦让不接受"。"饰"本义"擦拭""装饰"，《说文·巾部》："饰，刷也。"由"装饰"引申指"粉饰""伪装"，如《礼记·缁衣》："言从而行之，则言不可饰也；行从而言之，则行不可饰也。"该例意为"说了，紧接着要付诸行动，因此说话不可以虚夸；付诸了行动，然后按照事实来说，那么行动就不会伪装"。再如"文过饰非"。"伪装"义的"饰"是一个状态动词，位于动词前时，表示施事者为了达到某种目的而采取的隐藏自己真实身份或目的的行为方式，在语用上凸显的是一种情貌特征，强调的是一种情态方式，这刚好与作状语的副词语法功能相契合，故很容易引起人们对该结构的重新分析，久而久之，"饰"就有了表示"伪装之貌"的副词义。该用法始见于南北朝，后沿用至明代。

九　表阴密

这类副词在语法意义上表示动作行为是私下、偷偷地或私自进行的，可译为"私下、偷偷地、私自"。《魏书》中的此类副词大都沿自上古汉语，共 8 个：阴、密、潜、窃_{1偷偷地}、私_{私下、偷偷地}、间_{秘密地}、偷_{偷偷地}、微_{2私下、偷偷地}；

2 个出现于中古汉语：私自（1）、隐窃_{偷偷地、私下}（1）。

（32）［私自］后与永昌王 健督诸军讨秃发保周于番和，徙 张掖民数百家于武威，遂与诸将私自没入。（《河间王传》/399）

（33）［隐窃_{偷偷地、私下}］又告牧犍父子多畜毒药，前后隐窃 杀人乃有百数。姊妹皆为左道①，朋行淫佚，曾无愧颜。（《沮 渠蒙逊传》/2208）

例（32）"私自"在语义上表示背着组织和有关的人私下擅自做违 背规章制度的事，该词始见于东汉，如《后汉书·西羌传·东号子马奴》： "诸将多断盗牢禀，私自润入。"意为"诸将多拦截偷盗粮饷，私自获利"。 该用法后来一直沿用到现代汉语中。《汉语大词典》首引例为宋代例， 明显滞后。②该例"私自"中的"自"副词义已经基本消失，在这里仅 有帮助强调擅自做某事的附加色彩义，因"未经批准擅自做某事"中的"私 自"的句法语义功能在上古汉语中是由"私"单独完成的，如《史记·项 羽本纪》："项伯乃夜驰之沛公军，私见张良，具告以事。""私"的 本义为"私人所拥有的禾"，因此可引申出"独自"义，"独自做某事" 通常只有自己知道，是非公开的，据此又引申出"偷偷""私自"义。

例（33）"隐窃"表示偷偷地、暗地里做某事，仅见于《魏书》中， 可能与个人语言习惯有关。"窃"在上古，可单独作副词表示该义，如《韩 非子·说难》："卫国之法，窃驾君车者罪刖。""窃"本义"偷盗"， 因"偷盗"只能偷偷地私下去做，当位于其他动词前，表示做非公开的 事情时，就凸显其［+偷偷］的语义特征，故可引申出该副词用法，如"窃 喜"。"隐"本义"隐蔽"，《说文·阜部》："隐，蔽也。"由"隐蔽" 引申指"隐瞒"，如《论语·子路》："父为子隐，子为父隐，直在其 中矣。"因"隐瞒"本身就要避免别人知道，因此要"偷偷地""暗地里" 去做，当与"窃"组合时，其［+偷偷］［+私下］的语义特征就得以凸显， "隐"与"窃"因语义特征的共性特征将两者凝合在了一起。

---

① 左道：不正之道。

② 罗竹风等：《汉语大词典》（重印本），上海辞书出版社 2008 年版，第 8 卷 14 页。

十 表径直

此类副词在语法意义上表示动作行为是直截了当进行的。该类副词在《魏书》中共有 3 个，全部沿用于上古汉语：直$_{2直接}$、径$_{径直}$、迳$_{径直}$。

十一 表特意、竭力

这类副词在语法意义上表示动作行为是施事者故意、特意发出的或者竭力进行的。此类副词在《魏书》中共见 9 个：6 个沿自上古汉语：固$_{1竭力、尽力}$、竞$_{竞相}$、故$_{2特意}$、极$_{2竭力}$、专$_{2特意}$、强$_{竭力}$；3 个见于中古汉语：方便$_{想方设法地}$（2）、苦$_{3竭力、尽力}$（22）、特$_{3特意}$（13）。

（34）［方便$_{想方设法地}$］安六军、保社稷者，舍汝而谁？何容方便请人，以违心寄。宗祐所赖，唯在于汝。（《彭城王传》/576）

（35）［苦$_{3竭力、尽力}$］欲自下发。肃宗与群臣大惧，叩头泣涕，殷勤苦请。灵太后声色甚厉，意殊不回。（《京兆王传》/405）

（36）［特$_{3特意}$］诏曰："大司马执宪诚应如是。但因缘会，朕闻王者之体，亦时有非常之泽。虽违军法，可特原之。"（《安定王传》/517）

例（34）"方便"表示施动者想方设法、尽全力去完成某事，该用法始见于魏晋，后沿用至金代。"方"作名词有"方法"义，如"千方百计"。"便（pián）"本义"安适"，《说文·人部》："便，安也。"由"安适"引申指"适合"，如"不便出面""不便分开"。"方便"作名词可指"适合的方法/计谋/策略"，如（南朝·齐）求那毗地译《百喻经·牧羊人喻》："〔牧羊人〕乃有（羊）千万，极大悭贪，不肯外用。时有一人，善于巧诈，便作方便，往共亲友……便大与羊，及诸材物。"再如（唐）惠能《坛经·般若品》："欲拟化他人，自须有方便。"表示"适合的方法/计谋"义的"方便"用在动词前作状语时，就有了副词的词性，表示想方设法地去做某事，如《晋书·石季龙载记上》："（季龙）所为酷虐。军中有勇干策略与己侔者，辄方便害之，前后所杀甚众。"

例（35）"苦"作副词表示施动者竭力、尽力去做某事。该用法始见于南北朝，后沿用至现代汉语中。该例意为，灵太后要自己剪下头发出家为尼，所以肃宗与大臣竭力请求。"苦"本义"苦菜"，后引申指"辛苦"，如《孟子·梁惠王上》："乐岁终身苦，凶年不免于死亡。"又引申指"使痛苦"，如《孟子·告子下》："故天将降大任于是人也，必先苦①其心志，劳其筋骨。"因"勤劳""辛苦"所指程度较深，就引申指形容词"深"，如"用心良苦""苦心孤诣""冥思苦想"等。因"深"隐含有［+大量］的语义特征，故位于动词前作状语时表示 "尽最大量力气做某事"的情态义，故可引申出该副词义，如"苦劝不止""日夜苦读""勤学苦练"等。

例（36）"特"作副词表示施动者专为某一目的或某一对象做某事。该用法始见于汉，流行于魏晋，后一直沿用至现代。"特"本义"体形庞大的公牛"，《说文·牛部》："特，朴（大）特，牛父也。"由［+大］的语义特征，引申指形容词"不同寻常""特别"义，为某一对象或某一目的不同寻常地做某事，即体现出该动作的专为性，故作状语时就有了该副词用法，如"特招""特写"等。

十二 表公然、显然

此类副词表示动作行为的进行是公开、显而易见的，可译为"公然、显然"。《魏书》中共有此类副词3个：1个见于上古汉语：公公然；2个见于中古汉语：公然（2）、居然显然（1）。

（37）［公然］案律：在边合率部有满百人以下，身犹尚斩；况仲达公然在京称诏聚众，喧惑都邑，骇动人情。（《裴叔业传》/1571）

（38）［居然显然］夫为国之计，择利而为之，岂顾婚姻，酬一女子之惠哉？假令国家弃恒山以南，裕必不能发吴 越之兵，与官军争守河北也，居然可知。（《崔浩传》/810）

例（37）"公然"作副词带有较强的主观性，通常指施动者虽然违背规则，主观上却毫无顾忌、公开而明目张胆地做某事。该词始见于南

---

① "苦"，形容词用作使动，表示使……辛苦。

北朝，后来一直沿用至现代汉语中。《汉语大词典》所引首见例为唐代例，明显滞后。[①]"公"在上古汉语中作副词可表示"公然"，到了中古，受汉语词汇双音化大趋势的影响与后附词缀"然"[②]凝合在一起。"公"本义"平分"，《说文·八部》："公，平分也。""平分"即"平均分配"，所有参与者共同参与，都可得到相等的份额，所分对象是公共的，故可引申指"公共""共同"，甲骨文中有"公宫"，即指"公共之宫"。因公众参与之事都是公开透明的，当该词出现在"施事主语＋公（公共／共同）＋VP"结构中作状语时，即有了"公开／公然"义，"公然"做某事本身就表示一种情态，含有［＋毫无顾忌］的语义特征，这种附加的语义特征使该词具有了特定的感情色彩义，再加上受常规句法格式（施事主语＋状语＋VP）分析的影响，久而久之，就被重新分析为一个情态副词。

例（38）"居然"通常表示某事件的发生非常明显，很容易看出或感觉到，可译为"显然"。该用法始见于魏晋，后来一直沿用到现代汉语中。"居"在上古作副词有"明显""明晰"义，如《易·系辞下》："噫，亦要存亡吉凶，则居可知矣。"孔颖达疏："或此卦存之与亡，吉之与凶，但观其中爻，则居然可知矣。"孔颖达用"居然"揭示"居"两者之间因时代不同而造成的义同形异特征非常明显。"居"表示某事明显可知，到中古，其后附加上副词词尾"然"而成。现代汉字"居"是由古文字中的"凥（jū）"与"居"合并简化而来。"凥"本义"凭几而坐"，《说文·几部》："处也。从尸得几而止。《孝经》曰：'仲尼凥。'凥谓闲居如此。""居"本义"蹲或伸开腿而坐"，《说文·尸部》："居，蹲也。""居"与"踞"为累增字符的古今字，《说文·足部》："踞，蹲也。"段玉裁注："古人有坐、有跪、有蹲、有箕踞。跪与坐皆厀（膝）著于席，而跪耸其体。坐下其臀。若蹲则足底著地，而下其臀、耸其膝曰蹲。若箕踞、则臀著席而伸其脚于前，是曰箕踞。箕踞为大不敬。"该副词用法是由"凥"的"闲居"义引申虚化而来，因古人无事时大都

---

① 罗竹风等：《汉语大词典》（重印本），上海辞书出版社 2008 年版，第 2 卷 73 页。

② "然"作词缀，常附在状态形容词或副词后，增强状态性，词典上常解释作"……貌""……样子"。

闲居在家，故可引申指"平时""平常"，如《论语·先进》："居则曰：'不吾知也。'"因"平时""平常"做的事情在人们的常规意识里大都认为是显然应该做的，故该词位于动词短语前作状语时就有了"明显""显然"义。

十三　表谦敬

谦敬副词是在语法意义上表示自己谦卑和对对方尊敬的一类副词。在句中通常位于动词前，不必翻译。此类副词在《魏书》中共见 11 个，7 个沿用于上古汉语：伏_{表尊敬}、谨_{表尊敬}、敬、窃_{2表自谦}、请、幸_{表尊敬}、奉_{表尊敬}；4 个出现于中古汉语：私窃_{表谦卑}（1）、忝_{表自谦}（3）、猥_{表自谦}（5）、仰_{表尊敬}（15）。

（39）［私窃_{表谦卑}］车驾南伐，毅表谏曰："伏承六军云动，问罪荆扬，吊民淮表，一同欧越。但臣愚见，私窃未安。"（《楼伏连传》/719）

（40）［忝_{表自谦}］戊寅，诏曰："朕以眇暗，忝承鸿绪，因祖宗之基，托王公之上，每鉴寐属虑，思康亿兆。"（《肃宗纪》/235）

（41）［猥_{表自谦}］后高祖临朝堂，谓群臣曰："……自皇王以降，斯道靡易。朕以寡德，猥荷洪基，思与百辟，允厘庶务。"（《广陵王传》/547）

（42）［仰_{表尊敬}］禧对曰："陛下圣过尧舜，光化中原。臣虽仰禀明规，每事乖互，将何以宣布皇经，敷赞帝则。"（《咸阳王传》/536）

例（39）"私窃"作副词，表自谦，表示该动作行为仅是自己个人而不是通过公众或有关部门发出的，可译为"私自"。该用法始见于东汉，如《后汉书·张纯传》："臣累世台辅，而大典未定，私窃惟忧，不忘寝食。"后来一直沿用至晚清。《汉语大词典》所引首见例为宋代例①，明显滞后。该词是由上古就已流行的两个单音自谦副词"私"与"窃"以同义连文

的形式组合而成。"私"的本义为"私人所拥有的禾"，《说文·禾部》："私，禾也。"后引申指"自己""独自"，与"公"相对。"独自做某事"通常只有自己知道，具有［－公开］的语义特征，故又可引申指含有自谦意味的"私下"。也可引申指强调非公开意味的"暗地里""背地里"，如"私订终身""窃窃私语""微服私访""私奔"等。"窃"本义"偷盗"，因"偷盗"也具有［－公开］的语义特征，只能私下去做，可引申指"私下"，如"窃以为过矣""窃闻"等。也可指"暗地里""背地里"，如"窃听""窃喜"等。因一个人的见识总有一定限度，当一个人发表意见，修饰见解言说类动词时，就体现出自己的看法不一定正确的自谦意味。"私窃"有时与"自"连用一起作状语，如（宋）陆游《东楼集序》："私窃自怪，以为异时或至其地以偿素心。"

例（40）"忝"表自谦，多表示由于自己担任某职位而使某职位蒙受了耻辱，表明自己在身份与地位上不够资格担任该职位。该词始见于东汉，后一直沿用至现代汉语中，如"忝为人师""忝列门墙（愧在师门）"等。忝，从心天声，本义为动词，辱没。《说文·心部》："忝，辱也。"因"辱没""玷污"就施事者而言含有［＋伤害对方］［＋愧疚］的语义特征，如果上下文语境有意强调当事人凭自己的能力已经做了某事而故意说凭自己的能力本不能够做到这样或做得不好，就引申出表自谦的副词用法，表示因辱没他人或某职位而有愧。

例（41）"猥"表自谦，就交谈双方而言，既可用于说话人一方又可用于听话人一方。用于说话人一方相当于"承"，表示自己位卑身贱而承受了不该承受的赏赐或重任。用于听话人一方相当于"辱"，如（晋）干宝《搜神记》卷5："家女子并丑陋，而猥垂荣顾。"意为"我们家女孩子都比较丑陋，你们屈身光临，使你们蒙受了侮辱"。表示对方所发出的动作使他自己承受了侮辱。该词始见于汉，后沿用至现代汉语中。"猥"本义"群狗叫声"，《说文·犬部》："猥，犬吠声。"由"群狗乱吠"引申出形容词义，指"众多""繁杂"，"众多""繁杂"用于形容人时，含有［－突出／杰出］的语义特征，故在此义的基础上又进一步引申指"鄙陋""卑贱"，人故意卑贱地去做某事，就隐含有自谦的意味，故引申出自谦副词用法。

例（42）"仰"为表敬副词，多用于下对上，表示恭敬地接受教诲、教导等。该词始见于南北朝，后来一直沿用到晚清。"仰"本义"抬头""仰望"，《说文·人部》："仰，举也。""抬头仰望"是一个具体动作当内化为心理上的仰望时就有敬仰的意味，对人内心敬仰本来就含有［＋敬慕］的语义特征，故可引申出表敬副词用法。

十四　其他

由于情状方式副词的语法意义细微而复杂，所以《魏书》还有一些情状方式副词无法归入任何一类，在此一并列出，这类副词共6个：2个见于上古汉语：自 2 自然、理所当然、粗 2 粗略、大体上；4个见于中古汉语：粗复 粗略、大体上（1）、翻然 突然转变貌（6）、略 2 几乎全、自然 理所当然（5）。

（43）［粗复 粗略、大体上］高祖曰："此堂成来，未与王公行宴乐之礼。后东阁虎堂粗复始就，故今与诸贤欲无高而不升，无小而不入。"（《任城王传》/467）

（44）［翻然 突然转变貌］裴叔业、夏侯道迁，体运知机，翻然鹊起，举地而来，功诚两茂。（《李苗传》/1597）

（45）［略 2 几乎全］初，睿女妻李冲兄子延宾，次女又适赵国李恢子华。女之将行也，先入宫中，其礼略如公主、王女之仪。（《恩幸传·王睿》/1990）

（46）［自然 理所当然］崇辞曰："边人失和，本怨刺史，奉诏代之，自然易帖。但须一宣诏旨而已，不劳发兵自防，使怀惧也。"（《李崇传》/1465）

例（43）"粗复"作副词，常用在动词或形容词前，表示"大略""粗略""大体上"之义，暗含着说话人对某事的评价是一个总体大致的评价。"粗复"是由上古就已流行的"粗①"后附上中古新兴副词词尾"复"而成。其中的"复"词义已消失，为一个典型副词词尾。因在《魏书》中"粗

---

① "粗"的该副词用法，始见于汉，后一直沿用至现代汉语。

复就"与"粗就"表意相同，可见"复"无义，如《魏书·礼志三》："今遵述先旨，营建寝庙，既尔粗就。"该用法仅见于南北朝，使用频率较低。① "粗"本义"粗粮"，《说文·米部》："粗，疏也。从米且声。"后来引申指形容词"粗糙、粗大"，因"粗糙"含有［－精细］的语义特征，不精心细致地对某事物做出评价，就是大体上粗略地评价，进而引申出该副词用法。

例（44）"翻然"作副词，表示人或事物"幡然醒悟""突然转变"的样子。该用法始见于汉，兴盛于魏晋，后来一直沿用至现代汉语中，如"翻然悔悟"。"翻"本义"鸟飞"，《说文·羽部》新附："翻，飞也。"因鸟飞时要扇动翅膀，引申指"上下或左右摆动"，上下或左右对折式地摆动就引申有了"翻转""转变"义，在该义上与"幡"常通用。"幡"本义"长幅下垂的旗"，泛指"旗帜"，因旗帜也会因风吹而翻转，故也可指"翻转"义。两者都后附上表示状态的词尾"然"凸显情态而成为副词，在该副词义的使用上，"幡然"出现的时代更早，使用频率更高，"翻然"的该用法当由"幡然"类化而来。如《荀子·大略》："君子之学如蜕，幡然迁之。"杨倞注："幡与翻同。"

例（45）"略"作副词，表示说话人从总体上对某事进行评价，主观上认为某事与某种情况几乎全部相同。该用法始见于魏晋，后一直沿用至清。"略"本义"经营土地，划分疆界"，《说文·田部》："经略土地也。"因划分疆界要先从整体上考虑，故可引申指名词"概要""大概"，如《孟子·万章下》："其详不可得闻也……然而轲也尝闻其略也。"再如"事略""史略"等。对某事物的大概作出评价，即有了大体上评价的意味，与"繁"或"详"相对，如（东晋）孙盛《晋阳秋》卷一："刘粗是有相人，当不失边州刺史。"既出，私于裕曰："卿大有贵相，向不敢极言耳。"裕恶其言太略，答曰："卿狂言，验当相世俗为司马。"该例意为"相者说，刘裕大体上是个有

---

① 通过对秦汉到清代的文献检索，仅检得 2 例。另一例见于（南朝·梁）僧佑撰于天监年间的《弘明集》中。

贵相之人，应当可以做到边缘州郡的刺史之职"出来后，私下对刘裕说："你有大富大贵的面向，刚才不敢全部说出"刘裕讨厌他的话太简略，回答说："你乱说，应验的话，将用你这个看相的世俗之人做司马。""大体上"涵盖的范围是一个具有伸缩性的弹性空间，也可包含接近整体的全部，因此作状语时可以表示 "大体上都"，再进而引申出副词义，表"大体上几乎全部"。

例（46）"自然"表示在说话人看来，某事理所当然就应该这样，含有对事情结果的预测性肯定。该用法始见于南北朝，后一直沿用至现代汉语中。《汉语大词典》所引该义的首见例为《北史》中的例子①，不妥。"自然"该副词的形成当是由短语凝合而成，"自"作副词有"本来"义，如（汉）王充《论衡·问孔》："人之死生自有长短，不在操行善恶也。""然"作指示代词有"这样"义，合言之即为"本来就该这样"，当两者组合在一起出现在动词性谓语前作状语时，体现当事人的一种情态，即"当事人认为某事本来就该这样做"，久而久之就被重新分析为一个副词，表情态。

表 3—2　　　　　　　　《魏书》情状方式副词总表

次类\时代	上古汉语		中古汉语		总数
	词数	百分比（%）	词数	百分比（%）	
表躬亲	8	80	2	20	10
表肆意、任意	6	54.5	5	45.5	11
表徒然、凭空	4	50	4	50	8
表相互、轮迭	10	62.5	6	37.5	16
表突发、急促	11	55	9	45	20
表徐缓	3	42.9	4	57.1	7
表适值	4	100	0	0	4
表伪诈	2	66.7	1	33.3	3
表阴密	8	80	2	20	11

---

① 罗竹风等：《汉语大词典》（重印本），上海辞书出版社 2008 年版，第 8 卷，1328 页。

续表

时代 次类	上古汉语		中古汉语		总数
	词数	百分比（%）	词数	百分比（%）	
表径直	3	100	0	0	3
表特意、竭力	6	66.7	3	33.3	9
表公然、显然	1	33.3	2	66.7	3
表谦敬	7	63.6	4	36.4	11
其他	2	28.6	4	71.4	6
总数	75	62	46	38	121

由表3—2可知，《魏书》中的情状副词主要表现出了以下三方面的特点：

第一，如果把《魏书》中的情态副词作为一个系统来考察，那么，从共时角度看，其中的情状副词所体现的是一个含有不同时间层次的静态副词体系，从历时角度看，它又体现出既相对稳定又不断发展的动态历程。既有上古已通行情状副词的继续使用，又有上古萌生此期流行的情状副词的发展；既存在此期产生并普遍使用的新兴情状副词，又有此期新生、中古之后兴盛的一些情状副词。此外据调查统计，《魏书》中共出现副词557个，其中情状副词有121个，在所有副词八个次类中仅次于时间副词，排在第二位，约占副词总数的21.7%。由此可以看出汉语缺乏形态变化，说话人在叙述事件时，这也说明双方交谈时的情貌状态是交际双方过程中特别关注的。

第二，《魏书》中沿用于上古汉语的情状副词总数仍多于中古时期新兴、盛行的副词总数，这大概与该书的史书性质有关，因为作为一部史书，一方面要力求保持史书典雅守正的语言风格；另一方面还会不可避免地吸收一些当时当地的口语。这些口语化的语言材料虽然并不是完全新生，大都是由上古汉语词汇进一步引申、虚化、重组而来，但它们却代表了新的发展方向，更应该引起人们的注意。

第三，从整个情状副词系统的发展趋势来看，双音节情状副词的发展已占主导地位。产生并流行于上古汉语中的双音节情状副词仅有8个，而到了中古汉语中双音节情状副词的总数增加到了 34 个，刚好是上古时期的 4 倍还要多，这说明双音化趋势已成为副词发展的主流。这一现象也与整个汉语史词汇系统的双音化趋势相一致。东汉以降，整个汉语史词汇系统的双音化进程普遍加快，到南北朝时期发展更为迅速，副词的突出表现之一就是双音节副词组合的大量涌现。中古新生情状副词的单音词增长速度虽然明显减慢（产生于上古汉语中单音词总数 64 个，而到中古，单音词仅出现 14 个），但从总数上来看，单双音节情状副词相比在数量上仍略占优势（78∶43），主要原因就是上古汉语中一些生命力极强的单音词在上古时期就已成为整个副词系统中的基本词汇，不但在《魏书》中继续使用，而且一直沿用至现代汉语中。

第三节 语气副词

语气副词就是表示各种语气，使语句体现较强烈的主观态度的副词。在现代汉语中说话人的语气可以用不同的句末点号来体现，而在古代汉语中弥补这一缺憾的方式除了用句末语气词体现说话人语气之外还借助一些语气副词来帮助凸显说话人的语气。在句中，语气副词既可以直接位于动词前修饰动词谓语，也可以位于句首，表达说话人对该命题的主观态度。根据所表语气不同，我们把语气副词再分为六个次类。

一 表肯定、强调

这是语气副词中数量最多的一个小类，在语法意义上表示对某一事件、性状或属性的肯定和强调，是对命题实然性的确认，都能修饰动词或动词短语、形容词或形容词短语，大多数能位于句首修饰整个句子，可译为"实在、的确、又（加强反诘）"。《魏书》中的此类副词共有 32 个，沿自上古汉语的有 20 个：即₂（就是）、固₂（的确）、诚₁（的确）、必、务（务必）、信（确实、果真）、乃₆（就是）、良₂（的确）、实（的确）、情（实在）、允（确实）、定（确实、的确）、本₂（根本）、果₁（果真）、审（确实）、故₃（的确、定）、亦₄（又、加强反诘）、又₂（加强反诘）、复₃（又、加强反诘、疑问）、断（的确）；出现于中古汉语的有 12 个：本来（本来）、必当（一定）（2）、必须（一定要）（11）、便₄（就是）（16）、诚复_{的确}（1）、故当_{1一定}（4）、竟_{2究竟}（7）、良在_{实在}（2）、良自_{的确}（1）、判_{一定、绝对}（1）、实自_{的确}（1）、亦复_{又，加强语气}（4）。

（1）［本来_{本来}］高祖曰："国家本来有一事可慨。可慨者何？恒无公言得失。"（《刘昶传》/1311）

（2）［必当_{一定}］帝谓诸将曰："朕量宝不能出战，必当凭城自守，偷延日月，急攻则伤士，久守则费粮，不如先平邺、信都，然后还取中山，于计为便。"（《太祖纪》/28）

（3）［必须_{一定要}］诏曰："……朕疾患淹年，气力惙弊，如有非常，委任城大事。是段^①任城必须从朕。"（《任城王传》/470）

（4）［便_{4就是}］孝伯曰："岂有子弟闻其父兄而反不肯相见，此便禽兽之不若。"（《李孝伯传》/1170）

（5）［诚复_{的确}］芳表曰："夫为国家者，罔不崇儒尊道，学校为先，诚复政有质文，兹范不易，谅由万端资始，众务禀法故也。"（《刘芳传》/2221）

（6）［故当_{1一定}］闻慰曰："此故当文达诳诈耳。年常抄掠，岂有多军也？"（《刘休宾传》/965）

（7）［竟_{2究竟}］问曰："刚因公事掠人，邂逅^②致死，律文不坐。卿处其大辟，竟何所依？"（《恩幸传·侯刚》/2005）

（8）［良在_{实在}］白早生反于豫州，诏益宗曰："……知将军志翦豺狼，以清边境，节义慷慨，良在可嘉，非寒寒之至，何以能尔？"（《田益宗传》/1372）

（9）［良自_{的确}］高祖谓彭城王勰曰："弁人身良自不恶，乃复欲以门户自矜，殊为可怪。"（《宋弁传》/1416）

（10）［判_{一定、绝对}］若鲁卫列国，相为服期^③，判无疑矣。（《张普惠传》/1730）

---

① 是段：这一段时期。

② 邂逅：意外。

③ 服期（jī）：服丧一年。

（11）［实自_{的确}］顷来行台、督将，至京始造^①，或一年二岁方上勋书。奸伪之原，实自由此。于今以后，军还之日便通勋簿，不听隔月。（《卢同传》/1683）

（12）［亦复_{又，加强语气}］高祖既锐意必行，恶澄此对，久之乃解，曰："各言其志，亦复何伤。"（《任城王传》/464）

例（1）"本来"用来对原有事实进行强调，隐含有该事实是说话人经过深思熟虑得出的具有一定道理的判断，因此伴随着说话人较强的主观确认语气，可译为"本来就"。该词始见于魏晋，后一直沿用至现代汉语中。该词的词义本来是由"本"来承担，随着词汇的双音化，就后附上含有时间意味的词缀"来"^②凝合在了一起。"本"本义"树根"，《说文·木部》："本，木下曰本。"因树木生长要靠根部吸收营养，故引申指"事物的根源"，由"根源"义引申指"事物本来固有的"，如"本心""本意"，"本来固有"在时间上指"由来已久"，作状语时，当说话人有意强调该事件、性状出现时间久时，就有了强调肯定语气。

例（2）"必当"表明说话人主观上强调某事的发展必定会如此，表示对动作行为、性状的推断、肯定或强调，带有较强的主观性，可译为"必定""一定"。该用法始见于东汉，后来一直沿用至现代汉语中。"必当"一般的古汉语虚词词典未收录，未收的原因是把该组合当作一个短语来看，即"必"为副词，"当"为助动词，其实两者在上古汉语中单独使用时均具有该语法功能与意义并且两者在句中所处的句法位置也相同，两者的连用最早出现于东汉，说明是受汉语词汇双音化大趋势的影响而以同义连文的形式组合在一起的。"必"在表示该意义时使用频率较高，出现时代较早，如《诗经·邶风·旄丘》："何其（怎么这么）久也？必有以也。""当"虚化为一个表示推断性肯定的语气副词最早见于东汉，如（东汉）王充《论衡·实知篇》："后百年，旁当有万家邑。"也可修饰否定形式，如《晋书·谢安列传》："安年四岁时，谯郡桓彝

---

① 始造：开始编写勋书。
② "来"常放在"以""而"或其他词语的后面表示从某一时间到今，如"汉兴以来""由孔子而来""向来""从来"等，有时仅仅表示一个时间范畴，如"原来""本来"等。

见而叹曰：'此儿风神秀彻，后当不减王东海。'"故两者组合在一起时"必"在前，"当"在后。

例（3）"必须"表示说话人认为无论在事理上还是在情理上一定要这样做，带有强调命令语气的意味。该用法始见于南北朝，后来一直沿用到现代汉语中。在上古汉语中"必"与"须"均可表示该意义，只是从现代语法观念看两者的词性不同，前者为副词，后者为助动词。其实在语法观念淡漠的古代，两者之间并没有什么不同，何乐士等（1985）指出，《旧唐书·回纥传》："我一身挺入汝营，任汝拘縶，我麾下将士须与汝战。"中的"须"，在《资治通鉴·唐纪·代宗永泰元年》引作"必"①。由此可见，在古人看来两者的语义语法功能均相同，两者的词性不同均为语法观念较强的后人重新分析所致。因"须"作助动词时，也经常位于动词前，当说话人以不容置疑的语气强调某事必须如何做时，就进一步虚化为一个表示强调语气的副词，其副词用法大致形成于魏晋时期，如（三国·魏）应璩《与满公琰书》："适有事务，须自经营，不获侍坐，良增邑邑。"其形成机制与"必当"相同。

例（4）"便"表示对某种情况的强调，可译为"就"。该用法始见于南北朝，后沿用至现代汉语（多用于书面语，在口语中被"就"所替代）。"便"的该用法当由"即"类化而来。"便"作形容词有"顺利"义，如"行动不便"，做事情很顺利就用时较短，故可引申虚化出时间副词用法，表示动作行为发生、出现得很快，在汉代初期就出现了该用法，如：《史记·项羽本纪》："少年欲立婴便为王。"该用法与"即"相同，可译为"随即""立即"，无论在词义还是在句法位置上都相似。而"即"汉代初期就可以用在判断句中加强判断语气，只是当时不用判断词，"即"直接用在充当判断句谓语的名词或名词短语前，如《史记·项羽本纪》："梁父即楚将项燕。"后来，随着判断词的盛行，"即"就用在判断词"是"之前。"便"表示强调的语气副词用法也受其类化，加强判断语气。

例（5）"诚复"表示对某种情况的强调性确认。该例意为："治

---

① 何乐士、敖镜浩、王克仲、麦梅翘、王海棻：《古代汉语虚词通释》，北京出版社1985年版，第639页。

理国家者莫不尊教重道。为政的确要有质朴与文德，这一规则千古不变，的确各种政务都要以此为依据"。该用法始见于南北朝，后沿用至唐代。该词是由上古同功能的单音词"诚"后附上中古新兴副词词尾"复"凝合而成。"诚"本义为形容词"真实"义。《说文·言部》："诚，信也。"在现代汉语中还在使用，如"诚心诚意"。"真实"隐含有［－虚假］的语义特征，作状语时就隐含有对事件或性状真实性的确认与强调，故可引申出表强调的语气副词用法，如"心悦诚服""诚惶诚恐"。

例（6）"故当"表示推测性肯定，即说话人根据自己的经验作出肯定性推断，并强调自己的推断确信无疑，带有较强的主观性，可译为"必定"。该词始见并流行于魏晋南北朝，后沿用至晚清。"故"本义"使人做事"，《说文·支部》："故，使为之也。"由本义引申指"人做的事"，如《国语·周语下》："敢问天道乎，抑人故也？"由"已做之事"引申指"旧的过去的事物"，如"吐故纳新"。因"旧的过去的事物"从时间角度来看"本来、原来已经发生"，故可引申指时间名词"本来""原来"，如熟语"故步自封""故态复萌""依然故我""奉行故事"等。该时间名词作状语时可表示两种含义：一是发现和确认当初的情况，可译为"原来"；二是强调说话人认为某事件按道理本来就应该怎么样，可译为"本来"。"本来""原来"在表示时间的同时都带有说话人认为情况确实如此的强调肯定的语气，故可引申出语气副词用法，如《韩非子·难一》："管仲曰：'微君言，臣故将谒之。'"[1]"当"在上古汉语中常作助动词，可译为"应该""应当"，作状语时多表示客观事实应该怎样，含有一定的个人揣测意味，故当说话人有意强调自己的预测是确信无疑时，就引申出对事件情况的肯定性预测语气，可译为"一定"。因此两者以同义连文的形式组合成双音词。

例（7）"竟"用在疑问句中，表示追究，加强追问语气，可译为"究竟"。该用法始见于东汉，后沿用至宋，宋代以后为双音词"究竟"所代换。"竟"本义为"音乐结束"。《说文·音部》："乐曲尽为竟。"

---

① 该例意为"如果不是您说，我本来也打算去拜见告诉您这件事"。

由"音乐终止"引申指"终了""完毕"，如"未竟之业"，在此基础上引申出"边境的终止、结束，即边界"义，这个意义后来写作"境"。因"一件事情临界"即意味着一件事情的"结束"，即"到底"，"到底"作状语即隐含着对一件事探究到底的态度，当用于向对方询问情况的疑问句时即含有加强探底追问的语气副词用法。

例（8）"良在"表示说话人肯定确实存在某种情况，可译为"的确""真的是"。该词仅见于《魏书》中，可能与方言或个人语言习惯有关。"实"本义"富有"，《说文·宀部》："实，富也。"由"富有"必有实物，故可引申指"事实"，如"言过其实"，因"事实"隐含有［＋客观上的确如此］的语义特征，故可引申指"对动作行为或事情的强调、肯定"，如"实劳我心"。"实在"本是一个状中结构的短语"实"为副词，"在"为动词，"在"后常跟处所或时间名词，随着"在"后跟动词或形容词，人们开始对该语法结构进行重新分析。到了中古，本为跨层结构的"实在"就凝合为一个副词，表示强调确认语气，后来这一用法一直沿用到现代汉语中。据查，"实在"凝合为副词最早见于晋代，并且起初仅见于当时的南朝文献，再如《宋书·谢庄传》："下官新岁便三十五，加以疾患如此，当复几时见圣世，就其中煎侬若此，实在可矜。"该例为"实在"作副词的较早用例，就当时的南北朝文献来看，"实在"仅见于南朝文献，而《魏书》中却用"良在"，体现出当时的南北差异。"良"在上古常用作形容词"善良""美好"，《说文·富部》："良，善也。"因旧时按职业将民分为两等"士农工商为良民"与"奴婢娼优隶卒为贱民"，因出身多是与生俱来的，故引申指"本来就有的"，如《孟子·尽心上》："人之所不学而能者，其良能也；所不虑而知者，其良知也。""本来就有"隐含有"本来就的确如此"，故可引申指语气副词表强调确认，与"实"相同，如"用心良苦"，因此"良在"的形成应由"实在"类化而来。

例（9）"良自"指说话人对所叙说事件情况的确认肯定语气，可译为"确实本来"。该用法始见于南北朝，后来一直沿用到唐代，如（唐）元稹《表夏》："逝者良自苦，今人反为欢。"该句诗意为"（屈原）

沉江而逝确实本来令人痛苦，今人却以高兴之事来祭奠"。一些虚词词典未收录该词，主要是把"良自"当作一个词组。在上古汉语中"良"可单独作表强调的语气副词，"自"也可单独作副词，表强调确认语气，即说话人认为某事物按道理本来应该怎样。句子的后半部分通常含有转折的意味，如（金）段克己《水调歌头》词："月自与人无意，人被月明催老，今古共悠悠。"两者的共性特征是，都表示确认强调语气，两者组合在一起时造成语义重复而凸显强调语气，因"良"该用法的使用频率更高、通行范围更广，故表该意时通常可用"良"单独来表示，如（元）杨维桢《送谢太守》："著屐登山良不恶，分符典郡复何如？""分符典郡"，即"加爵封官"。"自"只起衬托作用，故可看作一个副词。

例（10）"判"表示确认语气，即说话人主观上认为所述事件是确定无疑要发生或出现的，可译为"必定"。该例意为"比如鲁卫诸国，国君与诸叔父兄弟之间相互服一年之丧必定无疑"。该用法始见于南北朝，后沿用至宋代。"判"本义"分开""分成两半"，《说文·刀部》："判，分也。"由"分开"引申指"分辨""判决"，由"判决"引申指动词"决定"，如《宋书·张畅传》："义恭去意已判，唯二议未决，更集群僚谋之。"《资治通鉴·宋文帝元嘉二十七年》引此文，胡三省注云："判，亦决也。"由此例可知，"判"与"决"均有动词"决定"义。决定做某事，即隐含着肯定意味，当该词与动作性较强的动词连用时很容易虚化为一个语气副词，因"决"的使用频率较高，故"决"在秦汉时期就出现了表肯定的语气副词用法，如《史记·廉颇蔺相如列传》："相如度秦王虽斋，决负约不偿城。""判"的该用法是受"决"类化而来。

例（11）"实自"表示说话人的断然确认语气，可译为"的确"。"实"在上古就可表确认语气，"实自"的形成是由"实"后附上中古新兴副词词尾"自"凝合而成，其中的"自"已经词缀化，词汇意义已基本消失，由同时期的文献来看，同类句式多以不带"自"为常，如《明史·邹缉传》："凡此数事，皆下失民心，上违天意，怨讟之兴，实由此也。"该用法始见于魏晋，后沿用至唐代。

例（12）"亦复"加强否定或反问语气，可译为"又"。该用法始见于东汉，后来沿用至清代。"亦"在上古作副词，表示相同的动作行为或情况同时存在于不同的主体，不同的动作行为或情况存在于同一个主体，这种存在均表示同时重复存在，重复本来就含有强调意味，当用于反问或否定句中时就凸显其强调相应语气的功能，如《左传·文公七年》："先君何罪，其嗣亦何罪？""复"在上古作副词，常表示同一动作行为的重复发生，可译为"再"，重复本身就含有强调的意味，同理，也可强调反问或否定语气。该词是由在上古表示该语气的单音词"亦"与"复"以同义连文的形式组合而成。

二　表推度、疑问

此类副词在语法意义上表示对某种事态、情况、性状或数量的估计、猜测、质疑，不对该命题作肯定判断，句末有时会有相应的语气词与之搭配。《魏书》中共出现此类副词 26 个，16 个见于上古汉语：盖、其 2 大概、恐怕、如 好像、恐 恐怕、或 2 或许、将 3 大概、若 好像、抑 也许、庶 1 大概、无乃 恐怕、或者 大概、得非 莫非、庶几 大概、得不、得无、不乃 大概；10 个见于中古汉语：大较 大概（2）、殆 大概（2）、或恐 或许（2）、将非 或许（1）、恐或 或许（1）、颇 5 可、表疑问、岂 1 大概、或许、容或 大概、或许、庶或 大概、或许、抑亦 或许（4）。

（13）［大较 大概］臣闻《尧典》有黜陟之文，《周书》有考绩之法，虽其源难得而寻，然条流抑亦可知矣。大较在于官人用才，审于所莅；练迹校名，验于虚实。（《萧宝寅传》/1318）

（14）［殆 大概］其弓长八尺，把中围尺二寸，箭粗殆如今之长笛，观者以为希世绝伦。（《奚康生传》/1631）

（15）［或恐 或许］又一夫幽枉，王道为亏，京师之狱，或恐未尽。可集见囚于都曹，使明折庶狱者①，重加究察。（《高闾传》/1206）

（16）［将非 或许］每叹曰："以贾谊之才，仕汉文之世，不历公卿，将非运也！"（《裴骏传》/1023）

（17）［恐或 或许］尔朱荣之擒葛荣也，送至京师，庄帝欲面

---

①　都曹：尚书属。明折：即明哲，聪明睿智。

见数之。**子熙**以为**荣**既元凶，自知必死，恐或不逊，无宜见之。
（《韩麒麟传》/1337）

（18）［颇 5可、表疑问］比晓，复谓行人曰："台军昨夜已至**高阳**，
我是前锋，今始到此，颇知侯公竟在何处？"（《侯渊传》/1788）

（19）［岂 1大概、或许］行百里者半于九十，岂彪之谓也？（《高
道悦传》/1402）

（20）［容或 大概、或许］年三十以上，习性已久，容或不可卒革；
三十以下，见在朝廷之人，语音不听仍旧。（《咸阳王传》/536）

（21）［庶或 大概、或许］愚谓守宰有阙，宜用豪望，增置吏员，
广延贤哲。则毕族蒙荣，良才获叙，怀德安土，庶或在兹。（《韩
麒麟传》/1332）

（22）［抑亦 或许］臣闻《尧典》有黜陟之文，《周书》有考
绩之法，虽其源难得而寻，然条流抑亦可知矣。（《萧宝寅传》/
1318）

例（13）"大较"表示说话人对所述事件的粗略性估计，可译为"大
概""大致"。该例意为："官员任用人才，主要看他履行职守的情况，
考察他的功绩与名声主要看是否真实。"该词始见于东汉，后沿用至晚清。
"大较"作名词有"大体"义，如《史记·律书》："岂与世儒暗于大较，
不权轻重，猥云德化，不当用兵，大至君辱失守，小乃侵犯削弱，遂执
不移等哉！"[①]也可指"大致的内容""大体的情况"义，如《史记·货
殖列传》："夫山西饶材、竹、谷、纑、旄、玉石；山东多鱼、盐、漆、
丝、声色；江南出柟、梓……此其大较也。"司马贞索隐："大较犹大
略也。""大体"隐含有从总体上对事物进行概括性评价的语义特征，
非精确性评价含有揣测意味，故作状语时，可引申出该副词用法。

例（14）"殆"，表示说话人对动作行为或情况的估计、揣测，
可译为"大概""恐怕"。该用法始见于汉，兴盛于魏晋，后沿用至

---

① 该例意为"怎能与那些不明大体，不权轻重，随便说要以德化世不该用兵，结果重
者君亲受辱城市失守，轻者遭人侵犯国家削弱，最终顽固不化的世儒相提并论呢！"

晚清。罗耀华、李向农（2015）认为："揣测是说话人根据客观存在或主观认定的事实，进行推理，得出或真或假的结论。"①罗文还对"或许"的词汇化历程进行揭示，认为"或许"实现词汇化之前，"或""许"先分别实现语法化，然后通过双音化、副词连用凝固成词。"或许"进一步演变，由副词衍生出连词用法，主观性增加，作用于句子或篇章，起到衔接或连贯作用。不过，文中认为"许"语法化历程受其位于数词或数量短语之后表示约数用法的影响，如"十许""三升许""六七日许"等，即由数量上的估测通过隐喻，用于表达对事件的估测，从而使"许"具有推测义。我们认为"许"表推测的副词用法与用于数词之后都是由其本义"应允、许可"虚化而来。"允许"作为动词可以用于过去时、又可用于现在时或将来时，并且以用于将来时为常，于是就引申出了"预先答应"义，如"许愿"，继续引申就有了"期许"义，即"期望获得"。如《孟子·公孙丑上》："公孙丑问曰：'夫子当路于齐，管仲、晏子之功，可复许乎？'"朱熹注"许，犹期也。"未来事件的发生本来就具有不确定性，故"期许"本身就具有［+揣测］的语义成分。因此可以表示对数量的约略估计，相当于"左右、上下"，因用于数词前易与其动词义项产生歧义，故用于数词后，该用法始见于东汉；也可用于动词前表示对事件的推测。同理，用于动词前时也易于与其动词义产生歧解，如"许有"既可理解为"允许/答应有"，也可理解为"或许有"，该用法出现略晚，始见于南北朝时期的南朝民歌中，开始疑为方言用法，明清以后才扩展到通语中。

"殆"本义为形容词"危险"，《说文·歹部》："殆，危也。"由于人处于危险之中通常是指将要发生不利于自己的事情，故可引申出对未然事件的推测与估计的副词义。（清）段玉裁《说文解字注》："在高而惧也。引申之凡将然之词皆曰殆。"如《孟子·梁惠王上》："殆有甚焉。缘木求鱼，虽不得鱼，无后灾。"后来泛指一般意义上的揣测。

---

① 罗耀华、李向农：《揣测副词"或许"的词汇化与语法化》，《古汉语研究》2015年第3期。

例（15）"或恐"表示说话人对某种情况的肯定性推测、估计，可译为"或许"。该用法始见于魏晋，后沿用至清代。《汉语大词典》所引首见例为唐代例，过于滞后。①"或"与"恐"在上古汉语中均可用作表揣测的语气副词，到了中古，随着汉语词汇双音化进程的加速，就以同义连文的形式凝合在一起。"或"本义"国家"，《说文·戈部》："或，邦也。"后来借作不定代词，表示有的（人、事、物、时），因不定代词隐含有[＋不确定]的语义特征，又经常出现在状语的位置上，故很容易重新分析为一个揣测语气副词，如"或能如愿"。"恐"本义"惊惧""害怕"，《说文·心部》："恐，惧也。"因人们通常"担心""害怕"将有不好的事情发生，故可引申出对未然事件担心性揣测，如"恐有不测""恐难胜任"。

例（16）"将非"用于陈述句中，表示说话人对所述否定事件的肯定判断，信大于疑，可译为"或许"。该例中"将非运也"，意为"或许运气不好吧"。该用法始见于魏晋，后沿用至宋代。高育花（2007）认为：语气词"将"由表将领、将帅义引申出推进义，再引申为表未然的时间副词，接着演变为表示肯定判断语气。②"将"与"非"本不在同一个句法层次上，"将"为语气副词，表示肯定判断，即认为事态属实，"非"为判断性否定副词，合言之"大概不是"。胡静书（2017）认为"将非"表示不肯定推测，是由"将"与否定词以及句末疑问语气词共现而带来的不肯定义，是疑问语气附加给它的不确定义，非词汇本身所具有的意义。③"大概不是"本身隐含有对否定性判断的揣测，再加上 "将非"连用经常出现在疑问句中，疑问本身也是一种否定，依赖疑问语气表示对所问事实的一种不肯定推测（对事态是否属实并不确定），可译为"应该不是……吧？"疑大于信。故疑问句中的"应该不是……吧？"为双重否定，隐含有"应该是……""将非"出现在反问性肯定句中时，因反问本来就表示一种否定，两者结合，强调背后，就

---

① 罗竹凤等：《汉语大词典》（重印本），上海辞书出版社2008年版，第5卷，第214页。

② 高育花：《中古汉语副词研究》，黄山书社2007年版，第170页。

③ 胡静书：《例析句式义误解为词汇义之现象》，《殷都学刊》2017年第1期。

体现出肯定性揣测意味，信大于疑。姜南（2017）认为，"将无"（亦作"将非""将不"）产生于魏晋南北朝时期……其中的"无"虽体现为否定的外形却无否定含义，而跟肯定形式的"将"语义基本相同，表达更加委婉的推测语气，即为肯定式的同义委婉表达。姜文认为"将无"类副词是由"将"的隐性否定的语义溢出，转移到表层结构的有关句法成分上的结果，使句子中有一明一暗两个否定性词语。还认为该词的语用特点为，用于强调说话人不希望看到或出乎意料的事情，并用于拟测可能性低的事。①根据所举例句的上下文语境来看，该词多表示的是说话人可信度较高的揣测，既然"将"隐含有否定的语义特征，也是轻微的否定，双重否定后既增加了预测的可信性。在南北朝文献中与该词同类副词"将无"多出现在南朝文献，而北朝则多用"将非"。南朝文献如《世说新语·德行》："太保（王祥）居在正始中，不在能言之流。及与之言，理中清远，将无以德掩其言。"《宋书·萧惠开传》："汝恩戚家子，当应将迎时俗，缉外内之欢。如汝自业，将无小伤多异，以取天下之疾患邪。"②

例（17）"恐或"用法与例（3）大致相同，表示担心性揣测，预示着可能会发生或出现某种情况。该例中"恐或不逊"的动作"恐"与"不逊"的发出者全是尔朱荣，所以"恐或"是副词。该用法始见于东汉，后沿用至清。始见例如《后汉书·公孙瓒传》："昔为人子，今为人臣，当诣日南（汉郡，今越南中部）。日南多瘴气，恐或不还，便当长辞坟茔。""恐或"连用时，"恐"也可作动词，"或"作揣测语气副词。如《太平广记》卷四五一"刘众爱"出《广异记》："爱连呵之，妇人忙遽入网，乃棒之致毙，而人形不改。爱反疑惧，恐或是人，因和网没沤麻池中。""恐"这一动作的发出者是刘众爱，"是人"的判断对象是"妇人"。

例（18）"颇"表疑问语气，用于动词或动词短语前，动词或动词

---

① 姜南：《"将无"重考》，《中国语文》2017年第6期。
② 该例意为："你是皇亲国戚家的子弟，当迎合世俗，取得内外众人的欢心。如果你自己立业，大概会因对别人有小的伤害而遭到大多数人的反对，因而招致天下人的憎恨反对。"

短语后有否定词"不""无""未""否"或句末有疑问语气词"乎""耶"等与之呼应，构成反复问句，可译为"可"。该用法始见于魏晋，后沿用至20世纪初。"颇"作副词可表对某事不很精确的总括性评价，如《周书·庾信传》："唯王褒颇与信埒，自余文人，莫有逮者。""不很精确"，即"不确定"，当用在疑问句中，受疑问语气的影响，疑问性增强，即可引申出"是否"义。因"颇"与"可"在上古同属一个韵部，读音相近，到元代，该用法疑被"可"代替，如（元）无名氏《昊天塔》第四折："客官，这一间僧房可干净？"

例（19）"岂"表示对动作行为或情况的揣测、估计，用在陈述句中表示肯定性揣测，可译为"大概""或许"；用在疑问句中，疑问性增强，可译为"可"，如《庄子·外物》："我东海之波臣也，君岂有斗升之水而活我哉？"在该例中表示肯定性揣测，即"大概说的是彪吧？"该用法是与"其"因音近通假而来，始见于上古，盛行于中古，后一直沿用至现代汉语中。

例（20）"容或"表示揣测，即说话人对情况的实现与否不很确定，可译为"或许""也许"。该用法始见于东汉，后一直沿用至现代。"容"本义动词"容纳"，《说文·宀部》："容，盛也。"如"无地自容"；进而引申指"包容""宽恕""体谅"，如"大量容人""情理难容"，"包容""体谅"均为主观性较强心理情感类动词，即"说话人主观上从整体上包容、体谅某事物"。该类词出现在其他动词或动词短语前时很容易被重新分析为作状语的副词，故可引申指"人们从整体上进行把握的推测义"。该用法始见于东汉，如《后汉书·杨厚传》："诸王子多在京师，容（或许）有非常，宜亟发遣各还本国。""容或"形成，是由"容"与"或"以同义连文的形式凝合而成。

例（21）"庶或"表肯定性推测[①]，可译为"大概"，表示由于上述情况而出现某种结果的可能性较大。该用法始见于东汉，后沿用至晚

---

① 在上古也可表示不很确定性的推测，可译为"或许"。如《礼记·祭义》："于是谕其志意，以其恍惚以与神明交，庶或飨之。"该例意为"于是（祝官）把孝子的志意告诉鬼神，以他（思念情深）精神恍惚与神灵交游，（鬼神）或许会来享用"。

清。"庶或"也是由"庶"与"或"以同义连文的形式组合而成的一个词。"庶"本义"用火加热事物"，因烧火做饭是奴仆佣人的事务，故可引申指"奴仆""平民"，如"庶民"；因"庶民"与统治者相比数量众多，故可引申指"众多""繁多"，如"富庶"；因"众多"隐含有［＋差不多全部］的语义特征，故可引申指形容词"差不多"，如《论语·先进》："回也其庶乎！"即"颜回差不多（达到道德标准）了吧！"由"差不多"义，进而引申指"接近性揣测"，可译为"大概"；也可表不很确定性推测，可译为"或许"。

例（22）"抑亦"表示不很肯定性推测，可译为"或许""也许"。该用法始见于东汉，后沿用至晚清。"抑"本义"按压"，如《老子》第七十七章："高者抑之，下者举之。"由"按压"引申指"克制"，如（三国·魏）嵇康《养生论》："欲坐望显报者，或抑情忍欲，割弃荣愿。"因克制自己的感情带有明显的主观性，是从整体上把自己的某种想法压下去，故隐含有［＋整体］［＋主观性］的语义特征，克制自己的某种想法是因为预测到某种不能外露的感情将要外现，故也隐含有［＋预测］的语义特征，故用在其他动词或动词前时可凸显出"揣测"义，进而引申指"不很确定性推测的语气副词"，可译为"大概"，如《晋书·姚泓载记》："物极必反，抑斯之谓欤？""抑亦"该用法的形成，"亦"只起衬音作用。

三　表反诘

这类副词用在反问句中，无疑而问，意在否定，可译为"难道""哪里"。该类副词通常用在表示结果的分句之前，所表示的语法意义通常是表示该结果与说话人或听话人要得到的心理预期相反。在句中可以修饰动词或动词短语，偶尔还能修饰小句。语义上表示反问语气，一个句子因为加上了这类副词就成了反问句。该类副词在《魏书》中共有9个，其中7个见于上古汉语：岂$_2$表反诘、宁$_1$难道、讵难道、敢岂敢、乃$_7$岂、其$_3$岂、庸难道；2个见于中古汉语：可岂（16）、岂复怎么（2）。

（23）［可岂］然先皇之茂猷圣达，今王之懿美洞鉴，准之前

代，其听靡悔①也。时哉时哉，可不光昭哉！（《李彪传》/1395）

（24）［岂复怎么］刘彧威不制秣陵，政不出阃外，岂复能浮江越海，赴危救急。（《慕容白曜传》/1118）

例（23）"可"表反问语气，可译为"难道""怎么"，相当于"岂"。该用法始见于东汉，后沿用至清代。白玉林、迟铎（2004）所举首见例为《战国策·韩一》："夫为人臣者，言可必用，尽忠而已矣。"②"言可必用"中的"可"应为"何"之通假。"可"与"何"在《集韵》中都属于"平声歌韵"，故可通假。"可"的反诘语气用法，应由上古常用作反诘语气副词的"何"通假沾染类化而来。"何"本义"担""扛"，《说文·人部》："何，儋（担）也。"后假借为疑问代词，因疑问可分为有疑而问与无疑而问，当作状语表示无疑而问时就具有了反问语气副词功能，如《论语·先进》："子在，回何敢死？"

例（24）"岂复"表反诘语气，其中"复"副词义已消失，已经虚化为词缀。该用法始见于南北朝，后沿用至唐。"岂（kǎi）"本义"凯乐"，《说文·豈部》："豈，还师振旅乐也。"后假借为反问语气副词，音读为"qǐ"，如《论语·子张》："仲尼岂贤于子乎？"

四　表祈使

该小类副词的句法功能是只能修饰动词或动词短语，在语义上表示祈使请求语气。《魏书》中的此类副词不多，仅有 3 个：其$_{4-定}$、庶$_{2希望}$、庶几$_{希望}$，全部沿自上古汉语。

五　表感叹

《魏书》中的此类副词共有 3 个：2 个沿自上古汉语：何其$_{多么}$、一何$_{多么}$；1 个见于中古汉语：何$_{多么}$（8）。

（25）［何$_{多么}$］世祖笑曰："卿身乃短，虑何长也。"即日

---

① 其听靡悔：听，美名善誉；"悔"，通"晦"。"靡明靡晦"出自《诗经·大雅·荡》，即"没日没夜，永远继续"。

② 白玉林、迟铎：《古汉语虚词词典》，中华书局 2004 年版，第 193 页。

复除散骑常侍。（《陆俟传》/902）

"何"表感叹，强调性状或情况的程度深，带有强烈的感情色彩，可译为"多么"。"乃短"，即"如此短"与"何长"构成转折。该用法始见于汉，后沿用至明代。该用法当由其反问语气副词用法引申演化而来，因反问语气本身是对所问内容的强调性无疑而问，只不过通过反问形式来表现说话人对某事看法的强调。随着强调的泛化，也可用于陈述句，这也与"何其""一何"表感叹用法的来源有关。

六 表意外

此类副词在语法意义上表示动作行为或状况的发生是违背常规，出乎说话人意料的，即该动作行为的发生或者违背听话人或说话人的预期或者违背当时特定社会背景下人们所共有的心理预期，可译为"竟然、居然"。在句中通常位于谓语动词前。在《魏书》中共发现此类副词9个，大都沿自上古汉语，共7个：乃 $_{8竟然}$、曾 $_{2竟}$、仍（乃）、竟 $_{3竟然}$、一 $_{3竟然}$、遂 $_{5竟然}$、固 $_{3竟然}$；仅2个见于中古汉语：乃复 $_{竟然}$（3）、邂逅 $_{万一}$（1）。

（26）［乃复 $_{竟然}$］使其太尉侯伏侯元进领兵五千，据险立栅，且耕且守。在其左右，千人已下为一栅者，乃复数处。（《尔朱天光传》/1674）

（27）［邂逅 $_{万一}$］初，高祖闲宴，从容言于禧等："我后子孙，邂逅不逮，汝等观望辅取之理，无令他人有也。"（《咸阳王传》/539）

例（26）"乃复"表示较强的出乎意料的语气，可译作"竟然""居然"。该用法始见于东汉，后沿用至唐代。"乃复"是由上古就已流行的单音词"乃"后附词尾"复"凝合而成。"乃复"连用，不是"乃又"之义，已经凝合为一个双音词，词义同"乃"，表"居然""竟然"。"乃"的该副词用法当由其转折关联副词用法引申而来，转折通常表示某种情况的结果与他应当产生的结果相反，如《史记·魏公子传》："且矫魏王令，夺晋鄙兵以救赵，于赵则有功矣，于魏则未为忠臣也。公子乃自骄而功之，窃为公子不取也。""相反性转折"本来就又有出乎意料之外的意味儿。当该词不出现在转折关系复句的结果分句中时，其转折性就减弱，情态性就增强，故可引申出该用法，如（东晋）陶渊明《桃花源记》："问今是何世，乃不知有汉，无论魏晋。"

例（27）"邂逅"表某情况的发生是出人意料的，可译为"万一"。多用在复句的前一分句里，用假设的口气指出某种概率较低、不希望有的情况偶然出现，后面的分句表示结果。该用法始见于东汉，后沿用至清代。"邂逅"作动词有"不期而遇"义，当用于其他动词前时，从"意外相遇"这一义素，即引申出表动作行为的不可预料性的"万一"义。

表 3—3　　　　　　　　　《魏书》语气副词总表

次类 \ 时代	上古汉语		中古汉语		总数
	词数	百分比（%）	词数	百分比（%）	
表肯定、强调	20	62.5	12	37.5	32
表推度、疑问	16	61.5	10	38.5	26
表反诘	7	77.8	2	22.2	9
表祈使	3	100	0	0	3
表感叹	2	66.7	1	33.3	3
表意外	7	77.8	2	22.2	9
总数	55	67.1	27	32.9	82

由表3—3可知，《魏书》中的语气副词主要表现出了以下四方面的特点：

第一，如果把《魏书》中的语气副词作为一个系统来考察，那么，从共时角度看，其中的语气副词所体现的是一个含有不同时间层次的静态副词体系，从历时角度看，它又体现出既相对稳定又不断发展的动态历程。既有上古已通行语气副词的继续使用，又有上古萌生此期流行的语气副词的发展；既存在此期产生并普遍使用的新兴语气副词，又有此期新生、中古之后兴盛的一些语气副词。此外据调查统计，《魏书》中共出现副词557个，其中语气副词有82个，在所有副词八个次类中在总数上比范围副词仅少1个，约占副词总数的14.7%。由此可以看出汉语缺乏形态变化，说话人在叙述事件时，这也说明双方交谈时的语气是交际双方过程中较为关注的。

第二，《魏书》中沿用于上古汉语的语气副词总数仍多于中古时期新兴、盛行的副词总数，这大概与该书的史书性质有关，因为作为一部史书，一方面要力求保持史书典雅守正的语言风格；另一方面还会不可避免地吸收一些当时当地的口语。这些口语化的语言材料虽然并不是完全新生，大都是由上古汉语词汇进一步引申、虚化、重组而来，但它们却代表了新的发展方向，更应该引起人们的注意。

第三，从整个语气副词系统的发展趋势来看，双音节语气副词的发展已占主导地位。产生并流行于上古汉语中的双音节语气副词仅有10个，而到了中古汉语中双音节语气程度的总数增加到了20个，刚好是上古时期的2倍，这说明双音化趋势已成为副词发展的主流。这一现象也与整个汉语史词汇系统的双音化趋势相一致，东汉以降，整个汉语史词汇系统的双音化进程普遍加快，到南北朝时期发展更为迅速，副词的突出表现之一就是双音节副词组合的大量涌现。中古新生语气副词的单音词增长速度虽然明显减慢（产生于上古汉语中单音词总数45个，而到中古，单音词仅出现7个），但从总数上来看，单双音节语气副词相比在数量上仍略占优势（52∶27），主要原因就是上古汉语中一些生命力极强的单音词在上古时期就已成为整个副词系统中的基本词汇，不但在《魏书》中继续使用，而且一直沿用至现代汉语中。

第四，在上古、中古时期，兼类副词较多。有的兼有四类（范围、程度、时间、语气）副词用法，如"亦"等；有的兼有三类（时间、语气、范围）副词用法，如"一"等；有的兼有同类副词内部的几种不同用法，如"遂"兼有时间副词中表"已经""随即""一直""最终"四种用法，"横"兼有情状副词内部表"肆意""徒然""忽然"三种用法等。此外，兼有时间、情状副词用法的兼类副词7个：均为上古产生并流行6个："适""故""更""骤""暂""正"；时间副词用法在上古产生并流行，到中古衍生出情状副词用法1个："辄"。兼有时间、语气副词用法的兼类副词15个：均为上古产生并流行14个："将"

"即""乃""本""故""亦""又""复""其""或""曾""竟""一""遂";时间副词用法在上古产生并流行,到中古衍生出情状副词用法1个:"便"。兼有范围、情状副词用法的兼类副词10个:均为上古产生并流行5个:"徒""交""相与""只""专";均为中古产生并流行2个:"苦""特";情状副词用法在上古产生并流行,到中古衍生出范围副词用法2个:"正""空";范围副词用法在上古产生并流行到中古衍生出情状副词用法1个:"相率"。兼有范围、语气用法的兼类副词3个:均为上古产生并流行"乃""亦""一"。

章结:在上古、中古时期,副词兼类现象非常普遍,其中范围、程度、时间副词之间的兼类最多。《魏书》中兼有范围、程度、时间副词用法的兼类副词1个,如"颇"。兼有范围、程度副词用法的兼类副词共出现8个:有的程度副词用法在上古产生并流行,到中古衍生出范围副词用法,如"偏""殊""良""颇";有的范围副词用法在上古产生并流行,到中古衍生出程度副词用法,如"亦";有的均为上古产生并流行,如"特";有的均为中古产生并流行,如"差""苦"。兼有时间、程度副词用法的兼类副词9个:有的程度副词用法在上古产生并流行,到中古衍生出时间副词用法,如"颇""亦";有的时间副词用法在上古产生并流行,到中古衍生出程度副词用法,如"向";有的均为上古产生并流行,如"小""且""将""更""复";有的均为中古产生并流行,如"垂"。兼有语气、程度副词用法的兼类副词4个:均为上古产生并流行3个:"将""良""复";语气副词用法在上古产生并流行,到中古衍生出程度副词用法1个:"亦"。兼有情状、程度副词用法的兼类词5个:均为上古产生并流行3个:"更""微""极";均为上古产生并流行1

个："苦"；程度副词用法在上古产生并流行，到中古衍生出情状副词用法1个："特"。兼有语气、情状副词用法的兼类副词2个：均为上古产生"故""固"。本章主要从共时和历时两方面对《魏书》程度、情状、语气副词进行了详细的分类描写，在初步分类的基础上，又将三类副词再分为二十五个次类。在描写时，不但对各小类副词作了具体的分类说明，还对每个副词的小类归属、兼类情况，进行了认真的考察、辨别，尤其是对每个中古新兴副词的历时流变，出现、消亡时代作了细致的考察、辨析与认定。

第四章 历时视域下《魏书》副词分类探析（下）

第一节 否定副词

否定副词是从逻辑角度划分出来的一个特殊的副词次类，与其他类副词相比均存在较大差异。其句法功能是都能修饰动词或动词短语，都不能修饰小句，只有少数表单纯否定的副词可以修饰形容词或形容词短语；它的基本语义特征是表示否定，即对动作行为或性状进行否定或禁止。语义指向单一，只指向谓语。当然，否定副词内部的语义、功能特征也是非常复杂的，并不是单纯地表示否定，根据其内部语义、功能的不同，我们将否定副词再分为五个小类：

一 单纯性否定

此类副词在语法意义上只单纯地表示强调性否定，一般不包含其他语义成分。《魏书》中的这一小类副词在否定副词中占最大多数，并大都沿自上古汉语，共6个：不、无₁不、莫₁不、靡不、弗、罔不；只有2个出现于中古汉语：不复（2）、无复没有（6）。

（1）［不复］而酷害过差[①]，军中有壮健与己齐者，因猎戏谑，

---

① 过差：过于异常。

154

辄杀之。至于降城陷垒，不复断别善恶，坑斩士女，鲜有遗类。（《羯胡石勒传》/2050）

　　（2）［无复没有］四年辉卒，家遂衰顿，无复可纪。（《刘昶传》/1312）

　　例（1）"不复"表单纯否定，无"不再"义，相当于"不"。该用法是由"不"与中古新兴副词词尾"复"凝合而成。"不"本音"fū"，本义"花托花萼的底部"，该义后来写作"柎"，《甲骨文字典》："象花萼之柎形，乃柎之本字。"① 如《诗经·小雅·棠棣》："棠棣之华，鄂不韡韡（wěi）。"郑玄笺："承华（花）者曰'鄂'，'不'当作柎。柎，萼足也。古音'不''柎'同。"假借作否定副词。

　　例（2）"无复"与"无"同，"无复可纪"与"无可纪"同，如《旧唐书·刘详道传》："魏、晋以来，事无可纪。""复"作副词词尾，始见于魏晋，后沿用至唐。"無"是"舞"字的初文，会意字，假借为有无之"無"，后又简化为"无"。否定动词"无"出现在其他动词前就很容易被重新分析为否定副词。在当时的汉译佛典中还出现了"无复"作否定动词的用例，如（北魏）慧觉等译《贤愚经·长者无耳目舌品》："其母不久，月满生儿。其身混沌，无复耳目，有口无舌，又无手足，然有男根。"

二　判断性否定

该类副词在《魏书》共 3 个：2 个见于上古汉语：非、匪（非）；1 个见于中古汉语：非复（3）。

　　（3）［非复］景仁曰："此真不善也，非复虚事。"（《崔浩传》/826）

该例中的"非复"即"非"，是由"非"后附中古新兴词缀"复"凝合而成，其中的"复"无义。"非＋虚＋名词"表否定判断为古代通行用法，如（西晋）张华《博物志》："《汉书》云：'淮南自刑，应

---

① 徐中舒：《甲骨文字典》，四川辞书出版社 1990 年版，第 1268 页。

不然乎？得道轻举，非虚事也。'""非"甲骨文像飞动的鸟张开的翅膀形，表"违背"，《说文·非部》："非，违也。"如《论语·颜渊》："非礼勿视，非礼勿听，非礼勿言，非礼勿动。"因违背社会通行规则即为犯错误，故引申指"不对的""错误"，如"为非作歹""痛改前非""似是而非"等；因犯错易遭人反对，故引申指"反对""责怪"，如"无可厚非""口是心非"等；因"反对"意味着否定，故可引申出否定副词用法。

三　对已然的否定

此类副词在语义上表示对过去、已然事件的否定，其功能特征与表过去、已然的时间副词基本相同；一般只能修饰动词或动词短语，若修饰形容词或形容词短语，该形容词则表示一种动态变化。《魏书》中的此类副词大都沿自上古汉语，共4个：未、未尝、未常（未尝）、不尝；仅1个见于中古汉语：未曾（22）。

（4）［未曾］每以财者军国之本，无所轻费，至赏赐，皆是死事勋绩之家，亲戚爱宠，未曾横有所及。（《世祖纪》/107）

"未曾"表示没有过某种动作行为或情况，是对过去事情的否定。该用法始见于上古，魏晋以后盛行，后一直沿用至现代汉语中。"曾"在上古作副词，可表示以前有过某种事实，故"未曾"组合在一起，可表对过去事实的否定。"未"作否定副词本来就可以否定过去，如《左传·隐公元年》："小人有母，皆尝小人之食矣，未尝君之羹。"因此"未曾"组合在一起后，"曾"仅起凑足音节的作用，故把"未曾"看作一个词来看待。

四　禁止性否定

这一类副词在语法意义上表示一种否定的祈使、请求，一般只修饰动词或动词短语。《魏书》中的这类副词全部见于上古汉语，共3个：勿不要、无2不要、莫2不要。

五 委婉性否定

此类副词是指说话者是用一种委婉的语气对某一动作行为或性状进行否定，可译为"不一定"。《魏书》中此类副词共 2 个：未必_{不一定}、不必_{不需要}，全部沿于上古汉语。

表 4—1 《魏书》否定副词总表

次类 \ 时代	上古汉语		中古汉语		总数
	词数	百分比（%）	词数	百分比（%）	
表单纯性否定	6	75	2	25	8
表判断性否定	2	66.7	1	33.3	3
表对已然的否定	4	80	1	20	5
表禁止性否定	3	100	0	0	3
表委婉性否定	2	100	0	0	2
总数	17	81	4	19	21

由表4—1可知，《魏书》中的否定副词主要表现出以下三方面的特点：

第一，如果把《魏书》中的否定副词作为一个系统来考察，那么，从共时角度看，其中的否定副词所体现的是一个含有不同时间层次的静态副词体系，从历时角度看，它又体现出既相对稳定又不断发展的动态历程。既有上古已通行否定副词的继续使用，又有上古萌生此期流行的否定副词的发展；既存在此期产生并普遍使用的新兴否定副词，又有此期新生、中古之后兴盛的一些否定副词。此外据调查统计，《魏书》中共出现副词 557 个，其中否定副词有 21 个，在所有副词八个次类中除指代性副词外数量最少，约占副词总数的 3.8%。由此可以看出说话人在叙述事件时，否定仅从逻辑上与肯定相对，在语言中不需要太多。

第二，《魏书》中沿用于上古汉语的否定副词总数仍多于中古时期新兴、盛行的副词总数，这大概与该书的史书性质有关，因为作为一部史书，一方面要力求保持史书典雅守正的语言风格；另一方面还会不可避免地吸收一些当时当地的口语。这些口语化的语言材料虽然并不是完全新生，大都是由上古汉语词汇进一步引申、虚化、重组而来，但它们却代表了新的发展方向，更应该引起人们的注意。

第三，从整个否定副词系统的发展趋势来看，双音节否定副词的发展已占主导地位。产生并流行于上古汉语中的双音节否定副词仅有 5 个，占副词总数的 29.4%，而到中古，新生副词全是双音词，这说明双音化趋势已成为副词发展的主流。这一现象也与整个汉语史词汇系统的双音化趋势相一致，东汉以降，整个汉语史词汇系统的双音化进程普遍加快，到南北朝时期发展更为迅速，副词的突出表现之一就是双音节副词组合的大量涌现。中古新生否定副词的单音词增长速度虽然明显减慢（产生于上古汉语中单音词总数 12 个，而到中古，单音词未出现），但从总数上来看，单双音节否定副词相比在数量上仍略占优势（11:9），主要原因就是上古汉语中一些生命力极强的单音词在上古时期就已成为整个副词系统中的基本词汇，不但在《魏书》中继续使用，而且一直沿用至现代汉语中。

第二节　关联副词

关联副词是指连接小句，配合上下文意表示顺承、转折等各种关系的副词。由于关联副词和连词都在句中起连接上下文的作用，所以两者之间最容易混淆。那么，我们对关联副词的判定标准是：一是关联副词在句法位置上通常只位于主语之后，有些在副词后有停顿的情况下也可以位于主语前。二是关联副词除了起连接作用外，更侧重于修饰其后的谓词性成分，并常常伴随有其他的附加意义。所以，关联副词去掉后影响句意的完整性，而连词去掉后基本上不影响句意的完整表达。根据关联副词所关联的前后项之间的逻辑关系，可把关联副词再分为四个次类。

一　表转折
此类副词在语法意义上表示动作行为或结果与事实、常理或预期的情况、愿望相反，可译为"却、反倒"。《魏书》中的此类副词沿用于上古汉语的仅4个：乃$_{9却}$、更$_{4却}$、亦$_{6却}$、反$_{反而、却}$；而出现于中古汉语的却异常活跃，多达9个：便$_{4却}$（14）、更乃$_{却}$（1）、翻$_{反而}$（6）、反而（1）、方$_{6却}$（4）、方更$_{反而}$（2）、方乃$_{却}$（2）、乃复$_{竟然却}$（1）、乃更$_{却}$（1）。

（1）［便$_{4却}$］前岁表许十月送昙无谶，及臣往迎，便乖本意。（《李顺传》/832）

（2）［更乃$_{却}$］且邺洛相望，陆路平直，时乘沃若①，往来匪难，更乃舍周道之安，即涉川之殆，此乃愚智等虑，朝野俱惑，进退伏思，不见其可。（《高道悦传》/1400）

（3）［翻$_{反而}$］亡弟卫尉，兄弟戮力，尽心内外。大勋不报，翻罹荼酷，百口幽执，祸害相寻。（《萧宝寅传》/1316）

（4）［反而］至尉升湖，绚曰："吾为人吏，反而见擒，有何面目得视公也。"投水而死。（《裴叔业传》/1569）

（5）［方$_{6却}$］蒙国殊泽，预班爵序，正宜治家假内②，教诫闺庭。方恣其淫奸，换妻易妾。（《阉官传·抱嶷》/2023）

（6）［方更$_{反而}$］谨案：侍中、领御史中尉甄琛，身居直法，纠摘是司，风邪响默，犹宜劾纠；况赵修奢暴，声著内外，侵公害私，朝野切齿。而琛尝不陈奏，方更往来，绸缪结纳，以为朋党，中外影响，致其谈誉。（《甄琛传》/1513）

（7）［方乃$_{却}$］腾合斫棺斩骸，沉其五族。上谢天人幽隔之愤，下报忠臣冤酷之痛。方乃崇亚三事③，委以枢端，所谓虎也更傅其翼。（《韩麒麟传》/1336）

（8）［乃复$_{竟然却}$］侍臣出后，高祖谓彭城王勰曰："弁人身良自不恶，乃复欲以门户自矜，殊为可怪。"（《宋弁传》/1416）

---

① 时乘沃若：当时驾车之马温和驯顺。

② 假内：公事之外的休假时间内。

③ 崇亚三事：尊崇与三公相当。

（9）［乃更_却］然贪褊矜慢，初在中书，好詈辱诸博士。博士、学生百有余人，有所干求者，无不受其财货。及老为二州，乃更廉俭自谨，有良牧之誉。（《高闾传》/1210）

例（1）"便"用在转折复句的后一分句，确认某种事实表示转折，可译为"却"。该用法始见于汉，盛行于魏晋，后沿用至元代。在上古汉语中"便"作时间副词，表示动作行为出现得很快，可译为"立即"；"立即"隐含有［+时间极短］的语义特征，当"便"用于两动作之间，强调间隔时间短时，如果先后两件事情在语义上是相承的，"便"就有了顺承关联副词用法；后一动作与前一分句所述事件、情况或意愿相反，"便"就可表示转折。由此可见，"便"表转折还是顺承，完全是由上下文意决定的。在上古汉语中"则"作连词，既可表顺承，又可表转折，与此相似。

例（2）"更乃"表转折，用在后一分句的开头或谓语之前，可译为"却"。"更乃"的形成是由上古就已流行的两个单音转折副词"更"与"乃"组合而成。该用法使用频率不高，通过对秦汉至20世纪二三十年代时期的文献检索，仅检得2例，另一例出现在《隋书》中。"更"本义"改变"，《说文·支部》："更，改也。"当用于两个分句之间时，如果后一分句是朝着与前一分句所述事件相反的方向改变时，就有了"转折"的意味，故可引申出转折副词用法。更，作转折副词用法应读为"gēng"；《汉语大词典》注音为"gèng"^①，不妥。"乃"的转折用法是由其顺承（表两事相承）的用法演变而来，如《左传·庄公十年》："刿曰：'肉食者鄙，未能远谋。'乃入见。""乃入见"，即"说完就入见鲁庄公"。顺承与转折都是就前后两个动作行为之间的语义关系而言的，故表顺承关系的关联副词大都也可表转折。

例（3）"翻"表转折，常在复句的后一分句里使用表示实际出现的情况与常理相反，转折语气较轻时可译为"却"，较重时可译作"反而"。该用法始见于南北朝，后一直沿用至清末。"翻"本义"鸟飞"，

---

① 罗竹凤等：《汉语大词典》（重印本），上海辞书出版社2008年版，第1卷526页。

《玉篇·羽部》："翻，飞也。"由鸟飞扇动翅膀引申指上下或左右摆动，如"风掣红旗冻不翻"，进而可引申指"翻卷""翻转""颠倒""改变"等义，因"翻转""颠倒"均含有［＋与原来相反］的语义特征，故"改变"包含向着与原来方向相反的方向改变，如"翻然悔悟"，当该义的"翻"位于两分句之间时，就表示后一分句所述情况是逆着前一分句所述事件的发展方向改变的，故可引申虚化出转折副词的用法。

例（4）"反而"表转折，常用在复句的后一分句，表示实际出现的情况与前文意思相反或意料之外。该用法始见于东汉，如（东汉）王充《论衡·解除》："鬼神如有知，必恚与战，不肯径去，若怀恨反而为祸。"该例意为"鬼神如果有知，一定会发怒而与祭主搏斗，不肯就这样离开，如果心里怀恨，反而因此造成灾祸"。该用法后来一直沿用到现代汉语中。《汉语大词典》该词条所引首见例为现代例①，显然不合理。"反"本义为"将手背翻来覆去"，《说文·又部》："反，覆也。"进而引申出动词义"翻转""返回""与……相反""相反"等义。"与……相反"义，如"君子成人之美，不成人之恶，小人反是"；"相反"义，如《韩非子·六反》："害者，利之反也……乱者，治之反也。""相反"很容易引申虚化出转折副词用法，当"反"位于两个分句之间时，就可引申虚化为转折副词，当与"而"连用时，"而"为连词表转接，连接先后两个动作，两者虽不在同一个句法结构层次上，但均表示与前一分句在语意上相反，"反而"因都具有这一共性特征——转折，就被迫聚合在一起，重新分析为副词。

例（5）"方"表示转折，用在复句的后一分句，说明事实与前一分句所述常理相反，可译为"却"或"反而"。该用法始见于南北朝，后沿用至宋代。"方"的该用法，当是由副词"乃"的转折用法类化而来。在上古汉语中"方"与"乃"单独作副词时用法相同的义项较多，如均可表限定，可译为"只""仅仅"；可表动作行为发生出现不久，可译为"刚"；可用于条件复句的后一分句，表示某情况的出现是具备了前

---

① 罗竹风等：《汉语大词典》（重印本），上海辞书出版社 2008 年版，第 2 卷 858 页。

一分句所述条件才发生的，可译为"才"。如果具备了某条件，出现了相反的结果，就含有了转折功能，所以"乃"与"方"均衍生出了转折副词用法。"乃"表转折，在上古，已盛行，如《诗经·郑风·山有扶苏》："不见子都，乃见狂且①！""方"应受其类化而成。

例（6）"方更"，常用在复句的后一分句，表示实际出现的情况出乎意料地违背常理，可译为"反而"。与前一分句之间的语义关系为反向递进，其语义关系为"不但不……反而……"该用法始见于东汉，后沿用至隋。始见例如《后汉书·度尚传》："尚见胡兰余党南走苍梧，惧为已负，乃为上言苍梧贼入荆州界，于是征交阯刺史张磐下廷尉。辞状未正，会赦见原。磐不肯出狱，方更牢持械节。"该例意为："长沙贼胡兰余党南逃苍梧，度尚担心这些余党将成为自己的负担，就向皇上禀告诬告张磐放贼入荆州。后张磐遇赦免罪，张磐知自己被冤枉，反而不肯出狱，牢牢抓住枷锁连接处"。"方更"是由转折副词"方"与"更"以同义连文的形式组合而成。

例（7）"方乃"表示事实与常理相反，可译为"反而""却"。该用法始见于南北朝，后沿用至隋唐，使用频率不高，现行的古汉语虚词词典均未列该义项。如《旧唐书·李密传》："当今主昏于上，人怨于下，锐兵尽于辽东，和亲绝于突厥，方乃巡游扬、越，委弃京都，此亦刘、项奋起之会。"该例意为："如今上面皇帝昏庸，下面百姓怨愤，精锐兵力都在辽东丧失了，突厥也断绝了和亲关系，炀帝却在巡游扬、越一带，丢弃了东都，现在也是刘邦、项羽之辈奋起的机会。""方乃"也是由"方"与"乃"以同义连文的形式组合而成。"乃"作转折副词流行于上古，到南北朝时期"方"受其类化也衍生出该用法。东汉以降，汉语词汇双音化进程开始加速，"乃"与"方"受汉语词汇双音化大趋势的影响就组合在一起。在组合次序上"方"在前，"乃"在后，是受汉语声调因素的影响，"方"平声，"乃"上声，因当时平上去入为基本调序，故单音词在复音化过程中，尤其是以同义连文组合而成的复音

---

① 且，读 jū。用在感叹句末，助感叹语气，可译为"啊"。

词多受该调序的影响。

例（8）"乃复"表示事实与常理相反，出乎意料，可译为"却"。该用法始见于晋代，流行于南北朝。该词是由单音词"乃"后附上中古新兴副词词缀"复"凝合而成。其中"复"的词汇意义已基本消失，因在同时期的文献中也可仅用"乃"来表示该用法，如（南梁）萧绎《金楼子·说藩篇八》："纪太后怒曰：'王有后，后宫备具。且甲，齐贫人，及为宦者入事汉，初无补益，乃欲乱吾王家。且主父偃何为者，乃欲以女充后宫。'"该例中纪太后训斥宦者徐甲搬弄是非，嫌弃主父偃出身低微，其女不配充后宫。其"乃欲""乃欲以"与例（8）中"乃复欲以"用法完全相同，均表出乎意料性的转折，可译为"竟然却"。

例（9）"乃更"表示实际出现的情况与常理或与施动主体所要达到的预期相反，可译为"却"。该用法始见于晋，后沿用至唐，如《旧唐书·韩愈传》："事佛求福，乃更得祸。由此观之，佛不足信，亦可知矣。""乃更"也是由"乃"与"更"以同义连文的形式组合而成，其形成的动因与机制与例（2）"更乃"相同。"乃更""更乃"中的"更"与"乃"均为多义副词，"更"还有动词用法，组合在一起易引起歧义，故两词的使用频率都不高，唐代以后基本不见。

二　表选择

这类副词在《魏书》中仅有 2 个：1 个见于上古汉语：宁$_{2宁愿}$；1 个见于中古汉语：乃可$_{宁可}$（2）。

（10）［乃可$_{宁可}$］《春秋传》曰："一日择人。"如此，则乃可无泛^①，不可无考。（《张普惠传》/1745）

例（10）"乃可"表示选择，说话人通常提出两种选择的可能，通过权衡比较，说话人强调应选"乃可"引出的内容，可译为"宁可"。该用法始见于南北朝，后沿用至唐代。"乃"与"宁"音近，"乃可"即"宁可"之转声。在南北朝时，"宁可"表选择也已出现

---

① 无泛：没有定期考核制度之外的普授官职。

用例，如《北齐书·元景安传》："大丈夫宁可玉碎，不能瓦全。"《汉语大词典》该义项所引首见例为唐代例，明显滞后。[①]"宁（寧níng）"本义"安宁""安定"，如"鸡犬不宁""心绪不宁"；引申指希望对方安宁、安定，即"问安""慰问"；进而引申特指"回娘家问安"，如"归宁父母"；后又引申出副词用法专指"宁愿"，在该引申义上读音变为"nìng"，《说文·丂（kǎo）部》："宁，愿词也。""宁愿"本身就表示主观上对利弊得失权衡后所作出的选择，如"宁缺毋滥""宁为玉碎，不为瓦全""宁死不屈"等。"可"作动词有"允许"义，如"不置可否"，因"允许"即"愿意"，与"宁"的"宁愿"义在语义上存在语义重叠，两者组合成"宁可"，"可"仅体现出一定的附加的感情色彩义，帮助凸显强化"宁"主观意愿性，故可凝合成一个词。"乃"在上古作副词，表强调，可译为"就"，"乃可"即"就是允许"，当用在复句的前一分句，与后一分句的"不可"组成"乃可……不可……"句式时，就凸显出"选择一方，舍弃一方"义，再加上"乃""宁"音近，受"宁可"的类化，就组合在一起表示选择。

三　表顺承

在所有的关联副词中，表顺承的关联副词与承接连词之间最易相混，同一个词往往在不同的古汉语虚词词典里归入不同的词类。我们认为：所谓顺承，就是指一个动作行为或事件结束后，紧接着另一个动作行为或事件开始发生，承接连词只表示前后项之间的关系，而表顺承的关联副词不仅表示两者之间的关系而且更侧重于强调后一动作行为或事件发生的紧迫性。经过调查统计，我们发现《魏书》中共有此类副词 10 个：5 个见于上古汉语：遂 $_{6 就}$、乃 $_{10 就}$、仍（乃）、即 $_{2 于是、就}$、辄 $_{5 于是、就}$；5 个见于中古汉语：便 $_{5 于是、就}$（16）、便复（1）、乃因（1）、遂尔（4）、遂乃 $_{于是、就}$（6）。

（11）［便 $_{5 于是、就}$］顺又厉声曰："殿下必如是，顺当依事

---

①　罗竹风等：《汉语大词典》（重印本），上海辞书出版社 2008 年版，第 3 卷 1600 页。

奏闻！"雍遂笑而言曰："岂可以朱晖小人，便相怨恨！"遂起，呼顺入室，与之极饮。（《任城王传》/485）

（12）［便复］卢昶正是宽柔君子，无多文才，或主客命卿作诗，可率卿所知，莫以昶不作，便复罢也。（《卢玄传》/1055）

（13）［乃因］皓既官达，自云本出雁门，雁门人谄附者乃因荐皓于司徒，请为肆州大中正。（《恩幸传·茹皓》/2001）

（14）［遂尔］及辇驾之返，膳御未和，续以大讳奄臻，四海崩慕，遂尔推迁，不及闻彻。（《张彝传》/1431）

（15）［遂乃 于是、就］相王有疾，情无悚惧，幸灾擅命，扬州篡授，遂乃父子同录，比肩连案。（《桓玄传》/2120）

例（11）"便"用在后一分句，表示后一动作行为紧接着前一动作行为发生、出现，可译为"就"。高阳王元雍私自任命朱晖为廷尉评，元顺亢毅不挠，认为不可，"以朱晖小人"，即"因为我做了任命朱晖小人之事"。该用法始见于东汉，后一直沿用到现代汉语中，如"说了便做"。该用法当是由其表示动作行为发生、出现得很快的"立即"义引申发展而来，如《史记·东越列传》："是时楼船将军杨仆使使上书，愿便引兵击东越。"当该义位于两个动作之间时，就表示一个结束之后很快就发生了后一个动作，"便"就有了"顺承"功能。便（pián），本义"安适"，《说文·人部》："便，安也。"由"安适"引申指"使用或行动起来顺利"，该义读音变为"biàn"，如"行动不便"；通常情况下"行动顺利"意味着与既定时间相比要节省一些时间，隐含有［＋时间短］的语义特征，故可引申出表动作行为很快发生的"立即"义时间副词用法。例（12）"便复"，非"就又"义，"复"为词缀。对秦汉至清代的文献进行检索，仅见该例，疑为个人语言使用习惯所致。

例（13）"乃因"用在后一分句，表示顺承，可译为"于是""就"。该用法始见于汉，后沿用至唐代，是由上古表顺承的两个关联副词"乃"与"因"以同义连文的形式组合而成。"乃"本义

"喂奶"，即"奶"的本字。①因生育喂奶是子孙相因，代代相传的基本条件，故可引申虚化出表顺承关系的副词用法，如《左传·庄公十年》："刿曰：'肉食者谋之，未能远谋。'乃入见。""因"本义"内衣"②，即"裀"之本字。《字汇·衣部》："裀，近身衣也。"由"近身衣"引申指"亲近"，《广雅·释诂三》："因，亲也。"因"关系亲近"意味着"和顺"，故可引申指"顺着"，如《史记·孙子吴起列传》："善战者，因其势而利导之。"当表示一个动作顺着一个动作出现或发生时，就有了"顺承"义，如《史记·孙子吴起列传》："亲因乘胜尽破其军。"

　　例（14）"遂尔推迁，不及闻彻"即"于是就拖延推迁，来不及彻底禀告皇上"。"遂尔"是由顺承关联副词"遂"后附上常作状态形容词或副词词尾的"尔"凝合而成。该用法始见于南北朝，后沿用至20世纪二三十年代。"遂"本义"逃亡"，《说文·辵部》："遂，亡也。"由"逃亡"引申指"行进"，如《周易·大壮》："羝羊触藩，不能退，不能遂。"孔颖达疏："退谓退避，遂谓进往。"由于人行进时通常要沿着道路，故可引申指"道路"，如《商君书·算地》："此其垦田足以食其民，都邑遂路足以处其民。"由于"水通常情况下也要沿着河道才能流通"，故又引申指"河道"，如《荀子·大略》："迷者不问路，溺者不问遂。"由于人只有沿着道路才能行得通，水只有沿着河道才能流得通，故可引申指"顺着、顺应"，如《国语·周语下》："铸之金，磨之石，系之丝木，越之匏竹，节之鼓而行之，以遂八风。"③由"顺沿"义进一步引申虚化出顺承关联副词用法。例（15）"遂乃"表顺承，用在后一分句，表示后一事紧随着前一事发生。"遂乃"始见于东汉，后一直沿用至现代汉语中，也是由上古就已流行的单音词"遂"与"乃"以同义连文的形式组合而成。

---

　　① 谷衍奎：《汉字源流字典》，语文出版社2008年版（2010.04重印），第14页。
　　② 李学勤：《字源》，天津古籍出版社2013年版，第561页。
　　③ 该例意为"用金属铸成钟，把石磨成磬，以丝木为琴瑟，以匏竹穿凿为笙箫，用鼓声调节而使各种乐音和谐进，以顺应八方之风"。

四　表条件、假设

《魏书》中共有此类副词13个，其中沿用于上古汉语的9个：乃$_{11才}$、仍（乃）、一$_{4一旦}$、一旦$_{2如果}$、方$_{7才}$、始$_{3才}$、诚$_{2如果真的}$、果$_{2如果真的}$、微$_{3要不是}$；4个见于中古汉语：方乃$_{才}$（2）、乃始$_{才}$（1）、始乃$_{才}$（3）、一朝$_{一旦}$（2）。

（16）［方乃$_{才}$］亮曰："臣欲仰禀圣规，运筹而定，何假勇武，方乃成功。"（《良吏·明亮传》/1904）

（17）［乃始$_{才}$］行台关太尉，太尉检练精实，乃始关刺省重究括，然后奏申。（《卢同传》/1682）

（18）［始乃$_{才}$］既而获虏候骑，世祖问之，对曰："蠕蠕不觉官军卒至，上下惶惧，引众北走，经六七日，知无追者，始乃徐行。"（《世祖纪》/108）

（19）［一朝$_{一旦}$］窃以北镇新徙，家业未就，思亲恋本，人有愁心，一朝有事，难以御敌。（《高闾传》/1205）

例（16）"方乃"用在条件分句后一分句动词前，表示结果；前一分句表示必要条件。通常表示在某种条件下才能引出某结果或某动作，在说话人看来条件过于苛刻，可译为"才"。该用法始见于东汉，南北朝时盛行，后沿用至元明时期。该词是由上古汉语中的两个同功能的单音词"方"与"乃"以同义连文的形式组合而成。"方"本义"耒"，即"起土之锸"。由于"锸"多用于耕地，古者耦耕（二人并耕），故"方"有"并"意，《说文·方部》："方，并船也。"《说文》所释当为其引申义。因"二人并耕"时从空间位置来看刚好在一条线上，故可引申虚化出副词用法表示情况刚好相契合，可译为"正好""恰好"，如《战国策·燕策二》："蚌方出曝，而鹬啄其肉。""正好""恰好"表示两种情况之间的契合，如果一种情况的出现或发生，恰好必须满足某个条件，"方"就引申出了该副词用法，如（唐）刘知几《史通·内篇·叙事》："故览之者，初疑其易，而为之者，方觉其难。""乃"在上古常作表顺承关系的关联副词，"乃"所连接的两个动作，如果后一动作行为必须以前一动作为条件,"乃"就引申出条件副词用法,如《战国策·赵策四》: "必以长安君为质,兵乃出。"

例（17）"乃始"作副词,强调动作行为具备了一定条件才发生出现,可译为"才"。该例是说: "行台禀告太尉,太尉审查核实,才向宫中发出公文。有关部门重新审核,然后申报上奏。"① 该用法始见于汉,后沿用至清代,也是由上古同功能的"乃"与"始"同义连文组合而成。始见例如《文选·班固·典引》: "尊亡与亢,乃始虔巩劳谦。"该例是说"汉代功业至尊无上,无与能比,然后才真正成为谦谦君子"。《尔雅》曰: "虔巩,固也。"《易》曰: "劳谦君子有终吉。""始"本义"女人开始怀胎",《说文·女部》: "始,女之始也。"因怀孕为人之初始,故引申指"开始"。当用于两个分句之间时,有时可以表示后一动作行为的开始发生必须以前一分句为必要条件,故引申出表示条件的副词用法,如《列子·汤问》: "寒暑易节,始一反焉。"例（18）"始乃"用法与"乃始"同,始见于南北朝,后沿用至唐代。

例（19）用在假设复句的前一分句,以某情况的突然出现为虚拟条件；后面的分句表示必然会出现的某种结果,可译为"一旦"。该用法始见于南北朝,后一直沿用至现代汉语中。"朝"本义"早上",《说文·倝（gàn）部》: "朝,旦也。""一朝"本指"一个早晨",如《汉书·贾谊传》: "屠牛坦一朝解十二牛,而芒刃不顿者,所排击剥割,皆众理解也。""朝"与"旦"本义相同,如"朝令夕改""危在旦夕"；均引申指"一天",如"元旦""有朝一日"；因"一个早晨"是一天的开始,故又可表示"一天""一月"或"一年"的开始。因有些事件的发生开始时出其不意的,故可引申出副词用法,表示事情的突然发生,如《赵国策·燕策二》: "伯乐乃还（huán）而视之,去而顾之,一旦而马价十倍。"当位于假设条件复句的句首就有了假设意味。"一朝"的该副词用法当由"一旦"类化而来,如《三国志·魏

---

① 该例点校欠妥。应为"太尉检练精实,乃始关刺。省重究括,然后奏申"。

书·武帝纪》："因畜士卒之力，一旦击之，所谓迅雷不及掩耳。"

表 4—2　　　　　　　　　《魏书》关联副词总表

时代 次类	上古汉语		中古汉语		总数
	词数	百分比（%）	词数	百分比（%）	
表转折	4	30.8	9	69.2	13
表选择	1	50	1	50	2
表顺承	5	50	5	50	10
表结果、假设	9	69.3	4	30.7	13
总数	19	50	19	50	38

由表4—2可知，《魏书》中的关联副词主要表现出以下三方面的特点：

第一，如果把《魏书》中的关联副词作为一个系统来考察，那么，从共时角度看，其中的关联副词所体现的是一个含有不同时间层次的静态副词体系，从历时角度看，它又体现出既相对稳定又不断发展的动态历程。既有上古已通行关联副词的继续使用，又有上古萌生此期流行的关联副词的发展；既存在此期产生并普遍使用的新兴关联副词，又有此期新生、中古之后兴盛的一些关联副词。此外据调查统计，《魏书》中共出现副词557个，其中关联副词有38个，在所有副词八个次类中排在倒数第三位，约占副词总数的6.8%。由此可以看出说话人在叙述事件时，句子之间的逻辑关系是句子本身所具有的，可以根据上下文意来判断，关联副词的存在主要是凸显这种逻辑关系，所以数量不是太多。

第二，《魏书》中沿用于上古汉语的关联副词与中古时期新兴、盛行的副词总数相等。不过在上古汉语中关联副词以单音词为主，仅出现一个复音词。到中古，受汉语词汇双音化大趋势的影响，在上古汉语中同功能的单音词就以同义连文的形式组合在了一起。由此可见，对于显示分句之间逻辑关系的词语受语言发展变化的影响非常敏感。

第三，从整个关联副词系统的发展趋势来看，双音节关联副词的发展已占主导地位。产生并流行于上古汉语中的双音节关联副词仅有1

个，占副词总数的 2.6%，而到中古，新生副词大都是双音词，这说明双音化趋势已成为副词发展的主流。这一现象也与整个汉语史词汇系统的双音化趋势相一致，东汉以降，整个汉语史词汇系统的双音化进程普遍加快，到南北朝时期发展更为迅速，副词的突出表现之一就是双音节副词组合的大量涌现。中古新生单音节关联副词的增长速度虽然明显减慢（产生于上古汉语中单音词总数 18 个，而到中古，单音词仅出现 4 个），但从总数上来看，单双音节关联副词相比，单音词在数量上仍略占优势（11：8），主要原因就是上古汉语中一些生命力极强的单音词在上古时期就已成为整个副词系统中的基本词汇，不但在《魏书》中继续使用，而且一直沿用至现代汉语中。

第三节　指代性副词

指代性副词是中古新兴的一个比较特殊的副词次类，它常常位于及物动词或介词前指代其后的宾语，但又不具备代词的其他句法功能，从句法位置和语法功能上来看完全和副词相同，所以称之为指代性副词。此类副词萌芽、发展于先秦两汉，广泛运用于魏晋南北朝。这类副词只有两个："相"和"见"，一般用上了"相"和"见"，动词或介词的宾语就不再出现。这两个副词在《魏书》均有使用，不但表现得相当成熟，而且有新的发展。两者所指代的动词宾语都分别可以是第一、第二、第三人称。

（1）〔相₁指代第一人称〕有相者扶风人王伯达曰："诸君皆不如此卢郎，虽位不副实，然德声甚盛，望逾公辅。后二十余年，当制命关右。愿不相忘。"（《卢玄传》/1049）

（2）〔相₂指代第二人称〕常缚蒿为人，衣以青布而射之。召诸蛮渠指示之曰："卿等若作贼，吾政如此相杀也。"（《杨大眼传》/1635）

（3）〔相₃指代第三人称〕坚怒责炜曰："卿虽曰破灭，其实若归，奈何因王师小败，猖悖若是！泓书如此，卿欲去者，朕当相资。"

（《徒何慕容廆传》/2062）

（4）［见₁指代第一人称］时高祖自代将南伐，令尚书李冲典选征官，大眼征求焉。冲弗许，大眼曰："尚书不见知，听下官出一技。"

（《杨大眼传》/1633）

（5）［见₂指代第三人称］世祖以渊为太史令，数见访问。（《术艺传·张渊》/1945）

例（1）"愿不相忘"，即"不要忘了我"。"当制命关右"即"将在关右发布命令"。例（2）"相"指代"卿等"，为第二人称复数。例（3）中的"相"指代"泓"，为第三人称单数。"相"本读"xiàng"，本义察视，《说文·目部》："相，省视也。"如《诗经·墉风·相鼠》："相鼠有皮，人而无仪；人而无仪，不死何为！"由本义进而引申指"占视"，即"观察事物的发展态势作出判断"，如"相面""相机行事"。由于看人时，多看人们的面部，故引申指"面相""容貌"，如"看相"。由"察视"也可引申指"亲自去看（是否合乎心意）"，该引申义读音也发生了改变，读"xiāng"，如"相亲""相中"。"亲自去看"有时是相互的，有时是单相，即动作情况是一方单方面加于另一方；前者引申虚化出副词"相互"义，如"相亲相爱""相安无事"，如果接连相互，就有了"递相"义，如"父子相传""相继归来"；后者引申出具有称代对方性质的指代性副词义，如（汉）司马迁《史记·陈涉世家》："（陈涉）曰：'苟富贵，无相忘。'佣者笑而应曰：'若为佣耕，何富贵也？'"该例中的"相"与下文中"若"相对，具有第二人称代词性质无疑，当前一些字书与中学语文教材中将其解释为"相互"义不妥，再如"好言相劝""实不相瞒""援手相救"等，后来"称代性泛化"，由称代第二人称，泛化为既可称代第一人称，也可称代第三人称。

例（4）"大眼征求焉"，即"杨大眼"向他求取，李冲不答应他。"尚书不见知"即"尚书不了解我"。

例（5）"数见访问"，即"多次咨询访问他"，"见"为第三人称。"见"本义"看到"，《说文·见部》："见，视也。""见"与"视"为近义词，两者都表示"看"的意思，但具体而言"见"是表示看的结果，即"看到""看见","视"表示具体的动作行为，如《礼记·大学》："心不在焉，视而不见。"因此"见"作动词主要强调的是看到对象对动作发出者——看者的影响，而"视"则强调的是"看"这一动作的发出。因"见"具有［+承受］的语义特征，故位于动词前时，可以引申出表示被动的助动词用法，如"吾长见笑于大方之家"；也可引申出副词用法，表示该动作行为对说话人自身的影响，即指代第一人称的指代性副词，然后才泛化为指代第三人称，第二人称。

根据笔者统计：《魏书》中"相"作指代性副词的用法共 195 例，其中以指代第三人称为最常见，共 124 例；其次是指代第二人称，57 例；指代第一人称的最少，为 14 例。而"见"作指代性副词的用法却以指代第一人称最为常见，共 20 例，这一用法一直保留在现代汉语中的一些常用熟语中，如"不要见怪""请见谅"等；其次是指代第三人称，8 例；未见指代第二人称的用例。不过在南北时期的南朝文献见到了指代第二人称代词的用例，如《宋书·柳元景传》："道产谓曰：'久欲见屈，今贵王有召，难辄相留，乖意以为惘惘。'"该例意为："早就想请你到我部下来任职。如今尊贵的亲王召见你，我就很难挽留你了。我的夙愿没有实现，深感失落"。再如《宋书·刘邵传》："其若见问，当作依违答之。"意为"他如果问你，你应作模棱两可的回答"。由此可以看出，虽然"相"和"见"都能作指代性副词，但是"相"的使用频率远远高于"见"，就《魏书》中的使用情况来看，两者所占的比例分别为 87.4% 和 12.6%。

此外，我们还发现《魏书》中"相"作指代性副词有一种比较特殊的用法，即动词之前出现"相"字，动词之后又出现宾语，"相"与宾语所指相同。如：

(6) ［相］我兄弟屠灭已尽，唯我一身漏刃相托。卿虽厚恩，久见容蔽，但事留变生，终恐难保，脱万一发觉，我死分也，无事相累卿。（《刁雍传》/874）

该例意为："我兄弟已经被屠杀尽了，只有我一人幸免托付于你。你虽然对我恩情深厚，我长时间被收容隐藏，但事久生变，最终恐怕难以保全，如果万一被发现，我死是应该的，不能连累你。"

　　指代性副词位于动词前指代动词宾语时，动词后一般不再带任何宾语。上例中的情况的确少见，《魏书》中也仅此一例，可能是"相"的指代性副词用法的进一步延伸和发展。

　　章结： 否定、关联副词均是从逻辑角度划分出来的特殊的副词次类，指代性副词是中古新兴的一个比较特殊的副词次类，三者与其他类副词相比均存在较大差异。本章主要从共时和历时两方面对《魏书》否定、关联和指代性副词进行了详细的分类描写，在初步分类的基础上，又将三类副词再分为十个次类。在描写时，不但对各小类副词作了具体的分类说明，还对每个副词的小类归属、进行了认真的考察、辨别，尤其是对每个中古新兴副词的历时流变，出现、消亡时代作了细致的考察、辨析与认定。

第五章 《魏书》副词总貌探析

第一节 《魏书》副词的继承性与发展性

《魏书》中共有副词 557 个，沿用于上古汉语的有 335 个，约占副词总数的 60.1%，其中单音节副词 297 个、双音节副词 38 个；出现于中古汉语的有 222 个，约占副词总数的 39.9%，其中单音节副词 83 个、双音节副词 139 个。《魏书》中单音节副词共 380 个，约占副词总数的 68.2%，大部分沿自上古汉语，有 297 个，中古新兴 83 个；双音节副词 177 个，约占副词总数的 31.8%，其中沿自上古 38 个，中古新兴 139 个。从产生于上古汉语和中古汉语的副词总量对比来看，《魏书》所反映出来的副词的基本特征是：不但相对稳定而且有较大发展。从单、双音节副词的历时发展来看，《魏书》中的单音节副词较多地体现了整个副词系统发展的稳定性和继承性，双音节副词则更多地显现了整个副词系统在南北朝时期较为迅猛的发展趋势。单音节副词大都从上古汉语继承而来：其中一部分是上古汉语就已产生并普遍使用，在《魏书》中使用频率仍然很高，如"尝、且、皆、悉、凡、尽、躬、极、最、不"等；一部分是在上古汉语中已经出现，到了中古时期，不但旧有副词用法继续使用而且产生了新的副词用法，如"还、每、将、颇、便、顿"等。双音节副词呈现出空前的繁荣和发展，不仅数量上突飞猛进而且用法多样，只有少数是从上古流传下来的。

如果把《魏书》中的副词作为一个系统来考察，那么，从共时角度看，《魏书》副词所体现的是一个含有不同时间层次的静态副词体系，从历时角度看，它又体现出既相对稳定又不断发展的动态历程。既有上古就已通行副词的继续使用，又有上古萌生此期流行副词的发展；既存在此期产生并普遍使用的新兴副词，又有此期新生、中古之后兴盛的一些副词。为了更清楚地了解《魏书》副词的全貌，笔者用表格的形式表示如下：

表 5—1　　　　　　　　　　《魏书》副词总表

时代\次类	上古汉语				中古汉语				总数
	单音节	双音节	总数	占该类副词总数的百分比(%)	单音节	双音节	总数	占该类副词总数的百分比(%)	
时间副词	83	6	89	58.5	25	38	63	41.5	152
范围副词	43	4	47	56	17	20	37	44	84
程度副词	32	1	33	57.9	14	10	24	42.1	57
情状副词	64	11	75	62.0	14	32	46	38.0	121
语气副词	45	10	55	67.1	7	20	27	32.9	82
否定副词	12	5	17	81	0	4	4	19	21
关联副词	18	1	19	50	4	15	19	50	38
指代副词	0	0	0	0	2	0	2	100	2
总数	297	38	335	60.1	83	139	222	39.9	557

由表 5—1 可知：

第一，《魏书》中沿用于上古汉语的副词总数仍多于中古时期新兴、盛行的副词总数，这大概与《魏书》的史书性质有关，因为作为一部史书，一方面要力求保持史书典雅守正的语言风格；另一方面还会不可避免地吸收一些当时当地的口语化词汇。这些口语化词汇虽然并不是完全新生，大都是由上古汉语词汇进一步引申、虚化、重组而来，但它们却代表了新的发展方向，所以更应该引起人们的注意。

第二，从整个副词系统的发展趋势来看，双音节副词的发展已占主导地位，是上古时期的 4 倍还多，这说明双音化趋势已成为副词发展的主流。这一现象也与整个汉语史词汇系统的双音化趋势相一致。东汉以降，整个汉语史词汇系统的双音化进程普遍加快，到南北朝时期发展更为迅速，副词的突出表现形式之一就是双音节副词组合的大量涌现。中古新生的单音节副词增长速度虽然明显减慢，但从总数上来看，与双音节副词相比仍占优势，主要原因就是上古汉语中一些生命力极强的单音节副词在上古时期就已成为整个副词系统中的基本词汇，不但在《魏书》中继续使用，而且一直沿用至现代汉语中。

本书讨论的重点锁定在中古时期，所以《魏书》中出现的中古新生副词将是本书研讨的重点。下面分三类进行具体介绍。

一 上古旧有副词多义化

此类副词在上古汉语中产生，到了中古时期又产生了新的意义和用法，大都是上古时期与中古时期的新用法同时并用。如：

[还] 在汉代已出现作关联副词的用法，表转折，相当于"却、反而"。如《汉书·刑法志》："若秦因四世之胜，据河山之阻，任用白起、王翦豺狼之徒，奋其爪牙，禽猎六国，以并天下。穷武极诈，士民不附，卒隶之徒，还为敌仇，猋起云合，果共轧之。"中古时期"还"又产生了新的副词用法，分别作情态副词，表示状态继续存在或动作继续进行，相当于"依然、仍然"；作时间副词，表示动作行为的再次或重复发生，相当于"再、又"等。上述用法均在《魏书》中有所反映。举例如下：

（1）赖明明在上，赫赫临下，泥渍自消，玉质还洁。（《韩麒麟传》/1334）

（2）社稷危而复安，洪基毁而还构。（《出帝纪》/282）

例（1）"还（hái）"表"仍旧"始见于魏晋，后一直沿用至现代汉语中。该用法应由其动词"恢复"义引申而来，某名物恢复到原来的状态，就是跟原来的状态一样，故可引申出"仍旧"义。由动词虚化为副词读音也发生了改变，由"huán"变为"hái"。例（2）"还"与"复"相对，表示"又"。该用法始见于南北朝，后一直沿用到现代汉语中。

［顿］在汉代已用作时间副词，表示动作的急遽和突然，相当于"立即、一下子"。如《逸周书·文传》："生十杀一者物十重，生一杀十者物顿空。"① 这一用法一直沿用到现代汉语中。中古时期"顿"又衍生出了范围副词用法表示范围的周遍性，相当于"全"。该用法始见于魏晋，后沿用至宋代。如：

(3) 车驾幸长安，行经渭桥，过郭淮庙。问祚曰："是卿祖宗所承也？"祚曰："臣七世伯祖。"高祖曰："先贤后哲，顿在一门。"（《郭祚传》/1422）

［颇］用在动词或形容词前，表示程度较低或甚高，可译为"略微""稍微"或"很""极"等，此用法两汉即已习见，各类词书、字书言之甚详，今不复举。到了中古时期，"颇"又引申出以下几种副词用法：

作范围副词，表示总括，相当于"全""都"。如：

(4) 于时，朝士颇以崇专综既久，不应乖谬，各默然无发论者。（《刘芳传》/1225）

作时间副词，表示频率，可译为"常常"。如：

(5) 司空李冲之贵宠也，邕以少年端谨，出入其家，颇给按磨奔走之役。（《恩幸传·赵邕》/2003）

作语气副词，表示推度、询问，可译为"可"。如：

(6) 比晓，复谓行人曰："台军昨夜已至高阳，我是前锋，今始到此，颇知侯公竟在何处？"（《侯渊传》/1788）

［辄］在上古汉语中通常用作关联副词和时间副词，分别表承接和频率，相当于"于是，就"和"常常"。到了中古时期又产生了新的情态副词用法，表示"随便、任意"。

(7) 于是诏曰："自今已后，若非朕手敕，勿令儿辄出。"（《杨播传》/1292）

［空］在上古汉语中经常作情态副词，表示"徒然"。中古时期又

---

① 根据周玉秀先生的考证，《逸周书·文传》一章的写定时代不会晚于汉代。详见周玉秀：《〈逸周书〉的语言特点及其文献学价值》，中华书局 2005 年版，第 145、195、269 页。

衍生出了范围副词用法，表限定，相当于"仅仅、只"。如：

(8) 亮外甥司空谘议刘景安书规亮曰："……而朝廷贡才，止求其文，不取其理；察孝廉，唯论章名，不及治道；立中正，不考人才行业，空辨氏姓高下。"（《崔亮传》/1479）

[往往] 作范围副词的用例先秦已见，如《管子·度地》："令下贫守之，往往而为界，可以毋败。""往往"作范围副词表示动作行为的普遍发生，相当于"到处、处处"等。此种用法两汉已习见，在《魏书》中也有所体现，如《魏书·尧暄传》："初，暄使徐州，见州城楼观，嫌其华盛，乃令往往毁撤，由是后更损落。"至汉代，"往往"又产生了新的副词用法，作时间频率副词，表示"常常"。这种用法在中古汉语中被广泛运用，后来一直沿用到现代汉语中。《魏书》中共4例，现举1例如下：

(9) 又更忍虐好杀，左右失旨忤意，往往有刳斫断截者。（《刘裕传》/2150）

[雅] 上古时期常作时间副词，表示动作行为或性状从过去到现在一直如此，可译为"一向"。如《史记·蒙恬列传》："高（赵高）雅得幸于胡亥。"到了中古时期又产生了程度副词用法，表示程度之甚，可译为"很、非常"。如：

(10) 思伯弟思同，字士明。少厉志行，雅好经史。（《贾思伯传》/1615）

[正] 在上古汉语中常常用作时间副词，表示动作行为或性状正在发生或存在，可译为"正在"。如《汉书·武五子传·燕刺王刘旦》："旦曰：'前日一男子诣阙，自谓故太子，长安中民趣乡之，正讙不可止。'""正讙不可止"即"正在喧哗不能停止。"到了中古时期，又出现了范围副词用法，表示限定，相当于"仅仅、只"。如：

(11) 顺遂抗声叱之曰："尔刀笔小人，正堪为几案之吏，宁应忝兹执戟，亏我彝伦！"（《任城王传》/483）

[方] 在上古时期就已是一个多功能副词，常作时间副词分别表示"现在""将来"和"持续"，可译为"正""将要"和"仍然"。到中古，

又衍生出关联副词用法，表转折，可译为"却"。如：

（12）蒙国殊泽，预班爵序，正宜治家假内，教诫闺庭。方恣其淫奸，换妻易妾。（《阉官传·抱嶷》/2023）

［岂］在上古汉语中最流行的副词用法是用作语气副词，加强反问语气，表示"反诘"，可译为"难道"。至中古时期，又产生了表"测度"的语气副词用法，可译为"大概"。如：

（13）行百里者半于九十，岂彪之谓也？（《高道悦传》/1402）

这种用法大概是由上古汉语中的表测度的语气副词"其"同音假借而来。

［乃］作副词的用法在上古时期已表现得相当成熟并具有多功能性：可以作关联副词表示转折和承接，作语气副词表示意外、强调和反诘，还可作时间副词表示立即。中古时期又产生了一种新的副词用法，作类同范围副词，相当于"也"。如：

（14）昔句践致贡而延世，夫差争长而后死，两寇方之吴越，不乃劣乎？（《萧衍传》/2188）

［转］在上古汉语中常用作关联副词，表转折，可译为"反而、却"。如《诗经·小雅·谷风》："将安将乐，女转弃予。""女转弃予"即"你反而抛弃了我"。到中古时期，又衍生出了两种习见的副词用法：作程度副词表示"更加"，作情态副词表示徐缓"逐渐""渐渐"。如：

（15）高祖又谓肃曰："淹能制卿，其才亦不困。"肃言："淹才词便为难有，圣朝宜应叙进。"高祖言："若因进淹，恐辱卿转甚。"（《成淹传》/1754）

（16）行次淯阳，高祖谓勰曰："吾患转恶，汝其努力。"（《彭城王传》/576）

［向］在上古时期常用作时间副词，表示动作行为出现不久，可译为"刚刚"。如《庄子·庚桑楚》："向吾见若眉睫之间，吾因以得汝矣，今汝又言而信之。"该例意为："我刚才看到你在我眉睫之间（喻距离很近），我于是以为得到你的心了，如今你又说话而更验证了我的

判断"。到中古，又出现了两种副词用法：一仍用作时间副词，表示将来，可译为"将要、快要"；一用作程度副词，表示几近度，可译为"几乎，将近"。如：

(17) 瑀有女始笄，妙选良偶，有心于晒。遂别设一席于坐前，谓诸弟子曰："吾有一女，年向成长，欲觅一快女婿。谁坐此席者，吾当婚焉。"（《刘晒传》/1160）

(18) 又臣家贫禄薄，唯任孤力，至于纸尽，书写所资，每不周接，暨正始元年，写乃向备。（《崔光传》/1504）

［略］在上古汉语中最通行的副词用法是用作程度副词表示微度，相当于"稍微、略微"。如《报任安书》："请略陈固陋。"到了中古，又出现了其他副词用法：作范围副词表示总括，相当于"全""都"；作情态副词，表示说话人从总体上对某事进行评价，主观上认为某事与某种情况几乎全部相同，可译为"几乎全部"。如：

(19) 天性酷薄，虽弟侄甥婿，略无存润。（《阉官传·抱嶷》/2022）

(20) 初，睿女妻李冲兄子延宾，次女又适赵国李恢子华。女之将行也，先入宫中，其礼略如公主、王女之仪。（《恩幸传·王睿》/1990）

［殊］在上古最通行的副词用法是作程度副词，表示甚度，可译为"特别、极"。如《战国策·赵策四》："老臣今者殊不欲食。"到了中古，"殊"又衍生出表带有强调否定语气的总括范围副词用法，多用于表示否定的词语前，可译为"根本都、全"。如：

(21) 由是众口喧喧，谤讟盈路，立榜大巷，克期会集，屠害其家。彝殊无畏避之意，父子安然。（《张彝传》/1432）

二　中古新生副词的多义化

一些中古新兴副词在《魏书》中也表现得异常活跃，有的同一副词兼有几类副词用法，下文就这些副词在《魏书》中的使用情况，分别举例说明。

　　［**苦**］是一个中古新生副词，其用法异常多样，既可作情态副词表示竭力、尽力，又可作程度副词表示极、很，还可作范围副词表示全部。例如：

　　（22）肃宗与群臣大惧，叩头泣涕，殷勤苦请。（《京兆王传》/405）

　　（23）母大怒，詈之苦切，曰："汝自有妻妾侍婢，少盛如花，何忽共许高丽婢奸通，令致此罪。我得高丽，当噉其肉。"（《北海王传》/563）

　　（24）令曰："卿似欲致谏，故以左右有人，不肯苦言，朕为卿屏左右，卿其尽陈之。"（《张普惠传》/1738）

　　［**差**］在《魏书》中的副词用法大致有三种：一、作程度副词表示微度，相当于"略微、稍微"；二、作程度副词表示甚度，相当于"很、甚"；三、作范围副词表示总括，相当于"全、都"。这些用法主要由"差"在上古汉语中的名词、动词用法虚化而来。例如：

　　（25）帝曾夜中谓逸曰："昨来，举目唯见异人，赖得卿，差以自尉。"（《杨播传》/1451）

　　（26）臣国封徐州，去军差近，谨奉粟九千斛、绢六百匹、国吏二百人，以充军用。（《献文六王传·彭城王》/584）

　　（27）高祖曰："昨日方泽，殊自大暑，遇天云荫密，行人差得无弊。"（《献文六王传·咸阳王》/537）

　　［**便**］是一个中古新生副词，有两种副词用法，作关联副词，分别表承接或转折，可译为"就"和"却"。如：

　　（28）雍遂笑而言曰："岂可以朱晖小人，便相忿恨！"遂起，呼顺入室，与之极饮。（《任城王传》/485）

　　（29）前岁表许十月送昙无谶，及臣往迎，便乖本意。（《李顺传》/832）

　　［**偏**］"偏"作副词的用法源于汉代，作情态副词表示出乎意料，即事实与希望相反或者故意违反客观要求，可译为"偏偏""偏要"。如《汉书·佞幸传·董贤》："尝昼寝，偏藉上袖，上欲起，贤未觉，

不欲动贤，乃断袖而起。""偏藉上袖"即"偏偏压着了皇上的衣袖"。至中古，在这种用法普遍流行的同时，又产生了三种副词用法：作程度副词表示甚度，可译为"甚"；作程度副词表比较度，可译为"更加"；作范围副词表限定，可译为"只"。例如：

（30）怀吉本不厉清节，及为汾州，偏有聚纳之响。（《薛安都传》/1358）

（31）二人皆承奉茹皓，亦并加接眷。而扫静偏为亲密，与皓常在左右，略不归休。（《恩幸传·茹皓》/2002）

（32）世宗曰："谋勇二事，体本相须。若勇而无谋，则勇不独举；若谋而无勇，则谋不孤行。必须兼两，乃能制胜。何得云偏须运筹。而不复假勇乎？"（《良吏传·明亮》/1904）

［经］在现代汉语中最常用的用法是用作动词。可在中古时期，除了此用法外，还有两种副词用法：一作时间副词表示过去曾经做过某事或出现过某种性状，可译为"曾经"；一作时间副词表示频率，可译为"常常"。如：

（33）又曰："游历多年，与卿先经相识。"（《鹿念传》/1763）

（34）小人难育、朽棘不雕，长恶不悛，岂容抚养。散骑常侍、镇东将军、领崇左右赵修，昔在东朝，选充台皂，幼所经见，长难遗之。（《赵修传》/2000）

［垂］是中古时期的一个新兴副词，大致有两种副词用法，一种作表几近度的程度副词；一种作表将来的时间副词。如：

（35）民妻有美色，豪势因而协之，率多自杀。太子、诸公私令采发者，亦垂一万。（《羯胡石勒传》/2053）

（36）朱蒙告水曰："我是日子，河伯外孙，今日逃走，追兵垂及，如何得济？"于是鱼鳖并浮，为之成桥，朱蒙得渡，鱼鳖乃解，追骑不得渡。（《高句丽传》/2214）

［率多］在中古汉语中有两种副词用法：一种作时间副词表示高频，可译为"常常"；一种作总括范围副词，可译为"大多"。如：

（37）又以其通姻，深相委托，三人率多俱宿禁内，时或迭出。

（《奚康生传》/1632）

（38）此等世习干戈，率多劲勇，今既甄拔，应思报效。（《肃宗纪》/237）

三 近代汉语副词的萌生

《魏书》中还出现了这样一些副词，它们在中古时期初现萌芽，到了近代才逐渐繁荣起来，如语气副词"乃可"。

［**乃可**］作语气副词，表示两者之间选择时的强调语气，中古新兴，到唐代才逐渐多起来。

（39）《春秋传》曰："一日择人。"如此，则乃可无泛，不可无考。（《张普惠传》/1745）

［**反而**］作副词表示与上文意思相反或意料之外，在句中起转折作用，是近、现代汉语中才盛行起来的一种副词用法。《汉语大词典》所举例证全源于现代汉语，略显不妥，其实在南北朝时期已初露端倪，在《魏书》已出现用例。如：

（40）至尉升湖，绚曰："吾为人吏，反而见擒，有何面目得视公也。"投水而死。（《裴叔业传》/1569）

［**先后**］作副词，表示一段时期内发生事件的顺序，在《魏书》中已出现，到近、现代汉语中，使用更为广泛。在《魏书》仅见1例，如：

（41）方藉良才，遂登高秩，先后凋亡，朝野伤悼。（《良吏传·羊敦》/1913）

［**公然**］作情态副词，表示公开、明目张胆、毫无顾忌地做某事。《汉语大词典》所举最早例证是唐代杜甫诗中的例句，其实在《魏书》中已经出现。如：

（42）案律：在边合率部有满百人以下，身犹尚斩；况仲达公然在京称诏聚众，喧惑都邑，骇动人情。（《裴叔业传》/1571）

［**过于**］是现代汉语中才普遍盛行起来的一个程度副词，表示过度，在《魏书》中已有所表现，虽然不是很成熟，但具备了程度副词的影子。如：

（43）时固年逾五十，而衰过于哀，乡党亲族咸叹服焉。（《阳尼传》/1611）

通过以上分析，我们发现在副词内部，程度副词、范围副词和时间副词三者之间相互通用最为常见，即同一个副词可以同时兼有这三类副词或兼有这三类副词中的任意两类。如："颇"在上古时期常常作程度副词，分别表示甚度和微度，到了中古，分别出现了范围副词用法，表示总括和时间副词用法，表示高频。"往往"在上古时期以作范围副词表示总括为主，到了中古又出现了表示高频的时间副词用法。"雅"在上古时期主要的副词用法是作时间副词表示长时，至中古，又出现了表甚度的程度副词用法。"向"在上古时期最常用的副词用法是作时间副词表示刚刚，到中古又出现了表几近度的程度副词用法。"殊"在上古作程度副词表示"特别、非常"，中古时期，又产生了表总括的范围副词用法。这种现象在中古新生副词中也有所表现，如："苦"在中古时期既可作程度副词表示"甚、非常"，又可作范围副词表示总括，相当于"全、都"。"差"在中古时期也是一个多功能副词，既可作范围副词表示总括，也可作程度副词，表示甚度。"垂"在中古汉语中也有两种用法：一种是作时间副词表示将来；一种是作程度副词表示几近度。这种相通性在现代汉语中也同样存在，如吕叔湘《现代汉语八百词》[1]指出了副词"都"的三种用法，其中两种就是：一种是作范围副词表总括；另一种就是作时间副词表"已经"。为了便于观察，现列表如下：

表5—2　　　　　　三类副词[2]通用情况一览表

副词次类 / 副词	时间副词	范围副词	程度副词
颇	表高频	表总括	表甚度、微度
往往	表高频	表总括	
雅	表长时		表甚度
向	表刚刚		表几近

---

① 吕叔湘：《现代汉语八百词》，商务印书馆1980年版，第177页。

② 三类副词分别指：时间副词、范围副词、程度副词。

续表

副词次类 副词	时间副词	范围副词	程度副词
殊		表总括	表甚度
苦		表总括	表甚度
差		表总括	表甚度
垂	表将来		表几近
都	表已经	表总括	

那么，是什么原因使这三类副词之间的关系变得这么密切呢？笔者认为这不是偶然现象，有其深层原因。因为时间和空间是物质存在的两种客观形式，这两者之间最容易构成相通性，时间具有一维性、不可逆转性，表达的对象相对比较抽象空灵；相反空间是三维的，它所概括的对象由长、宽、高表现出来，给人以具体、直观的意象。一个是虚拟空间，一个是现实空间，它们之间具有相似性，都具有量的大小变化的弹性空间这种相似性构成了它们之间相互转化的基本条件。因为这种相似性易于引起人们的联想，从而使时空之间通过隐喻的方式联系起来。隐喻是人类思维的重要特征，在语言的发展过程中起着重要作用。一些词语就是因为在语义上发生了隐喻才转化成了新词或产生了新义。同理，程度副词所表示的不同程度之间也存在相似的量化特征，这种特征也可通过时间、空间的方式表现出来，因此三者之间就通过这种隐而未现的相似性连在了一起。因此，这三类副词之间最容易相互转换。

通过这种转化机制也可以促使其他词类向副词转化，如"寻（时间副词）、始终（时间副词）"等副词的形成。不过，它们之间的转化又略异于副词内部的转化，这一问题有待于今后进一步探索。

第二节 《魏书》中的双音副词

一 《魏书》中的双音副词概况及双音副词的认定

东汉以降，词汇的双音化开始加速发展，双音节副词随之大量涌现。

《魏书》中共见双音节副词 177 个，其中见于上古的有 38 个，仅占双音节副词总数的 21.5%；见于中古的有 139 个，约占 78.5%。《魏书》所反映出来的双音节副词总的发展状况是：不但发展速度空前加快，而且在构成方式上也更加灵活多样。

此期新生的双音节副词大都以上古汉语中一些生命力强的单音副词为基础，随着时代的发展，不断构成新的双音合成副词。这些双音合成副词大致可分为两类，一类是由上古汉语中的两个单音副词组合而成，我们称为复合式合成副词。在复合式合成词中又以并列式合成词最多，这些并列式合成词大都由上古汉语中的单音副词同义并列而成、反义并列而成、同义重叠而成，如："悉皆、咸皆、先后、始终、徐徐、往往、处处"等。就同义并列式副词而言，又可分为两类：一是同义副词的结合凝用；一是同义副词的组合使用。前者两者之间的结合比较紧密，单用时都有自己实实在在的意义，而并列以后的意义既不是某一部分的意义，也不是两部分意义的简单相加，两者已形成一个比较凝固的整体并且产生了新义，这一新义是由两部分整合虚化而产生的语法意义，如"率常、每常、徐徐"等，是典型的双音节副词。后者两者之间的结构比较松散，可以互相颠倒次序而不影响意思的表达，两者组合使用时与单用时意义完全相同，如"悉皆、皆悉、普皆、皆普、悉遍、遍悉、略皆、皆略、愈益、益愈"等。它们还不是真正意义上的双音节副词，不过，它们中的一部分在后来的发展过程中逐渐固定和定型，成了近、现代汉语中典型的双音节副词。这一状况是词汇双音化突然加速的产物，有的两者还未来得及发展就转瞬即逝，有的在后来彼此竞争中一方胜出成为近、现代汉语中的常用副词，有的双方同归于尽被后来的新生副词所代替。即便如此，它们在汉语副词双音化过程中都起到了承前启后的关键作用，都已具备了双音节副词的雏形，只是在后来进一步发展、固化过程中分别走向了不同的归宿，笔者姑且把这些副词也称为双音节副词。

还有一类双音节副词大都是以上古汉语的单音节副词作为词根再在后面附加上一个词缀构成，我们称之为附加式合成副词。如"颇自、更自、亦复、乃复、不复、辄尔、徒尔、忽然、倏然、翻然"等。由于汉

语缺乏形态标志，所以对于词缀的定性问题一直是学界关注的热点问题
之一。由于各家的认定标准不同，对词缀性质的确认、个数的统计等都
略有分歧。笔者在确定一个词缀是否已经成为副词词尾时，采用了杨荣
祥（2002）[1]的判定原则：第一，和前面的词根语素紧密地结合在一起，
构成一个合成副词，与词根语素只有位置上（后附）的关系，没有意义
上的联系；第二，不再具有实在的词汇意义，主要的作用是使前面的单
音节词根复音化；第三，能附加于不同的词根语素构成副词。根据这个
原则，我们发现《魏书》中共有副词词尾5个："尔""然""焉""自""复"，
其中前三个沿用于上古汉语，后两个是中古新生的副词词尾。

　　《魏书》中"自""复"作副词词尾的现象已经比较普遍，不过，
有时虽然紧跟着前面的副词出现，在外在形式上已和副词词尾无异，但
是它们仍有相对独立的意义，并不是完全黏附于其前的成分，所以仍不
能看作副词词尾。如：

　　（1）玄子升五六岁，抱玄胸而抚之，玄悲不自胜。（《岛
夷桓玄传》/2124）

　　（2）皆曰："群小无知，但复恐如参合之众，故求全月日
之命耳。"（《王健传》/710）

　　（3）奴乘马投水，思明止将从不听放矢，乃自射之，一以而中，
落马随流，众人擒执至家，裔而杀之。（《郑羲传》/1247）

　　（4）若欲北向，彼必遣人相代，以河北一地相处，河南公
宁复可得？如此，则南归之望绝矣。（《裴叔业传》/1566）

以上四例中的"自"和"复"均有比较实在的意义，分别表示"自
己""又""亲自""再[2]"，均不能看作副词词尾。

二　《魏书》中双音副词分类描写

（一）双音节单纯副词

此类副词数量最少，情况也简单。《魏书》中共出现两个，全部见

---

① 杨荣祥：《副词词尾源流考察》，《语言研究》2002年第3期。
② 《资治通鉴》卷一百四十三叙述此事时将该句改为"河南公宁可复得邪！"

于中古汉语：一个是时间副词"造次"，表"片刻""一会儿"；一个是语气副词"邂逅"，表"万一"。

（二）双音复合式合成词

1. 联合式

（1）时间副词：

见于上古：犹尚

中古新兴、盛行：便已、已经、方将、便即、当即、登即、即便、遂便、随即、动辄、每常、颇或、率常、率多、或时、时或、复更、又重、又复、又更、终竟、方便_{随便}

（2）范围副词：

见于上古：相与_{相互}

中古新兴、盛行：备皆、并皆、尽皆、普皆、率多、率皆、悉皆、咸共、咸皆、一皆、唯独、并共、率同、各别

（3）程度副词：

中古新兴、盛行：垂将、殆将、几将

（4）情状副词：

见于上古：亲自、身自、更互、迭相、相与_{一起}、递相、倏忽

中古新兴、盛行：躬亲、手自、轻辄、更迭、互相、忽遽、奄忽、私自、隐窃、私窃、先后

（5）语气副词：

见于上古：庶几_{希望}

中古新兴、盛行：必当、必须、故当、务必、庶几_{大概}、或恐、恐或、庶或、抑亦

（6）关联副词：

中古新兴、盛行：更乃、方乃_却、乃更、乃因、遂乃、方乃_才、乃始、始乃、反而

2. 偏正式

（1）时间副词：

中古新兴、盛行：登时、即时、一时

（2）范围副词：

　　　见于上古：不过

　　　中古新兴、盛行：大都

（3）情状副词：

　　　中古新兴、盛行：相将、相率、一旦_{忽然}

（4）语气副词：

　　　中古新兴、盛行：大较、良在

（5）否定副词：

　　　见于上古：未尝、未常（未尝）、不尝

　　　中古新兴、盛行：未曾、未必、不必

（6）关联副词：

　　　见于上古：一旦

　　　中古新兴、盛行：一朝

3. 支配式

（1）时间副词：

　　　中古新兴、盛行：应时

（2）情状副词：

　　　中古新兴、盛行：任情

4. 重叠式

（1）时间副词：

　　　中古新兴、盛行：勤勤、时时、数数、往往

（2）范围副词：

　　　中古新兴、盛行：各各

（3）程度副词：

　　　中古新兴、盛行：稍稍

（4）情状副词：

　　　中古新兴、盛行：渐渐、徐徐

5. 跨层结构的语法化

（1）时间副词：

中古新兴、盛行：终于、卒于

（2）程度副词：

中古新兴、盛行：过于

（3）语气副词：

见于上古：无乃、得非、得无、得不、不乃_{大概}

中古新兴、盛行：将非

（4）关联副词：

中古新兴、盛行：乃可、宁可

（三）双音附加式合成词

1. 时间副词：

见于上古：既而、已而、俄而、顷之

中古新兴、盛行：便尔、俄然、犹自、时复、或复、更自、聊复

2. 范围副词：

中古新兴、盛行：佥尔、亦复、亦自

3. 程度副词：

中古新兴、盛行：颇自、深自、殊自、雅自、差自

4. 情状副词：

见于上古：忽然、卒然、倏焉

中古新兴、盛行：轻尔、辄尔、徒尔、倏然、歘然、奄尔、奄焉、转自、公然、居然、粗复、自然、翻然

5. 语气副词：

见于上古：或者_{大概}

中古新兴、盛行：本来、诚复、良自、实自、亦复_{又，加强反诘}、乃复、岂复、宁复、乃复

6. 否定副词：

中古新兴、盛行：不复、无复、非复

7. 关联副词：

中古新兴、盛行：乃复、便尔、遂尔

通过对《魏书》中双音节副词的统计分析,可以看出,到南北朝时期,副词的双音化程度大大加强。这不仅表现在双音副词在数量上的突飞猛进,而且在构成方式、分布范围、副词词尾的新生等方面都有较大进展。与上古汉语中的双音节副词相比,有以下几个比较突出的特点。

第一,从双音副词的构词方式上来看,每类构词方式所形成的副词在数量上都有较大增长。联合式构词法在所有的构词法中仍占据主导地位,因为这种方法在双音组合上较为简单易行,凡是意义相同、相近、相反的单音节副词都能够互相组合,所以这种构词法一直保持着最为旺盛的生命力,能产性最强。尤其同义并列式最多,刘丹青(2001)认为:"同义并列强化,即将几个同义的虚词加在一起构成一个同义的新虚词。……并列强化既符合虚词强化的普遍趋势,又符合汉语词汇双音化及多音化的趋势,两流相汇其势益盛,因而在汉语史上特别多见,尤其突出地表现在副词、连词等词类上。"[1]刘文的观点与《魏书》中双音副词情况相一致。就双音节副词构成方式的类型而言,《魏书》副词除了继承旧有的构词方式外,又产生了新的重叠式构词法,到此时,现代汉语中所有的双音节副词的构成方式已基本完备。

第二,从新生双音副词的类别来看,时间副词和范围副词在增长速度上尤为迅速,在数量上分别由原来的第三位和第五位跃居到了第一位和第四位。[2]这主要是因为双音节副词在形成、增长过程中,仍是以上古汉语的单音节副词为基础,凡是数量多、出现频率高的单音节副词,仍最容易结合成双音节副词。虽然在上古汉语中双音节时间副词在总量上略居劣势,但单音节时间副词总量在所有的单音节副词里位居第一位;范围副词虽然在单音节副词数量上也不占优势,但范围副词的使用频率较高。因为在人们交流过程中,时间和空间信息往往是人们首先关注的焦点,随着语言的不断发展,人们越来越要求对方用较为明确、细化的方式来传递时间和空间信息。这样一来,原有的单音节副词就无法承担

---

① 刘丹青:《语法化中的更新、强化与叠加》,《语言研究》2001 年第 2 期。

② 参见表 5—1,《魏书》副词总表中的数据。

精确地表述新概念的重任，因此走双音化的道路是其必然选择。这大概是时间副词和范围副词中的双音节副词突飞猛进的重要原因之一。

第三，从附加式双音副词的构成情况来看，常用后缀中，除了先秦时期已经出现的"然""而""尔"等后缀的继续使用外，又出现了两个新产生的副词词尾"复""自"。近些年来，对中古汉语中新生的副词词尾"自"和"复"的研究一直是语法学界关注的热点问题之一，前期对此的研究大都集中在对其词尾性质的认定上，即究竟是不是词尾的问题。随着研究的不断深入，"自"和"复"的副词词尾性质已基本上获得了学界的普遍认同。当前，有关这一问题的研究主要集中在副词词尾的来源上，当前学界对此问题也已取得了较为一致的意见，即词尾"自"先由代词"自"虚化为表强调肯定的语气副词，义为"自然、理所当然"，再由表强调肯定的副词"自"进一步虚化而来；词尾"复"是由表重复的频率副词进一步虚化而来。

不过，对于副词词尾"尔"的来源问题关注程度还略显不够，下面我们来具体地探讨一下副词词尾"尔"的来源。"尔"作为一个副词词尾不但在《魏书》中的使用频率依然很高，而且结合的范围也越来越广。这说明"尔"作副词词尾的能力虽然不及先秦，但仍有一定的生命力，而不像个别学者认为的那样：词缀"尔"到了中古时期已没有构词能力。有关副词词尾"尔"的来源问题，当前大都认为是由形容词词尾"尔"类化而来，这种说法也有一定的说服力。不过，我们认为：副词词尾"尔"可能是由上古汉语中的另一个副词词尾"而"同音假借、类化而来。上古汉语中"而"作副词词尾的用法形成的时间较早，到了上古中、晚期，人们便开始仿照已有附加式副词的构词方式来创造新的附加式副词，由于"尔"具有在语音、构词方式上（常作形容词词尾）的一些优势，所以被作为首选对象进入其中。后来，又由于形容词词尾"然"与"尔"在上古汉语中有着相同的构词功能，又类化出了一个副词词尾"然"。具体图示如下：

既而→既尔→既然
已而→已尔→已然
俄而→俄尔→俄然

第三节 《魏书》与《南齐书》副词比较分析

一 选择《南齐书》的原因及比较目的

《南齐书》是我国历史上第一部比较完备地记述南齐王朝（479—502年）兴亡史的史书，作者萧子显（约485—537年），南朝梁南兰陵（今江苏武进西北人），一生几乎未到过北方。《魏书》成书于6世纪五六十年代，作者魏收（506—572年），钜鹿下曲阳人（今河北省石家庄人），一直生活在北方。这两部书无论是成书时间，还是作者所生活的时代，都大致相当。其次，两书作者所处地理位置又都具有典型的代表性和可比性，一在南方、一在北方。再者，两书的性质相同，都是史书。所以，两书的语言都会不同程度地反映出当时汉语的南北差异。为了探求南北朝时期南北方在汉语副词运用方面的不同，笔者就以《南齐书》和《魏书》为代表，结合同时期的其他语料，对其中的副词进行比较和分析。希望能够从中管窥当时南北方在副词使用方面的一些地域性特征。

由于两书的篇幅悬殊较大，我们姑且不作整体上的比较，只选取一些不在两部文献中共现的典型个案为代表进行描写分析，以便能体现两书在副词运用方面的不同。

二 《魏书》和《南齐书》中的特色单音节副词

就单音节副词而言，两书除了继承上古已有的单音节副词外，都有一定量的新兴单音节副词出现。在新兴单音节副词中，都以上古旧有单音节副词的多义化为主要增长方式，在增长速度上都远远低于双音节副词。不过，这两部文献在单音节副词的使用上也各有特色，出现了一些互不通用的单音节副词。下面进行举例性说明。

（一）《魏书》的特色单音节副词

［苦］是中古新兴的一个单音节副词，作总括范围副词，可译为"全、都"；作程度副词，可译为"很、甚"。该用法仅见于《魏书》而不见

于《南齐书》，通过对南北朝文献的检索发现^①，前者仅见于北朝文献，后者则通行于南北朝。如：

（1）令曰："卿似欲致谏，故以左右有人，不肯苦言。朕为卿屏左右，卿其尽陈之。"（《魏书·张普惠传》）

（2）大率桑多者宜苦斫，桑少者宜省剶。秋斫欲苦，而避日中；冬春省剶，竟日得作。（《齐民要术·种桑柘》）

（3）母大怒，詈之苦切，曰："汝自有妻妾侍婢，少盛如花，何忽共许高丽婢奸通，令致此罪。我得高丽，当噉其肉。"（《魏书·北海王传》）

（4）宣武又重表，辞转苦切。《世说新语·排调》

例（1）"苦言"与下文"尽陈之"相对，即"多言""全言"。非"逆耳之言"义。例（2）"苦"与"省"相对，意为"大概桑条多的要尽量多地剶去一些枝条，桑条少的要少剶。枝条多的要在秋天剶，把不必要的枝条尽量全部砍去，不过应该避开日中时段；枝条少的桑树，要在冬天、春天剶，尽量少剶，不用避日中全天可以做"。例（3）"苦切"，即"很严厉"。例（4）"辞转苦切"，即"言辞变得非常严厉"。

［经］在现代汉语中经常作动词。可是在中古时期，除了此用法外，还有两种副词用法：一种作时间副词表示过去曾经做过某事或出现过某种性状，可译为"曾经"；一种作时间副词表示频率，可译为"常常"，该用法始见于魏晋，如《文选·嵇康〈与山巨源绝交书〉》："然经怪此意尚未熟悉于足下，何从便得之也。"李善注："言常怪足下何从而便得吾之此意也。""经怪此意尚未熟悉于足下"即"经常奇怪您对我并不熟悉，从哪里得知我的这种想法"。嵇康，谯国铚县（今安徽濉溪）人，其方言属于中原官话。前者在这两部书中均存在，后者却只在《魏书》中出现。通过检索发现后者不见于南朝文献。如：

（5）小人难育、朽棘不雕，长恶不悛，岂容抚养。散骑常侍、镇东将军、领扈左右赵修，昔在东朝，选充台皂，幼所经见，

---

① 南朝文献检索对象选取了《宋书》《南齐书》《世说新语》，北朝文献选取了《魏书》《洛阳伽蓝记》《齐民要术》。

长难遗之。（《魏书·赵修传》）

［**向**］在上古时期常常作时间副词，表示刚刚。到了中古又新生了两种副词用法，一种是仍用作时间副词表示动作行为的将要发生，可译为"将要、快要"；一种是作程度副词，表示几近度，可译为"几乎、将近"。后两种用法不见于《南齐书》。据查，这两种用法，通用于南北朝。如：

（6）瑀有女始笄，妙选良偶，有心于昉。遂别设一席于坐前，谓诸弟子曰："吾有一女，年向成长，欲觅一快女婿。谁坐此席者，吾当婚焉。"（《魏书·刘昉传》）

（7）以向熟羊肶投臛里，更煮，得两沸便熟。（《齐民要术·羹臛法》）

（8）虽怀犬马之诚，遂无尘露之益。年向九十，生理殆尽，永绝天光，沦没丘壑。《宋书·王敬弘传》

（9）又臣家贫禄薄，唯任孤力，至于纸尽，书写所资，每不周接，暨正始元年，写乃向备。（《魏书·崔光传》）

（10）讫，向一食顷，便拔醡①取汁煮之。（《齐民要术·饧舖》）

（11）自去夏侵暑，入此秋变，头齿眩疼，根痼渐剧，手足冷痹，左胂尤甚。素不能食，顷向减半。《宋书·颜延之传》

例（7）"以向熟羊肶投臛里"即"以快要熟的羊百叶放入肉羹中"。例（10）"向一食顷"即"将近一顿饭的工夫"。例（11）意为"从去年夏天开始到今年秋天，头晕目眩，牙齿疼痛，手脚凉麻，左肩胂骨尤其厉害。平时不能吃饭，近来几乎减去一半"。

［**仅**］在上古汉语中作范围副词表示限定，可译为"只"。到了中古，又引申出时间副词用法，表示"刚刚"。这一用法大概是由范围副词和时间副词之间在语义上具有隐含的相似性演化而来。我们遍检了所能查到的字书，均未收录该义项。通过对南北朝文献的检索，仅此1例，

---

① 醡：滤酒。

应为个人特殊用法。如：

（12）悦自杀岳后，神情恍惚，不复如常，恒言："我仅睡即梦见岳语我'兄欲何处去'，随我不相置。"（《魏书·侯莫陈悦传》）

（二）《南齐书》中的特色单音节副词

[辄]在上古汉语中常用作关联副词和时间副词，分别表承接和频率，相当于"于是，就"和"常常"。到了中古时期又出现了范围副词用法，表示"全、都"。这种用法大概是从表高频的副词"常常"义引申而来的，"常常"是表示动作的经常，某一动作经常发生即没有例外，于是转而表范围的总括。这一用法在《南齐书》中有所体现，却不见于《魏书》。经检索，发现多见于南朝文献，而不见于北朝文献。举例如下：

（13）彬曰："掷五木子，十掷辄鞬，岂复是掷子之拙。吾好掷，政极此耳。"（《南齐书·卞彬传》）

（14）礼所云还葬，当谓荒俭一时，故许其称财而不求备。丁况三家，数十年中，葬辄无棺椁，实由浅情薄恩，同于禽兽者耳。《宋书·何承天传》

例（13）意为"掷五木子，掷了十次全部为负，这哪里是掷子者的笨拙。我喜欢掷五木，只想把它掷个痛快而已"。例（14）意为"礼义所强调的把尸体运回故乡埋葬，应当是指在灾荒困难的时候，因此允许根据各家财力筹办丧事，而不求完备。丁况三家的后代，几十年中葬人全不用棺木，实在是由于恩情浅薄，同禽兽一般"。

[幸]在上古汉语中是一个谦敬副词，表示对对方的尊敬。到了中古又新生了两种副词用法：一是作恰幸副词，表示事实与某一设想或某一情况正相吻合，可译为"刚好""恰"；一是作时间副词，用在动词前，表示事实本来如此，可译为"本来"。以上两种副词用法《汉语大词典》所引首见例为唐代例[1]，滞后。根据检索，这两种用法均多见于南朝文献。举例如下：

---

① 罗竹风等：《汉语大词典》（重印本），上海辞书出版社2008年版，第2卷，第1088页。

（15）吾非敢叨夫曩贤，庶欲从九九之遗踪。既于闻道集泮不殊，而幸无职司拘碍，可得奉温清，展私计，志在此尔。《南齐书·刘瓛传》

（16）既被诛，巴西太守柳弘称启太祖，敕答曰："柏年幸可不尔，为之恨恨！"（《南齐书·文惠太子传》）

（17）汝既有美尚，加以吾意殷勤，何至不能慨然深自勉厉，乃复须严相割裁，坐诸纭纭，然后少止者。幸可不至此，一门无此酣酒，汝于何得之？《宋书·衡阳文王刘义季传》

例（15）意为"我不是敢叨先前那些贤人的光，是希望顺应阴阳天道留下的一点痕迹。既然领会某种道理与受教化没有什么区别，而我恰好没有官职的约束妨碍，可以侍奉老母能冬暖夏凉，实施我个人的打算，我的志趣在这里罢了"。例（16）"幸可不尔，为之恨恨！"即"本来可以不这样，为他感到遗憾"。例（17）意为"你既有美好德行，加上我的殷切期望，为何不能慨然深刻地自我约束，竟然必须严加制裁因种种过失而得罪，然后才稍微控制饮酒呢？""本来可以不到这一步，我们一家无人这样迷恋于酒，你是从哪学来的？"

三 《魏书》和《南齐书》中的特色双音节副词

从历时的角度看，在两书中出现了通用于两书的中古新兴双音副词，却不见于《汉语大词典》。如"一旦"最通行的副词用法是用作关联副词，表假设，这一用法在上古汉语中已经成熟。到中古时期，又产生了情态副词用法，表示突然，这种用法当由关联副词用法引申而来。因为"一旦"在作假设关联副词时，常常隐含着一种意外的意味。动作行为的意外发生，常常是突然的，所以又引申出了表"突然"义的副词用法。这一用法两书中均出现，却不见于《汉语大词典》。如：

（18）衍未败前，灾其同泰寺，衍祖父墓前石麟一旦亡失，识者咸知其将灭也。（《魏书·萧衍传》）

（19）长兄臣谌之，复早殒没，与亡第二兄臣谟之衔戚家庭，得蒙训长，情同极荫。何图一旦奄见弃放，吉凶分违，不获临奉，

乞解所职。《南齐书·胡谐之传》

例（19）"一旦"与"奄"并用，均表"突然"义。该例意为："大哥去世，二哥在家中饱含忧伤，得蒙二哥的教训长大成人，就像受到了极大的庇荫一样。怎料突然离开我，彼凶我吉互相违离，不能亲临侍奉，请求解除我的官职"。

除了上述用法外，就双音节副词的运用情况而言，两部文献在某种程度上也有一定自己的特色，都出现了能够代表自己地域特征的双音节副词。从总的情况来看，《魏书》中出现了较多的近、现代汉语中才流行起来的副词，如"始终""终于"等，这可能是由于近、现代汉语是以北方话为基础方言的缘故。

（一）《魏书》中的特色双音节副词

［**造次**］作时间副词，用在动词前，表示动作行为时间的短促，可译作"片刻、立即"。该用法不见于《南齐书》。经检索，在南朝文献中仅看到沿用于上古的情态副词义，表动作行为的匆忙急促，可译为"仓猝"。如：

（20）少雍性清正，不惮强御，积年久讼，造次决之，请托路绝，时称贤明。（《魏书·辛绍先传》）

（21）诞素无才略，畜养又寡，自拒王命，士庶离散。城内乏粮，器械不足，徒赖免兵仓头三四百人，造次相附，恩怨凤结。《宋书·文五王传·竟陵王刘诞》

（22）吾义亦如文，造次乘我，颠沛非物。吾无师无友，不文不句，颇有孤神独逸耳。《南齐书·张融传》

例（21）意为"刘诞向来缺少才干谋略，蓄养的亲信又少，自从他抗拒朝命以来，士人百姓纷纷离散。城内缺乏粮食，守城器械不足，只依赖免去兵役的奴仆三四百人，仓猝依附他，这些人相互之间早就有恩恩怨怨"。例（22）中的"造次""颠沛"为用典，该典故出于《论语·里仁》："君子无终食之间违仁，造次必于是，颠沛必于是。"该例意为"我的主旨也与文章一样，哪怕是仓猝颠沛之间均在我心里没有别的东西。我没有师长没有朋友，不逐章追句，很有孤身求道，独怀逸兴的意思"。

除以上例外，《魏书》还出现了一些普遍认为是近、现代汉语中才出现的双音节副词。他们在《魏书》中的用例已相当典型，可在《南齐书》中却未出现，我们不妨列举如下：

［**反而**］作副词表示与上文意思相反或意料之外，在句中起转折作用，到近、现代汉语中才盛行起来。《汉语大词典》举的例证全是现代汉语中的例证，略显不妥，其实在《魏书》中已表现得相当成熟。经检索发现，该用法仅见于《魏书》，不见于南北朝其他文献。如：

（23）至尉升湖，绚曰："吾为人吏，反而见擒，有何面目得视公也。"投水而死。（《魏书·裴叔业传》）

［**先后**］作副词，表示一段时期内发生事件的顺序，在《魏书》中已经出现，到近、现代汉语中，使用更为广泛。在《魏书》也仅见 1 例。经检索，还见于南朝文献。如：

（24）方藉良才，遂登高秩，先后凋亡，朝野伤悼。（《魏书·良吏传·羊敦》）

（25）今遗黎习乱，志在偷安，非皆耻为左衽，远慕冠冕，徒以残害剥辱，视息无寄，故绁（襁）负归国，先后相寻。《宋书·何承天传》

例（25）意为"如今北方遗民习惯了战乱，所愿不过是苟且偷安，他们并非全都因为异族统治而感到羞耻，羡慕远方圣朝的冠冕，只因为不能忍受残害盘剥，生命无保障，所以携家眷归国，先后络绎不绝"。

［**公然**］作情态副词，表示公开、明目张胆、毫无顾忌地做某事。《汉语大词典》所举的最早例证是唐代杜甫诗中的例句。实际上在《魏书》中已出现。经检索当时的南北朝文献仅在《魏书》中出现 2 例。如：

（26）案律：在边合率部有满百人以下，身犹尚斩；况仲达公然在京称诏聚众，喧惑都邑，骇动人情。（《魏书·裴叔业传》）

［**过于**］是现代汉语中才普遍盛行起来的一个程度副词，表示程度或数量过分。《汉语大词典》所举例证，最早见于宋代。实际上在《魏书》

中也有所表现，虽然不是很成熟，但已经具有了程度副词的影子。经检索南北朝文献，仅在《魏书》出现 1 例。如：

（27）时固年逾五十，而丧过于哀，乡党亲族咸叹服焉。（《魏书·阳尼传》）

（二）《南齐书》中的特色双音节副词

[**方幅**公开、公然]是一个具有南方地域色彩的情态副词，多见于南朝文献，如"络秀语伯仁等：'我所以屈节为汝家作妾，门户计耳！汝若不与吾家亲亲者，吾亦不惜余年。'伯仁等悉从命。由此李氏在世得方幅齿遇①"。《世说新语·贤媛》宋《琐语》："方幅，晋宋人方言，犹公然也。"经检索，共检得 3 例，均在南朝文献中出现。

（28）有仗者非臣一人，所以不容方幅启省，又因王俭备宣下情。（《南齐书·豫章文献王传》/411）

（29）且欲防微杜渐，忧在未萌，不欲方幅露其罪恶，明当严诏切之，令自为其所。《宋书·吴喜传》

（30）遣军政欲乘际会，拯危急，以申威援，本无驱驰平原方幅争锋理。《宋书·衡阳文王刘义季传》

例（28）意为"有仪仗者不只我一个人，因而不能公然启奏，又通过王俭详述情况。"

例（29）"方幅露其罪恶"，即"公然揭发其罪恶"。

例（30）意为"派兵打仗只想让抓住时机，拯救危急，进而展示君威，本来就并没有驱驰平原公然争强好胜的道理"。

通过以上比较分析，可以看出：虽然两部书的史书性质要求它们必须保持典雅守正的语言风格，但从整个双音节副词的历时发展进程来看，《魏书》中一些双音节副词始终站在时代发展的最前列，代表着副词发展的新生力量，引领着双音节副词新的发展方向。相反，《南齐书》在保持史书的语言风貌上做得相对较好，无论发展速度，还是单个副词用法的灵活性都显得相对滞后。

---

① 齿遇：平等相待。

章结：本章从历时和共时两方面对《魏书》中中古新兴、盛行副词的使用情况进行了全面的分析描写。第一节主要从历时发展的角度出发对《魏书》中的新兴副词总貌进行了描写分析，旨在揭示《魏书》副词所反映的整个副词系统动态的历时变化过程。第二节主要对《魏书》的双音节副词的具体运用情况进行了分析，从中我们可以看出：《魏书》中的双音节副词与现代汉语相比，无论在构成方式上，还是在分布范围上，都表现得相当成熟。第三节主要从共时角度入手，通过对两部文献中特色副词的比较分析，旨在展现这两部文献在副词使用方面的各自特色。

第六章 《魏书》副词的语法化类型探析

第一节 跨层结构的语法化
——副词"极其""不过""过于"的语法化历程探究

所谓"跨层结构的语法化"就是指由本不在同一个句法层次的两个相邻单位变为一个词。也就是说，句法上本来不在同一个结构层次上的两个成分在发展过程中跨越原有的组合层次，彼此靠拢，逐渐虚化凝固成一个新的结构体，最后再由这个新的结构体凝聚成一个新的语言单位。经由跨层结构语法化这一途径产生了一些双音节词，这些双音节词的词性以虚词居多，有连词、介词、副词等。本节主要探讨一些常用副词的语法化形成过程，以"极其""不过""太过"三个副词的语法化历程为代表来进行具体分析。希望能够为副词语法化机制的探索和一些副词的语源研究提供些许参考性资料。

一 "极其"的词化历程与动因
（一）"极其"在现代汉语中的使用情况

在现代汉语中，"极其"是一个常用程度副词，表最高程度，相当于"十分、非常"。用于书面，只修饰多音节形容词、动词。如：

（1）态度极其严肃诚恳。

（2）这项决定极其正确。

（二）"极其"在汉语史中的演变

"极其"的使用情况在不同的历史阶段有所不同。分述如下：

1. 上古汉语中的使用情况

"极"本是一个名词，表示古代木式结构房屋中最高的梁。《说文·木部》："极，栋也。"栋，即"梁"，现代汉语中"栋梁"一词是以同义连文的形式组合而成的。词义由"最高的梁"引申出事物的顶点，如"登峰造极"，进而转化为动词表示"达到事物的最大限度""穷尽、竭尽"义，如"物极必反"。"极"表示"穷尽、竭尽"义，"其"是一个限定词，相当于"名词+之"，经常作定语，与其后的中心语一起作"极"的宾语。"极"与"其"只是在线性序列上相连而不在同一个句法层次上。例如：

（3）上浸重贤，欲极其位。（《汉书·董贤传》）

（4）于是浮西河，绝大幕，破寘颜，袭王庭，穷极其地，追奔逐北，封狼居胥山。（《汉书·匈奴传》）

（5）告之海曰："夫千里之远，不足以举其大；千仞之高，不足以极其深。"（《庄子·天道》）

（6）极其数，遂定天下之象。（《周易·系辞上》）

（7）极其火力，可从而从之，不可从而止。（《孙子·火攻》）

（8）治《公羊春秋》，举为郎，至庐江太守丞，博通善属文，推衍盐铁之议，增广条目，极其论难，著数万言。（《汉书·郑弘传》）

从词性上来看，以上 6 例中的"极"均是及物动词，意义很具体，单纯地表示"竭尽、穷尽"，"其"与后面的中心语结合在一起作"极"的宾语，两者在句子中各有独立的句法功能。"其"后的中心语多是意义较为具体的名词，作动词"极（穷尽、竭尽）"的对象。在上古汉语中"其"后的宾语中心语以表示具体意义的名词为常。笔者对《庄子》《周易》《孙子》《汉书》中"极其"结构作了穷尽式调查，"极其"在这四部著作中共出现 8 例，"其"后以名词为宾语中心语的占到 7 例之多，只有 1 例（例 8）为谓词宾语。

2. 在中古汉语中的使用情况

到南北朝时期，在"极 + 其 X"这一结构中，"其"后的宾语中心语在词性上发生了明显变化，由带一般具体意义的名词为主转向了以带谓词性词语（行为动词或形容词）为主。我们调查了《三国志》《魏书》《宋书》，"极其"在这三部书中共出现 8 次；"其"后以谓词为宾语中心语的用例占到 5 例之多。如：

（9）存尽其敬，亡极其哀。（《三国志·魏书·文帝纪》）

（10）安可以功臣而极其陵肆，嬖幸而藉其国柄者哉？（《三国志·蜀书·法正传》）

（11）赐莅宣城，极其穷踬。（《宋书·王僧达传》）

（12）世隆兄弟群从，各拥强兵，割剥四海，极其暴虐。（《魏书·尔朱彦伯传》）

（13）且佞谀用事，功勤不赏，居官肆其聚敛，乘势极其陵暴。（《魏书·尔朱荣传》）

其余 3 例为名词：

（14）绍自为强盛，必欲极其兵势。（《三国志·魏书·崔琰传》注引《魏略》）

（15）上失其道，下极其难。（《魏书·匈奴刘聪传》）

（16）备物立成器，变通极其数。（《宋书·乐志四》）

为了更清楚地看清"极其"从上古到中古演化过程中句法上所呈现出的一些变化，列表作一比较如下：

表 6—1　　　由上古到中古"极其 + 宾"中"宾语"情况表

时代 类别　次数	上古	中古	各占总数百分比			
			上古		中古	
			次数 / 总数	百分比（%）	总数	百分比（%）
宾语为名词	7	3	7/8	87.5	3/8	37.5
宾语为谓词	1	5	1/8	12.5	5/8	62.5

时代 类别　　次数	上古	中古	各占总数百分比			
			上古		中古	
			次数 / 总数	百分比（%）	总数	百分比（%）
单音节宾语	6	3	6/8	75.0	3/8	37.5
双音节宾语	2	5	2/8	25.0	5/8	62.5
双音节谓词宾语	1	4	1/8	12.5	4/8	50.5

由表6—1可以看出，"极其"在句法上的变化主要表现在两个方面：第一，"极"所支配的宾语中心语由以名词为主变成了以谓词（形容词）为主。"极其"在《庄子》《周易》《孙子》《汉书》中共出现8次，"其"后以名词为宾语中心语的用例占到7例，约占总数的87.5%，谓词宾语仅1例，仅占其中的12.5%；而在中古时期的三部史书中，名词宾语只出现3次，仅占总数的37.5%，谓词宾语出现5例，占到其中的62.5%。谓词结构作宾语本身就不符合汉语的常规表达习惯，因此在认知上很容易引起人们对此结构的重新认识与分析。由于这一句法结构与人们固有的认知结构模式"状中结构"在外形上十分相似，一部分人就可能将此结构分析为"状中结构"。由此可见，到中古时期，在主观认知上人们已经开始对"极其"是否副词化产生了模糊分歧，这很可能就是引发"极其"后来词汇化的主要内在动因。

第二，"其"后宾语中心语的音节数量，由上古的以单音节语词为主，演变成了以双音节为主。《庄子》《周易》《孙子》《汉书》中的8例中"其"后单音节词充当宾语中心语的占6例，约占总数的75%；双音节词仅有2例，只占其中的25%。而在中古时期的三部史书中，"其"后双音结构宾语中心语达到5例，占到了总数的62.5%，单音节词只有3例，仅占其中的37.5%。这种双音结构作宾语中心语，经常与"极其"一起组成四字格式。四字格式的韵律节拍通常是"二二"式，这样一来，在音感上就把"极其"框在一个音步当中。这种音节分步又将进一步推动"极其"的双音词化。

值得注意的是，到中古时期，"其"后的双音节谓词结构宾语中心语，由上古的12.5%上升到了50%。这一结构在"极其"副词化历程中所起的作用尤为关键。一方面，谓词结构作宾语本来就不符合汉语的常规表达习惯，很容易引起人们认知上的重新分析；另一方面，双音节谓词结构又常常与"极其"结合在一起，组成四字格式，受四字格式常见韵律节奏方式（两个音节为一个音步）的影响，在音感上又经常把"极其"框在一个音步当中。因此，"极其+双音谓词结构"无论在内在的主观认知上还是外在的韵律节奏上都为"极其"的词汇化做好了准备。这一结构形式在中古时期所占比例的不断扩大，预示着在未来的发展中"极其"的副词化将势在必行。

从上古到中古，"极+其X"的句法结构为什么会发生如此变化？主要有以下两方面的原因：其一，"其"后"极"的宾语中心语词性的转变，主要是"极"的动词功能进一步完善。在上古初期，"极"本是一个名词，后来引申出动词用法，在演化为动词之初它只能本分地履行动词的职能，即以带名词宾语为主。随着语言的不断发展，以及"极"的动词功能的不断完善，到中古时期，其后不仅可以带名词宾语，而且还可以带谓词宾语。至于谓词宾语的数量远远超过名词宾语的数量，这可能与南北朝时期文人喜欢雕词琢句的文风有关；其二，"其"后以跟双音节词语作宾语中心语为主要趋势，这个双音节词语又经常与"极其"一起组成四字格式，这与魏晋南北朝时期骈体文的逐渐兴起有关。骈体文多采用"四六"句式，追求形式上的严整对仗与辞藻的华美。这种文风在当时曾一度成为一种时尚，当时人们在进行文学创作时都或多或少地受骈体文创作的影响，即多用"四六"句式，讲究平仄与对仗。

3. 在近代汉语中的使用情况

为了更清楚了解"极其"在汉语史中的历时演变情况，我们选取史籍：（后晋）刘昫主持纂修的《旧唐书》（150卷）、（宋）欧阳修撰《新五代史》（74卷）、（元）脱脱等主持纂修的《宋史》（496卷），以及明清小说：（明）罗贯中的《三国演义》与（清）吴敬梓的《儒林外史》作为近代汉语语料，对其中的"极其+X"句式所表现出的句法特点作了穷尽式的调查研究。为了便于说明，现将调查情况列表如下：

表 6—2 　　　　　　　近代汉语中"极其 +X"中"X"情况表

"极其+X"中"X"为次数	唐五代 旧唐书	宋元 新五代史	宋元 宋史	明 三国演义	清 儒林外史	各占总数百分比 唐五代 总数	各占总数百分比 唐五代 百分比(%)	宋元 总数	宋元 百分比(%)	明 总数	明 百分比(%)	清 总数	清 百分比(%)
双音节谓词	1	1	14	13	11	4	25	31	48	14	93	11	100
单音节谓词	1	0	3	0	0	4	25	31	10	14	0	11	0
谓词结构，主语为无生命事物名词	0	1	4	7	3	0	0	18	28	13	54	11	27
可认定为副词	0	1	4	7	9	2	0	5	28	13	54	11	82

　　由此表可以看出，与中古时期相比，唐代以后，"极其 +X"在句法上又发生了一些变化：

　　第一，"极其 +X"中的"X"为双音谓词结构的通行范围仍在持续扩大。在宋元之前，"X"为双音谓词结构所占比例与中古时期基本持平，接近 50%，到明代，这一结构所占比例突然上升到 93%，至清代中叶"极其"只修饰谓词结构。如前所述，这一句法结构无论在内在的主观认知上还是在外在的韵律节奏上都与人们习见的状中结构非常相似。到明代，这一结构所占比例如此之高，足以证明"极其"与"XX"之间的句法结构与功能已经发生了根本性转变：由当初不符合人们常规表达习惯的"动宾结构"转变成了"状中结构"。这也说明，到明代"极其"作为一个副词，已经初步显示出它的作用，在句中作状语，因此就造成了"极其 + 双音谓词"结构的大量涌现。至于副词"极其"始见于明代之前的何时？只有先确定了副词"极其"的认定标准，才能找出答案。由于只有"极其 + 双音谓词"结构才能满足促使"极其"词汇化的内外在主客观条件，"极其"副词化也只有在此句法格式中才能得以完成。在此句法结构中"极其"必须满足以下两个条件，才能认定为副词：首先，在语义上"极"的动词性与"其"的指代性必须完全消失，"极其"只专注于修饰其后的谓词成分。其次，从句法结构上来说，"极其"前的主语必须是不具有施动性的有生命植物名词或非生物名词，并且这一名词的语义指向"极其"后的"双音谓词结构"。这两条标准其实是统一的，"极其"前的主语只有为有生命植物名词或非生物名词时，"极"的动词性与"其"的指代性才能完全消失，"极其"才能成为一个典型副词。

第二，在"极其+双音谓词"结构中，"极其"前出现无生命事物名词作主语的最早用例始见于（北宋）欧阳修撰《新五代史》中，并且这一主语所表事物的语义指向"极其"后的双音谓词结构。如：

（17）峻于枢密院起厅事，极其华侈。（《新五代史·王峻传》）

此例中"极其"主要修饰"华侈"，"华侈"是对"厅事"外观豪华奢侈的一个客观摹状，即"厅事极其豪华奢侈"。在北宋之前，在"极其+双音谓词"结构中，"极"前的意念主语全都是具有施动性的有生命动物名词。有生命动物名词位于"极"前作主语，表示自己要竭尽自己的所有来做成某事，对"其"后的宾语中心语具有较强的可控性。有生命动物名词可控的大都是自身的力气、性情等，"其"一般用来复指前面的主语。如《魏书·尔朱荣传》："且佞谀用事，功勤不赏，居官肆其聚敛，乘势极其陵暴。"当权的佞谀之臣对自身是否运用残暴的手段欺压百姓排除异己具有可控性，"其"复指当权者。当主语转变为无生命的事物名词时"极"就失去了动源，促使其动词性彻底消失，同时"其"的指代对象也失去了原型。当后跟性状类的双音节形容词时，无论在音感上还是在语义上，"极其"都可认定为一个副词，标志着"极其"副词化基本完成。据此，我们认定副词"极其"出现时代不会晚于北宋。

在元代史官脱脱等主持纂修的《宋史》中此类用例共出现3例，这3例均可看作"极其"副词用法基本成熟的代表。如：

（18）帝厚于姊妹，故主第池籞服玩极其华缛。（《宋史·公

主传·英宗四女》）

（19）而安易论请不已，仍募工铸大钱百余进之，极其精好，俄坠殿阶皆碎，盖熔铄尽其精液矣。（《宋史·赵安易传》）

（20）尝以珠结鞍勒为戏龙之状，极其精妙，以献太祖。（《宋史·世家四·南汉刘氏》）

例（18）"极其华缛（繁盛）"是用来描写"主第（公主的住宅）""池藻（水上居室）"，以及"服玩（服饰玩好之物）"的，"极其"修饰"华缛"。例（19）"精好"是用来说明"钱的质地"；例（20）"精妙"用来描绘"戏龙之状的鞍勒"。据此可以推断出，副词"极其"在宋代萌生以后，到元代又得到了进一步发展。到明代，这一用法继续发展，在明代罗贯中的《三国演义》中"极其+X"结构共出现14例，可认定为副词的仍然只有此类用例，其总数达到了7例，占50%之多。列举如下：

（21）兵出潼关，操在马上望见一簇林木，极其茂盛。（《三国演义》第71回）

（22）护驾龙虎官军二万五千，分为五队，每队五千，按青、黄、赤、白、黑五色，旗幡甲马，并依本色：光辉灿烂，极其雄壮。（《三国演义》第71回）

（23）玄德曰："适间所吟之句，极其高妙。"（《三国演义》第37回）

（24）卓接视之，见其刀长尺余，七宝嵌饰，极其锋利，果宝刀也；遂递与吕布收了。（《三国演义》第4回）

（25）孔明曰："亮居隆中时，即闻操于漳河新造一台，名曰铜雀，极其壮丽；广选天下美女以实其中。"（《三国演义》第44回）

（26）正曰："陇西有一去处，名曰沓中；此地极其肥壮。"（《三国演义》第115回）

（27）又立崇华殿、青霄阁、凤凰楼、九龙池，命博士马钧监造，极其华丽：雕梁画栋，碧瓦金砖，光辉耀日。（《三国演义》

第 105 回）

例（21）"极其茂盛"是用来描写"树林"的；例（22）"雄壮"意念上的主语是"军队所呈现出来的气势"，"极其"修饰"雄壮"；例（23）是指"诗句极其高妙"；例（24）指"刀极其锋利"；例（25）指"铜雀台极其壮丽"；例（26）"肥壮"是用来说明"土地"；例（27）"极其华丽"是来描写楼阁建筑的装潢。随着"极其"副词用法的不断成熟与完善，到清代中叶，"极其"的就只专注于修饰其后的性状类形容词或心理活动类动词，不再受前面主语的任何限制。"极其"前的主语既可以是具有施动性的有生命生物名词也可以是非生物名词。在《儒林外史》中，"极其"共出现11例，其中可以认定为典型副词用法的有9例，主语为非生物名词的用例出现3例，其余6例主语均是具有施动性的名词。这说明"极其"的副词用法到了清代中叶已经完全成熟，对其前的主语已经没什么特殊要求。在《儒林外史》中还出现了"极其"修饰表示心理活动的及物动词并且后面带宾语的典型用例。人对自己的心理活动同样具有可控性，可在这一结构中主语——人与表示心理活动的动作之间具有一种天然的内在联系，两者之间直接组成"主谓"结构，其中的"极其"完全固化成了一个整体，在句中作状语。这说明，到清代中叶，"极其"的副词功能已经完全成熟，不再受前面主语的任何限制，只专注于修饰其后的成分。如：

（28）王老爹极其欢喜鲍廷玺，拿出一个大红缎子钉金线的钞袋来，里头装着一锭银子，送与他。（《儒林外史》第 25 回）

（29）杜少卿道："方才我家人王胡子说，我家太老爷极其喜欢你，要照顾你。"（《儒林外史》第 31 回）

（30）迟衡山道："前日承见赐《诗说》，极其佩服。"（《儒林外史》第 34 回）

以上三例中的"极其"与现代汉语中"极其"用法已经没什么两样，这说明到《儒林外史》时期，"极其"的副词用法已经完全成熟。据此，可以得出这样的结论：副词"极其"萌芽于北宋，发展于元明时期，完全成熟于清代中叶。

综上所述，在"极其+X"这一结构中的"X"在上古时期就出现了谓词性成分，这就预示着人们在主观认知上可能会对"极其+X"的句法结构进行重新分析。到中古汉语中其中的"X"演变成了以双音谓词结构为主，并与"极其"一起组合成四字格式，这意味着不但在内在的主观认知上还是在外在的韵律节奏上"极其"都已经具备了发生词汇化的主客观条件。"极其"经过魏晋南北朝以及唐五代长时期的酝酿，到了北宋，已经到了瓜熟蒂落的时节，就应运而生。"极其"的副词用法形成之后在相当长的一段时间内，前面的主语都是不具有施动性的非生物名词或有生植物名词，直到清代中叶才摆脱了前面主语的限制，完全成熟。当然，副词"极其"的萌生、发展并不断兴盛过程同时也是"极"的动词用法不断衰弱消亡的过程，"极"的动词用法的完全消亡是一个漫长的过程，直到现代汉语中才全部完成。

（三）"极其"词化机制与动因

张谊生（2007）对"极其"一词的出现时代也作出了详细而周密的论证[①]，读后深受启发，可张先生认为"极其"萌芽于南宋，时代略晚，在北宋欧阳修撰的《新五代史》中已经出现了可靠用例。此外，张文对"极其"一词的词化机制与动因着墨较少，笔者打算在这方面做些努力，以补其不足。笔者认为主要由以下四个方面的原因造成了"极其"的副词化。

1. 认知机制

在"极+其X"这一结构中，"其"后的宾语中心语在发展中所呈现出的谓词化趋势引发了人们对此句法结构的重新分析。从上古开始，"极+其X"中的"X"在语言的历时发展演变中就一直呈现出谓词化趋势。谓词性词语作宾语中心语不符合汉语的常规表达习惯，当谓词性词语处于这一句法位置时，就会和语言表达者固有的句法认知模式之间发生冲突。重新组成的句法格局与另外的一种习见的常规句法格式——状中关系，无论在语法形式上还是在语法意义上都非常相似，在人们认

---

① 张谊生：《从间接的跨层连用到典型程度副词——"极其"的词汇化和副词化的演化历程和成熟标志》，《古汉语研究》2007年第4期。

知心理的驱使下，就会不由自主地对此格式进行重新认识。由重新认识就必然会带来对此句法格式的重新分析。[①]在对此格式进行重新分析的过程中，在初期，就会产生仁智不一的模糊分歧：一些人认为在句法功能上没有发生变化，它们之间的句法结构关系仍是动宾关系；一些人可能认为已经发生了变化，把其结构关系重新分析为状中关系，如例（10）—（13）。这时，人们就会根据不同的语义背景对此结构作出不同的认知选择。

2. 韵律节奏的双音化

到了中古汉语中，"其"后的谓词性宾语中心语大都是双音节成分，这个双音结构又常常与"极其"一起构成四字格式，这种四字格式在文献中达到了半数。这种四字格式在句中通常充当小分句，前面又常有相应的四字格式与它相呼应。从韵律的角度分析，又进一步促使两者迅速地结合在一起。四字格式最常用的节拍方式是"二二式"，即前两个字作为一个节奏单位，后两个字作为一个节奏单位。"极其"处在四字格式中就会促使它经常放到一个"音步"当中："极其/穷蹙、极其/暴虐、极其/陵暴、极其/俭薄"，这时候的"极"和"其"在音感上经常被推在一起紧密结合。随着这种格式使用频率越来越高，人们在音感上就会不自觉地把"极其"放在一起，处在稳定音步中的两个成分必然会被音步"楷化"起来而趋向词化。在对此结构重新认识的过程中，"其"就渐渐脱离对其后的中心语的依赖而慢慢向前靠拢。这样一来，就使本不在同一个句法层次上的"极"和"其"开始结合在一起。这种双音结构作"极"的宾语中心语，在音感上将"极其"推入一个音步当中，成为"极其"词化的外在推手。

3. "极"前主语的无生命化

例（10）—（13）中的"极其"是否已经成为一个真正意义上的副词呢？还不能这么认为，因为它们的词汇意义还比较明显，"其"具有

---

① 刘坚、曹广顺、吴福祥：《论诱发汉语词汇语法化的若干因素》，《中国语文》1995 年第 3 期。

明确的指代对象。笔者认为只有"极"的动词性完全消失以及"其"不再具有指代性，只起衬音作用，这时"极其"才算真正成为一个典型副词。以上诸例中的"其"的指代意义仍然很明显，不过，这种"极其+双音谓词"结构格式，在副词"极其"的形成过程中起到了非常关键的过渡作用。

那么是什么原因促使"其"的指代性意义的消失，又进而促成了副词"极其"的形成呢？笔者认为，造成这一转变的最主要的句法语义条件，就是动词"极"前主语的变化。

"极"作动词表示"竭尽、穷尽"义，"其"后的宾语为名词时，"极"前的主语大都是具有施动性的有生命生物名词。并且这一生物名词对"其"后的宾语中心语具有可控性，通过动词"极"建立起这种可控关系。施动性的有生命生物名词可控的大都是自身的气力、性情等，"其"具有明显的指代性，要么复指"极"前的主语，要么指代句中已经出现的人或物。例如：

（31）人莫不贵其所有，而贱其所短，然而皆溺其所贵，而极其所贱。（《淮南子·诠言训》）

（32）鹤寿千岁，以极其游；蜉朝生而暮死，而尽其乐。（《淮南子·说林训》）

例（31）、例（32）中的"其"都指代副词"极"前的施动主语。这样的句式大都可以理解为"主语"（具有施动性的有生命名词）竭尽自己的力量、性情等。随着语言的不断发展，"其"并不仅仅局限于指代具体的对象，有时指代的对象相当抽象、模糊和宽泛。如：

（33）左右对曰："使者晏子，极其丑陋，面目青黑。"（《敦煌变文集·晏子赋》①）

例（33）中的"其"已不再单单指代某个具体的人或者群体，语义

---

① ［日］志村良治：《中国中世语法史研究》，江蓝生、白维国译，中华书局1995年版，第72页；向熹：《简明汉语史》（下），商务印书馆2010年版，第400页，均认为此例中的"极其"已为典型副词，略为不妥。黄征、张涌泉：《敦煌变文校注》，中华书局1997年版，第372页，认为该例的"极其"应为"极甚"。

上已经相当虚化空灵，相当于"那"。但是它仍有一定的指代性，指代凡是具有"丑陋"这种特征的人或物。并且，上例中的"极"仍可看作动词，可理解为"晏子穷尽了人世间所有的丑陋特征"，仍不能看作典型副词。

当"极"前的主语发生变化，主语不再是具有施动性的人或事物时，"其"的指代性就会变得无从着落，相对虚化，随着这种用法流行开来，"其"就变得越来越虚化，直至最后其指代性完全消失，成为一个类似词尾、只起衬音作用的语法成分。当其后跟表示性状类的形容词时，人们心目中固有的语法结构模式（动宾关系）就开始松动，形容词一般在句中作谓语，受习惯性句法认知模式的影响，人们想当然地把它们之间的句法结构关系分析为状中关系。这时，"极其"才能看作一个真正意义上的副词。就笔者所掌握的材料来看，在北宋之前，"极"前的主语没有出现非生物名词的情况，因此我们认为副词"极其"的形成时代不会晚于北宋，如例（17）。在宋代还出现了比较可靠的副词用例，如：

（34）常人为居室，不是极其华丽，则墙崩壁倒，全不理会。（《朱子语类·论语二十五》）

例（34）主语为"居室"。这些非生物名词作主语所带来的句法语义上的变化是，使"极"的动词"竭尽"义失去了动源，促使"极"的动词义消失，同时"其"的指代性也因主语的无生命化而趋向虚化。笔者认为此时"极其"的副词用法已基本成熟。

当然，随着副词"极其"的普遍流行，当"极其"作程度副词的用法深入人心时，"极其"只专注于修饰其后的谓词性成分，对位于自己前面主语的选择已经没有任何约束和限制。这时"极其"前的主语，已不再限于无生命的事物，也可以是具有施动性的有生命生物名词。就其后的中心语而言，也不再是仅仅限于表示性状的形容词，也可以是表示心理活动的动词，甚至是一般的行为动词，如例（28）（29）。再如：

（35）狄宾梁见儿子长了学问，极其欢喜。（《醒世姻缘传》第三十七回）

4. 副词"极"的类化

"极其"最终能够凝固成一个程度副词,而在上古汉语中与它用法、功能完全相同的"竭其""尽其"为什么没有凝固成词呢? 这是因为"极其"能够凝聚成一个程度副词具有一定的先天优势,在上古汉语中,"极"已是一个比较成熟的表极度的程度副词,"极"的程度副词用法与表"竭尽"义的动词用法并行。在"表竭尽义的动词+其X"这一格式中,当"其"后跟表心理活动的动词或表性状的谓词性宾语时,由于"极"的副词义的影射作用,在认知上很容易引起人们的模糊分析,又加上"极"前主语的无生命化,"其"指代性的虚化以及韵律节奏的影响,自然而然地就固化在一起。"竭"或"尽"不具备这样的条件,所以只能独守其动词用法。随着"极其"程度副词的用法逐渐成熟和不断完善,"极"把动词用法全部转嫁给了动作性较强的"竭"或"尽"。当然,这一过程是一个渐进的过程,并不是随着副词"极其"的出现,而"极"的动词义随即消失,两者在相当长的一段时间内和平共处,到现代汉语中,这一转变才基本完成。

(四)小结

起初,"极"和"其"是处于不同句法层次上的两个语言单位。"极"是一个动词,义为"穷尽、竭尽"义,"其"是一个限定词(包括定指标记和代词所有格两种用法),与其后的名词性成分共同作"极"的宾语。[①]"其"对后面中心语的修饰限制功能较强,不过,两者经常在线性序列上紧密相连,这给两者结合在一起创造了句法上的可能性。到了中古汉语中,"其"后的宾语中心语演化成了以双音节的谓词性词语为常式,并与"极其"一起组成四字格式,受四字格式韵律节奏的影响,"极"常常与"其"聚合成一个语音组块,出现在一个音步当中。这一句法格局与另外的一种习见的常规句法格式——状中关系,无论在语法形式上还是在语法意义上都非常相似,在人们认知心理的驱使下,就会不由自主地对此格式进行重新分析。后来,"极"前主语的无生命化促使"极"

---

① 董秀芳:《词汇化:汉语双音词的衍生和发展》(修订本),商务印书馆 2011 年版,第 275 页。

的动词性失去了动源而进一步弱化，"其"的指代性也因此而虚化，成为一个只起衬音作用的词缀，再加上程度副词"极"的类化作用，致使"极"的动词性彻底消失，两者完全结合在一起，凝聚成了一个完全意义上的双音节副词。这样一来，"极"和"其"重新结合成了具有新的句法关系和语法意义的双音组合。

总之，副词"极其"的形成是通过跨层结构的重新分析，进而以语法化来实现的，具体原因可以概括为以下几个方面：一是在句中，两者经常在线性序列上紧密相连为"极其"的词汇化创造了可能；二是认知上的重新分析，汉语韵律规则的作用以及主语的无生命化，这是造成"极其"副词化的主要动因；三是副词"极"的类化作用；四是汉语词汇双音化大趋势的影响。

二 "不过"副词化的认知视角

"不过"在现代汉语中经常用作范围副词，对动作、行为或数量的范围进行限定，表示把事情往小里说或者往轻里说。[①]在句中，经常位于谓语前，句末常用"罢了、而已"等语气词配合。如：

（1）今欲徙石为田，运土殖谷，计所损用，亩盈百石，所收不过三石而已，窃所未安。（《魏书·私署凉州牧张实传》）

（2）荣虽奇其胆决，然每云："兆不过将三千骑，多则乱矣。"（《魏书·尔朱兆传》）

当前，学界对范围副词"不过"的出现时代已基本达成共识，即"不过"在先秦时期已经出现并普遍盛行[②]，可对其形成机制、形成动因以及鉴别标准等问题的探讨尚不够深入。笔者打算在这方面做些努力，希望能对副词"不过"的形成过程有一个更加明晰的认识。

---

① 张谊生：《论与汉语副词相关的虚化机制——兼论现代汉语副词的性质、分类与范围》，《中国语文》2000 年第 1 期。

② 可以参见刘利：《先秦汉语的复音副词"不过"》，《中国语文》1997 年第 1 期；杨荣祥：《近代汉语副词研究》，商务印书馆 2005 年版，第 52 页。杨文认为唐代以前的"不过"仍应该看作动词结构，但没有充分展开证明，我们仍采用刘利先生的观点。

（一）"不过"的分布类型和用法

"不过"最初出现时是一个跨层结构，是一种只在表层形式上相邻而不在同一个句法层次上的两个成分的组合，是一个非语言单位。^①跨层结构的"不过"在句中连用出现时，"过"是一个及物动词，后面带宾语；"不"是一个否定副词，否定动词"过"。在古汉语中，跨层结构"不过"主要有两种表现形式。

1. "不"作状语修饰其后的成分，"过"为及物动词，表示"经过"。如：

（3）曼丽之容不悦于目，郑卫之声不过于耳。（《后汉书·杜笃传》）

（4）曾子立孝，不过胜母之间。（《淮南子·说山训》）

（5）望城不过，面邑不游。（三国·魏·曹植《应诏诗》）

"过"作"经过"解时，后面的宾语多是处所名词，表示经过的地点，如上例。在这些例子中，"过"的意义很具体，单纯地表示"经过"，"过"与其后宾语之间的句法结构关系是典型的动宾关系。"不"与"过"在句中各有独立的句法功能，语法意义和句法结构都相对固定，多表示"不经过具体的空间位置。"表"经过"义的"过"和副词"不过"的形成关系不大，故不作详细讨论。

2. "不"作状语修饰其后的成分，"过"是及物动词，表示"超过"。如：

（6）大都不过参国之一。（《左传·隐公元年》）

（7）贵而不过度，则臣道也。（《管子·乘马》）

（8）古者刑不过罪，爵不踰德。（《荀子·君子》）

（9）博为人廉俭，不好酒色游宴。自微贱至富贵，食不重味，案上不过三杯。（《汉书·朱博传》）

（10）其出不过三月，必有破国乱君，伏死其辜。（《晋书·天文志中》）

---

① 王静：《汉语词汇化研究综述》，《汉语学习》2010 年第 3 期。

"过"作动词时还有一个比较常用的义项，即"超过"。表"超过"义的"过"后跟体词性宾语时，语法意义相对宽泛，不仅可以指具体空间位置上的超过，而且可以指超过某一范围、数量、限度等，如例（6）—（10）。"不过"最终能够凝固成一个表限定的范围副词与"过"的这个意义关系很大。从语义上来看，"不"与"过"连起来就是"不超过"，"不超过某一具体的范围、数量、限度"本来就对其后的宾语有一定的限定作用。无论这个后跟宾语的结构成分是简单还是复杂，在语义上它都是一个相对独立的个体，在句法结构上它总是作为一个完整的语言组块来出现。动词"过"与其"对象"之间这种相对松散的结构关系，为"过"的靠前分析提供了句法与语义上的可能。当后面所带宾语是复杂的谓词性宾语时，人们就会对此结构进行重新分析，受固有认知模式"状中"结构的影响，很容易将"不 +（过 + 宾）"重新分析为"（不 + 过）+ 谓"，这样"不过"就结合在一起，凝聚成一个整体，虚化为一个表限定的范围副词。

（二）副词"不过"的虚化历程及动因机制

跨层结构的"不过"与副词"不过"相比，有两个明显的区别性特征：一是"过"为动词，后面常常带宾语，"过"有明显的［+ 超过］的语义特征；二是副词"不"从整体上修饰其后的动宾结构。由此可见，跨层结构"不过"要想冲破固有的句法结构模式虚化为一个副词，上下文中就必须存在促使"过"的动词性逐渐弱化的语言成分。凸显动词"过"动词意义的语义特征就是［+ 超过］，因此"过"的动词性变弱的过程实际上也就是使体现其动词词义的语义特征［+ 超过］逐渐消失的过程。"过"的动词义的逐渐消失，使"过"无法再与其后的成分构成动宾关系，而只能与其前的成分进行组合。在语法组合时就近原则的支配下，"过"就与副词"不"组合成了一个语言组块。这样，"不"与"过"就作为一个整体一起修饰其后的语言成分。"不"的主要句法功能是作状语，当与"过"组合成一个语言单位后，"不"的语义指向只能指向"过"，其否定所涵盖的范围不再包含"过"后的成分，"不"的语义指向单一化以及否定对象的减少使"不过"的限定性得到强化。"过"的动词义的虚化，即［＋超过］这一语义特征的逐渐丧失，大致经历了以下几个发展阶段。

1.焦点偏移，凸显［＋范围］

动词短语"不过"的宾语表示极限义名词时，"不过"在体现动词义"不超过"的同时，使其范围义得以凸显，如例（6）—（8）。当"过"后带表示超过某一极限义的宾语时，如果说话人不单单客观地描述"某一事物没超过某一极限"，而是刻意强调这一极限小或轻时，说话人就会用一种强调语气去强调这一极限。语言的表达者对这一极限进行强调的目的就是想唤起人们对这一极限的重视，这时，人们注意的焦点就会向后偏移，较多地关注所表达的范围。这就为动词"过"的靠前分析，提供了语义上的可能，促使动词"过"对范围的限定性明显增强。这一类句子中动词"过"的语义特征可以表示为［＋超过］［＋范围］。

2.确数宾语凸显其主观性，"过"的语义特征开始出现［－超过］

动词性短语"不过"后跟确数或确数短语（确数＋名词）作宾语与后跟表示极限义的名词作宾语相比，范围限定得更为清楚，这时语言的使用者开始对此结构产生模糊分析，使"过＋宾"之间稳固的语法结构关系开始出现松动。如：

（11）士蒍告晋侯曰："可矣。不过二年，君必无患。"（《左传·庄公元年》）

（12）故殡，久不过七十日，速不损五十。（《荀子·礼论》）

（13）是故先王之制钟也，大不出钧，重不过石。（《国语·周语下·单穆公谏景王铸大钟》）

（14）惟贫困饥寒，犯法为非，大者群盗，小者偷穴，不过二科。（《汉书·王莽传》）

（15）故秦地天下三分之一，而人众不过什三，然量其富居什六。（《汉书·地理志》）

（16）时崔慧景、裴叔业军在中淮，去所次不过百里。（《魏书·外戚传·冯熙》）

（17）今欲徒石为田，运土殖谷，计所损用，亩盈百石所收

不过三石而已，窃所未安。（《魏书·私署凉州牧张寔传》）

据我们调查的语料来看，在先秦汉语中，"不过"后跟数量结构宾语的频率远远高于带其他宾语成分。后跟确数宾语的语句又可分为两类：一类是说话者仍客观地表达以这些数量为极限，动词"过"与后跟的"数字结构"仍是普通的动宾关系，如例（11）—（13）；一类是说话者从主观上认为或者有意强调后跟的这个数量小，如例（14）—（17）。当表达者有意强调这个数量小时，就会使此构式的语法和语义结构关系发生质的变化：在语义上人们所关注的焦点会集中在数量结构上，使数量结构在语句中的地位大大提高，由宾语的位置提升到谓语的位置，同时使凸显"过"的动词义的语义特征［＋超过］消失。

语言的表达者有意去强调这个后跟的数量小，就融入了说话者较多的主观感情。沈家煊指出："主观态度相对于客观事态是比较虚灵的东西，如果两个词语 A 和 B，语义上 A 比 B 带有更多的主观性，我们就说 A 比 B 意义虚灵。"[①] 当语言的表达者在传递信息时，融入自己的主观感情越多，所传达的信息就越虚灵。当前后语境存在着彰显说话人的强调语气及主观感情的成分时，"不过"的副词用法就完全凸显出来，例（14）（15）用对举的方式，例（17）后跟语气词"而已"来凸显其主观上强调后跟的这个数量小。主观强调的结果致使"不过"原有层级结构逐渐被打破，使"不过"完全凝聚在一起，成为一个副词。由于说话者的主观性很难把握，所以人们在理解例（14）—（17）时，会出现两可的情况，因此"不过"在这些例句中的副词用法还不算完全成熟，部分动词"过"的"超过"义已基本消失。在这类句子中，"过"的语义特征可以分析为［±超过］［＋范围］［±数量小］［±主观性］。

3. 约数宾语强化其主观性，"过"的动词性彻底消失

"不过"与"约数短语"的结合，促使跨层结构"不过"的词化特征完全成熟，"过"的动词性完全消失，"不过"完全结合在一起，成为一个典型的范围副词。例如：

---

① 沈家煊：《认知与汉语语法研究》，商务印书馆 2006 年版，第 243 页。

（18）先零羌精兵今余不过七八千人，失地远客，分散饥冻。（《汉书·赵充国传》）

（19）今所制地不过二三顷，无为山陵，陂池裁令流水而已。（《后汉书·光武帝纪》）

（20）会善相者晋陵韦叟见凭之，大惊曰："卿有急兵之厄，其候不过三四日耳。"（《晋书·檀凭之传》）

（21）顾楚有可乱者，彼项王骨鲠之臣亚父、钟离眜、龙且、周殷之属，不过数人耳。（《史记·陈丞相世家》）

以上诸例中"不过"后跟约数短语，无论是在语法意义上还是在句法功能上，"不过"都已固化为一个典型的范围副词。这时，跨层结构"不过"原有的结构层次被彻底瓦解，后面的数量短语在句中的句法地位完全被提升到谓语的位置，"不过"在句中作状语，只修饰限定后面的数量谓语。

笔者认为，构成这一根本性转变的因素主要有两个：一是这类句子的句法环境较多地体现了说话者的主观判断，即带有不确定的语气，与带"确数短语"相比，约数的不确定性更多地体现了表达者的主观态度，即融入了说话人更多的主观感情。如前所述，单就一个句子来看，如果体现表达者的主观态度，即融入了说话人更多的主观感情。如果体现表达者的主观感情越多，那么他所传达的信息就越虚灵。这样一来，就会促使"过"的动词义完全消失；二是这类句式所传达的仍是作者主观上认为或者有意强调这个数量小或不多，并且这个约数大都是由两个在数字序列上相连的数字组合组成，这个约数组合本来就不需要其他任何成分的参与而自然而然地结合在一起，如例（18）—（21）。在语感的句法分步上，人们就会不由自主地把约数短语结合在一起，把"过"推向前面的音步，和"不"结合在一起。当"过"后带确数短语时，人们或许仍能理解为数量上的超过，带约数短语时，这种理解上的歧义也随之不复存在，因为人们在转达超过某一数量时，数量的多少常常是人们最先注意的焦点，不可能用一个约数来表达。由于这两方面的影响，使"不过"作为一个副词的用法更为成熟。虽然"过"后带"确数短语"

221

也可以融入说话者的主观性，但只有通过说话人说话时的具体语境才能体现出来，而"约数短语"不但在句法形式上直接凸显了表达者的主观情感，而且在韵律节奏上，把"不过"推在了一个音步当中。处在稳定音步中的两个成分必然会被音步"楛化"起来而趋向词化。所以，这一阶段"不过"的语义特征可以表示为［－超过］［＋范围］［＋数量小］［＋主观性］。

笔者从中看到在由上一阶段到这一阶段的发展过程中，"不过"的副词性也逐渐地明晰起来。这是因为跨层结构的语法化过程是一个循序渐进的演化过程。跨层结构"不过"的语法化是在与确数或确数短语的结合中萌生、发展，在与约数短语的结合中宣告完成的。

4.副词功能进一步完善

随着"不过"副词用法的进一步成熟和完善，它所修饰的成分也变得越来越灵活多样，副词"不过"的用法也渐渐进入了完全鼎盛期，不仅可以修饰名词性谓语，也可以修饰动词性谓语。如：

（22）譬如假谷于夷齐之门，告寒于黔娄之家，所得者不过橡栗缊褐，必无太牢之膳、锦衣狐裘矣。（《抱朴子·内篇·祛惑》）

（23）且夫钟不过以动声，若无射有林，耳弗及也。（《国语·周语下·单穆公谏景王铸大钟》）

（24）子墨子曰："公输子之意，不过欲杀臣。"（《墨子·公输》）

（25）于是始皇问李信："吾欲攻取荆，于将军度用几何人而足？"李信曰："不过用二十万人。"始皇问王翦，王翦曰："非六十万人不可。"（《史记·王翦传》）

（26）相国为民请吾苑不许，我不过为桀纣主，而相国为贤相。（《汉书·萧何传》）

（27）崇谓所亲人常升曰："吾昔闻卜筮者言，晋公今年不利。车驾今忽夜还，不过是晋公死耳。"（《周书·侯莫陈崇传》）

（28）骞曰："主上明圣，大人大臣，今若不合意，不过不

作公耳。"（《晋书·陈骞传》）

（三）副词"不过"的判断标准

关于副词"不过"的认定问题，上下文语境是否存在凸显说话人主观感情的语义成分，在认定时起到最根本的决定性作用，如例（25）中的"不过"含有揣测语气凸显其主观性，就可以认定为副词。由于判断句本身就表达说话人的主观判断，当说话人在对一个名物做出判断时，自然就融入了说话者较多的主观感情，"不过"的副词性自然也就得到了凸显。此外，从句法功能上来说，判断动词是一个动作性很弱的动词，一般的行为动词不能与它构成连动结构，位于判断词前的行为动词，动作性就明显弱化。"不过"出现在判断句谓语之前，其副词功能已经表现得相当成熟。上古汉语中的判断句式都是以不用判断词为常式，大部分"不过"作副词时所修饰的名词性谓语和一部分数词谓语，大都是判断句的谓语性成分，如例（22）。随着判断词"为""是"出现，于是就很自然地与它结合，如例（26）、例（27）。因此，"不过"修饰判断句中的谓语成分理应看作判定副词"不过"成熟的标志之一。随着"不过"副词用法的逐渐成熟和完善，"不过"不但能直接修饰一般的行为动词，其间也能插入别的修饰成分，如助动词、副词、介词短语等，如例（23）、例（24）。

根据上述对副词"不过"的虚化机制和动因的分析，笔者认为判断"不过"是否已经成为一个副词，大致可以从以下几方面来考虑：

第一，"不过"后跟"确数"或"确数短语"时，可以是一个词组，也可以是一个词。如果说话人主观上认为或者有意强调这一数量小时，"不过"是副词。这主要根据上下文语境或句中是否有明显的语气词来确定。

第二，"不过"直接修饰"约数"或"约数短语"时，是一个副词。

第三，"不过"直接修饰名词或名词性短语，如果该名词或名词性短语是判断句中的谓语性成分或省略一般行为动词的宾语，"不过"是副词。

第四，"不过"直接修饰一般行为动词或者与行为动词之间带有其他修饰成分时，是副词。

（四）小结

起初，跨层结构的"不"和"过"在句中本来没有直接的组合关系，仅是线性序列上相邻的两个成分，"过"是一个动词，后跟名词性宾语表示超过的对象。超过的对象既可以是具体的名物（人或事物），也可以是表示确定数量的数词或数词短语。当其后跟表示确定的数量词语作宾语时，如果语言的表达者有意强调这个超过的数量小，人们注意的焦点就会向后偏移。焦点偏移的结果，使这个数量结构在句中的句法地位被大大提高，由宾语的位置提升到谓语的位置。当前后语境中存在凸显说话人的主观感情的语义成分时，"过"的动词性就随之消失，"过"就只有向前靠拢与"不"结合在一起。这一转变，到"过"后跟约数或约数短语时完全成熟。随着副词"不过"句法功能的不断成熟与稳定，不仅可以修饰体词性谓语，也可修饰一般的行为动词。

综上所述，"不过"本是一个在线性序列上相连却不在同一句法层级上的跨层结构，"不"是一个否定副词，"过"是一个及物动词。"不"与"过"固化成副词的过程，是在与确数或确数短语的结合中萌生、发展，在跟约数短语的结合中宣告完成，然后逐渐扩大到名词性成分作谓语的判断句中。最终才在功能和用法上发展成为一个典型的范围副词。语言表达者主观感情的不断凸显在"不过"固化成副词的过程中起着最根本的决定性作用，前后句法环境、韵律节奏的影响对副词"不过"的形成也起到了一定的推动作用。

三 也谈"过于""太过"的副词化历程与动因

《语言科学》2009年第4期刊有胡丽珍、雷冬平先生的《说超量级程度副词"太过"的形成》，《华中学术》2014年第1辑刊有饶琪、牛利先生的《"过于"和"终于"的历史演变及相关问题》，《语文研究》2018年第1期刊有殷树林、高伟先生的《超量程度副词"过""过于""太过"的形成与使用特点》。三篇文章均对超量程度副词"过于""太过"的词汇化历程进行了考察，并探讨了其成词机制，读后深受启发。但细读之后，发现三文对副词"过于""太过"的出现时代及其副词化动因机制的探讨结论相互龃龉，故对该问题有进一步探讨的必要。现不揣浅陋，略陈己见，以正于方家。

（一）"太""过""过于""太过"在现代汉语中的副词用法

1. "太"

"太"自古及今功能单纯，一直是超量程度副词，在现代汉语中既可以修饰单音节形容词，也可以修饰双音节形容词，有时还可修饰动词短语。从语用角度看，随着其后谓词性词语感情色彩的不同，其功能大致又可分两类：一是当修饰褒义性中心语时，突出其褒义色彩，表示该谓词性中心语所表示的性状程度超过了人们的预期，比预期还令人满意；二是当修饰中性或贬义词语时，则体现贬义色彩，即在说话人看来，该性状或动作超出了所应有的程度之极限或超出了人们所能容忍的程度，隐含着说话人不满、嘲讽甚至斥责的情感态度。例如：

（1）这里的一切安排得太好了！

（2）这玩笑开得太大了！

（3）这姑娘太蠢笨了！

从感情色彩来看，例（1）"好"为褒义，体现出说话人肯定赞扬的情感态度；例（2）"大"为中性；例（3）"蠢"为贬义，均体现出说话人的否定与不满。

2. "过"与"过于"

"过"与"过于"在现代汉语中的句法语义功能相同均表示说话人认为其所修饰的性状超过了所需要的或所规定的限度，蕴含着说话人的消极不满情态。两者不同在于，"过"只修饰单音节形容词，"过于"只修饰双音节形容词。如：

（4）青春尚好，叹老，还为时过早。

（5）由于人口过于密集，造成城市空气污浊、水质变坏、噪音扰人、垃圾成堆。

在现代汉语中"过"与"过于"作副词时在语义上完全等值，只不过在使用上有分工。副词"过"的来源，应与副词"过于"的形成密切相关，"过于"修饰单音形容词时因音律节奏不谐，就会脱落"于"而形成单音词"过"。

关于表超量的"过分"义之"过"是形容词还是副词的问题，笔者认为仍应看作形容词。张言军（2014）指出："在实际语言运用中，副词'过于'以修饰形容词性词语为主，而副词'过分'以修饰动词性词语为主，并且一些非心理情感类动词只能受'过分'修饰。'过分'在充当状语时可以后加状语标记'地'，而'过于'却不能。"① 王启龙（2003）认为："单音节形容词作状语，若能前加'很'（加'很'后必加'地'）或能转换为补语，仍算形容词；否则算副词。"② 何乐士（2012）认为："形容词作状语表示动作行为的程度或状态。"③ 龚仁（2015）认为："形容词作状语，一般有在及物动词前和不及物动词前两种。"④ 吕叔湘（1999）仅把"过于"看作超量程度副词，而未收录"过"。⑤ 综上可知，副词的主要功能是修饰形容词，而张文所认定为副词"过分"的句法功能与副词的典型功能不一致，与作状语的形容词有较高的相似度，这说明"过分"的词性仍为形容词而非副词。吕文认为现代汉语中的"过"不是副词，或是因为"过"有"过分"义。可见"过分"在语法功能上仍是形容词。

据此，我们认为现代汉语中作状语的"过"，应一分为二来看：其功能与"过分"相同，在动词前作状语时为形容词；仅与"过于"相同，在形容词前作状语时为副词。两者虽然在语义上基本无别，但句法功能上有明显差异。故只有在"过"仅能理解为"过于"时才能看作副词。

由于对副词"过"的认定标准不同，那么"过"作副词始于何时，当前学界看法也不一致。胡丽珍、雷冬平（2009）认为"过"表超量程

---

① 张言军：《超量程度副词"过分"和"过于"的对比分析》，《汉语学习》2014年第2期。
② 王启龙：《现代汉语形容词计量研究》，北京语言大学出版社2003年版，第76页。
③ 何乐士：《〈左传〉语法研究》，河南大学出版社2012年版，第67页。
④ 龚仁：《古代汉语语法精华》，湖北人民出版社2015年版，第262页。
⑤ 吕叔湘：《现代汉语八百词》，商务印书馆1999年版，第251页。

度副词在南北朝时期已经出现。① 其实南北朝时期"过"即便在状语位置上，仍为形容词。胡文所举例为：

  （6）迁千乘太守，坐诛斩盗贼过滥，征下狱免。（《后汉书·李章列传》）

  （7）谢奕作剡令，有一老翁犯法，谢以醇酒罚之，乃至过醉而犹未已。（南朝宋刘义庆《世说新语·德行》）

例（6）中的"过"与"滥"同义连文，均为形容词，表"过度""无节制"义，"过滥"，即"过度"。"杀伐过度"，即"杀伐过滥"。当时社会上普遍认为一个良吏的标准应该是"罚所及，则思无因怒而滥刑。""滥刑"，即"过度用刑"。而李章的做法则是过度诛斩盗贼。例（7）中的"过"仍为形容词作状语。俞樾《群经平议》："《白虎通·礼乐》篇：'凡酗酒不可太过，亦不可不及，贵适其中。'""酗酒不可太过"，即"饮酒不可太过"。"过"为"过度"，即"超过适当量度"。"过醉"，即"过度醉酒"。

殷树林、高伟认为"过"作程度副词始于两汉，魏晋至唐宋时期兴盛，明清以后逐渐式微。② 根据殷文所举例句来看，明代之前的"过"，均仍为典型的"过分""过度"义形容词。如"过急""过多"，即"过分急切""过分多"。因"太"作为超量程度副词在上古就已流行，"过"作形容词在语义上也表超过应有限度的"过度"义，两者在句中作状语时，会经常出现在相同句法结构的同一句法位置上。不过，"过"只在语义上与"太"相似，在语法功能上则不同，故还应看作形容词。

3."太过"

由于对副词"过"的认定标准不同，也影响到对副词"太过"的认定。胡丽珍、雷冬平（2009）指出："在超量级程度副词家族中，'太过'一词不见于字典辞书。"朱景松（2007）《现代汉语虚词词典》、

---

① 胡丽珍、雷冬平：《说超量级程度副词"太过"的形成》，《语言科学》2009年第4期。

② 殷树林、高伟：《超量程度副词"过""过于""太过"的形成与使用特点》，《语文研究》2018年第1期。

吕叔湘（1999）《现代汉语八百词》均未收录该词。笔者认为未收录原因，并不是失收，而是他们对"太过"是否成词仍存疑。因"过"作形容词有"过分""过度"义，该用法一直活跃在现代汉语中，如"他这样说未免太过了"。"过分""过度"作形容词，表示说话或做事超过适当程度或限度。该义与超量级程度副词"太"虽然在语义上基本等值，但其语法功能明显不同，表"过分""过度"的"过"可以单独作谓语。形容词或形容词短语作状语也是其主要功能之一，"太"与"过"虽然有时在线性序列上组合在一起而形成"太过"，其间关系却不是并列的，句法关系不在同一个结构层次上。故现代汉语中的"太过"也并非全是副词，只有两者都以副词身份，以同义连文的形式凝合在一起表超量程度的加深时才可看作副词。如：

（8）与别人的礼貌森严比较之下，自觉太过傲慢了。（丰子恺《作客者言》）

（9）我姐姐性情太过刚直，刚直一定招来怨恨，宫廷之中，到处都是仇敌。（柏杨《皇后之死》①）

（10）谦虚不是坏事，但是不能太过谦虚。

例（8）"太过傲慢"在现实语境中不存在"傲慢太过"的说法，说明"太过"在语义上是不自足的，即不能单独回答问题。"太过"是副词"太"与"过于"凝合在一起而形成的，当然也可看作"太过于"的省合用法，这也是一些学者不把"太过"看作副词的原因之一。虽然"太过"在语义上表"太过于"，但不属于一般的省略，省略一般需要语境，通常是就具体语境而言，而"太过"表示"太过于"具有普遍性，也符合词的认定标准，即以一个特定形式表示一个特定意义，理应看作一个副词。这样一来，副词"太过"的来源，应在"过于"成词之后才与"太"凝合而成。故超量程度副词"太过"的形成也与副词"过于"的形成密切相关。例（9）、（10）中的"过"仍为形容词，"太过"，即"太过分"。"太"与"过"虽然在语义上是等值的，但一为

---

① 例（8）、例（9）转引自胡丽珍、雷冬平（2009）的论文。

副词，一为形容词。在现实语境中，也存在"太过"单独作谓语的情况。如：

（11）这个鲁记者，骨架结构属于刚直太过而柔韧不足，神色倨傲而故作谦逊。

（12）他真是谦虚太过了。

例（11）与例（12）中的"刚直"与"谦虚"已名语化，在句中作小句主语，"过"为小句谓语中心语①，其语义指向小句主语。例（11）"太过"与"不足"相对。例（9）、（10）与例（11）、（12）相比，"刚直"与"谦虚"，句法位置不同，可"不过"的语义节奏点没有变化，因此"太过刚直""太过谦虚"的语义节奏应为"太/过刚直""太/过谦虚"，虽然按照中心词分析法在线性序列上语法结构应分析为"［太］［过］刚直""［太］［过］谦虚"，但两者仅在线性序列上相连，既不在同一语义结构层次上，也不在同一个句法结构层次上。"过"与其后的中心语先组合在一起再受"太"的修饰，故不能看作一个副词。因此"太过"作超量程度副词应由超量程度副词"太"与"过于"简化凝合而成，其出现时代应该在"过于"成词之后。只有"太过AP"的语意逻辑节奏为"太过/AP"，并且"过"只能理解为"过于"而非"过分"时，"太过"才能看作副词。

明代之前同时期的文献中"太过"作谓语，表示"过度""无节制"的情况非常常见，因此均不应看作副词。如：

（13）爰及末代，乃宠之所隆，赐赉无限。自比以来，亦为太过。（《魏书·韩麒麟传》）

（14）先是，侍御史沈与求言："今日矫枉太过，贤愚同滞。"（《宋史·选举志四》）

例（13）中的"太过"与"无限"相承，表示"客观上超过了人们所能忍受的程度"。例（14）表示"超过所适宜的程度"。处在状语位

---

① 有学者认为该类句子中的"太过"为形容词短语作补语，我们认为 "太过"与其前中心语为陈述与被陈述关系，即某名物某方面"太过"，而不是补充说明其程度，故应看作主谓结构。

置上的"过"与处在谓语位置上的"过"在语义上无别。通过汉籍全文检索系统对唐五代宋元时期的"太过"进行了检索,逐条辨析后发现,"太过"组合均为"太"作状语修饰形容词"过(过分)"形成的偏正结构,在句中作谓语,其前主语可以是 NP,也可以是 VP、AP①或主谓短语,未见组合在一起作状语用例。据胡丽珍、雷冬平(2009)考察,到明清时期出现了"太过 AP"结构,这时的"太过"已经可以认定为副词。笔者认为"AP 太过"中的"过"为形容词,"太过 AP"中的"过"也不能一概而论,大多数情况下也是形容词作状语,其逻辑节奏应为"太/过 AP",而非"太过/AP",如"太过切直""太过信他"中的"过"均为"过分"。

由此可见,副词"过""太过"的来源,应不是多元化。而是在"过于"成词之后,为了迎合修饰单音词之需才单音化为"过",为了强调超量,而凝合为"太过于",进而形成"太过"。既然副词"过""太过"的形成都与"过于"的副词化历程关系密切,故在讨论这三个词的形成时,应着重探讨"过于"的成词历程。

(二)"过于"表超量副词用法的出现时代

饶琪、牛利(2014)认为在中古已经出现了成词的端倪②,其实不然。饶文所举例证为:

(15)夫万物凡事过于大,末不反本者,殊迷不解,故更反本也。(《太平经》卷 37)

(16)天从今以往,大疾人为恶,故夫君子乃当常过于大善,不宜过于大恶。(《太平经》卷 97)

殷树林、高伟也引用了这两个例证,认为其中"过"为形容词"过度""过分"。其实以上两例中的"过"均为动词,即"犯错"义。饶文认为例(15)中的"过"应为"超过""过分"。其实例(15)点校与理解均有误,正确的标点应在"末"后点断,即"万物凡事过于大末,

---

① NP 指名词或名词短语,AP 指形容词或形容词短语,VP 指动词或动词短语。
② 饶琪、牛利:《"过于"和"终于"的历史演变及相关问题》,《华中学术》2014年第 1 辑。

不反本者"。其中"过"为"错""过失"义，"过于大末"，即"错在把末梢的作用夸大，以末为本"。"不反本者"与"殊迷不解"之间为因果关系，因为不返归到根本，特别的积迷就化解不开，所以要重新返回到根本。例（16）中的"大善"与"大恶"是善与恶的两极，其中"过"不会再为"过分""过度"。结合上下文可知，该引文上一段是告诉如何"叩头思过"，"令欲解此过。常以除日于旷野四达道上四面谢，叩头各五行，先上视天，回下叩头于地。……解子过于天地也。后有过者，皆像子"。道家思想认为，人有过失，天必有所明察而施加惩罚，要得到天神宽宥，可在旷野四达道上叩头，气候之神，即天使便会将其所请上通于天，下通于地，而得免罪。因此，该例中的"过"仍为"过失"义，该例意为"上天从今以后，非常痛恨人作恶，因此君子就应该经常在谋求大善的方向上犯错，不会在大恶的方向上犯错"。

饶琪、牛利（2014）认为在大约 4 世纪出现了"过于"成词的最早用例，所举例证为：

（17）人生之为体，易伤难养，方之二木，不及远矣，而所以攻毁之者，过于刻剥，剧于摇拔也。济之者鲜，坏之者众，死其宜也。（《抱朴子·内篇》）

殷树林、高伟（2018），认为该例中的"过"为形容词"过分"，"于"为介词引出"过分"的方面。其实该例中的介词"于"仅引出比较对象。东晋葛洪的《抱朴子》是道教文献，该例是告诉人们如何养生，"过于刻剥"与"剧于摇拔"相对均表比较。"刻剥"，为动词，而非形容词"刻薄"。意为"人的身体，容易受到伤害而难以保养，与前述木槿与杨柳二木相比，相差很远。而对于他的伤害比对树木的刻削剥皮还厉害，比对树木的摇动拔起还剧烈"。殷文所举另一例为：

（18）刘向说上曰："宜设辟雍，陈礼乐，以风化天下。虽不能具，夫礼乐以养人为本，就有过差，是过于养人也。刑罚之过，或至死亡……"（《汉书·礼乐志》）

该例引文错误非出自《汉书·礼乐志》，而是出自东汉荀悦的《两汉纪上·汉纪·孝成皇帝纪》。该例理解上也存在问题。其中的"过于"

之"过"也不是形容词而是动词"差错","过差",即"过失偏差"。该例是讲德治与法治的关系,刘向劝谏皇上应兴学堂,设礼乐,以教化百姓,强调了礼乐的重要性,即使礼乐不能够齐备,不过礼乐是以教育人为根本的,就是有过错,仍是错在教育人。刑罚的过错就是让人或死或伤。

胡丽珍、雷冬平(2009)认为"过于"始见于唐代。这一说法还是可信的,下面例子中的"过于"可认定为副词。如:

(19)然过于审慎,所上表奏,惧有误失,必读之数十遍,仍令官属再三披省。使者就路,又追而更审,每遣一使,辄连日不得上道。(《旧唐书·皇甫无逸传》)

(20)朕虽寡德寡谋,自谓不居延光之下,而冯晖、孙锐过于儿戏,朝夕就擒,安能抗拒大军为我之患乎!(《旧五代史·晋书·高祖本纪二》)

(21)而居常奉身,过于俭素。(《因话录·商部》)

(22)中散步兵终不贵,孟郊张籍过于贫。(白居易《诗酒琴人例多薄命予酷好三事雅当此科……成狂咏聊写愧怀》)

(23)狂歌过于①胜,得醉即为家。(杜甫《陪王侍御宴通泉东山野亭》)

(24)第一温言不可得,处分小语过于珍。(敦煌词《五更转》)

通过对唐五代文献检索辨析发现,在唐代文献中,"过于"能够认定为副词的仅4例,除例(22)在唐诗中,因配合韵律、节奏的需要修饰单音词外,其余均修饰双音词。例(19)—(21)无论在语义上还是在句法节奏上都已经是一个副词了。"审慎",即"周密慎重";"儿戏",比喻"处事轻率、不严肃";"俭素",即"俭省朴素"均是性状性较强的形容词或词组。例(23)该诗写于宝应元年(762),杜甫在通泉县时,县令姚某设宴款待王侍御,要杜甫作陪,该句是写诗人狂歌醉卧的场景。

---

① 谢思炜:《杜诗俗语词补释》,《中国典籍与文化》2015年第1期。谢文认为"过于"为超量程度副词,"过于胜",即"太胜、甚胜"。同时指出例(17)、例(18)中的"过于"均为副词。

当时诗人流落在蜀，非常思念在长安的老家，此句表面上是刻意表现诗人旷达适意，实则在写自己淡淡的忧伤。"胜"，为"形胜"即"山川胜景，优美的地形"，意为"喜欢狂歌之人在胜景之中经过，能够醉卧之地就是自己的家乡"。从当前对该句诗的校点来看，在传世的不同版本中，该位置上共出现过"过于""过形""遇形""遇于"四种情况，可知其中的"过"为动词，故"过于"不是副词。例（24）是说在晡时侍奉父母用晚餐时应该怎么做，前一句说："孝养父母莫生嗔"即"孝敬养护父母不要发怒"，接下来说："第一温言不可得，处分小语过于珍"。"第一温言"即"最温柔的话语"，"处分小语"即"安排饭食时的低声细语"，合言之即"说出最温柔的话语虽然做不到，但是低声细语安排饭食过于珍馐佳肴"。该例中的"珍"为名词，即"稀有精美的食品"。《正字通》："珍，食之美者亦曰珍。"如成语"山珍海味"。该例中的"过"为动词，表"超过"。

对副词"过于"的认定还应注意这种情况。"过于"后虽为形容词，但"过于"并不表程度，而"过"为动词"过失"义。如：

（25）脱易者失于规矩，温柔者伤于软缓，躁勇者过于剽迫。（唐孙过庭《书谱》）

例（25）强调不同个性的书法家在各自作品中所反映出来的个人风格，即"随便的人作品会失去应有的规则，性格温和软弱者作品会伤在婉转无力，性格急躁恃勇的人会错在轻快"。其中"过""失""伤"分别相对为文，这种对举式的句式凸显出三个分句的表意焦点分别在"失""伤""过"上，"过"为"过失"义，"剽迫"，即"轻疾"。殷树林、高伟将该类型的"过"看作表"过分"义的形容词，也欠精准。殷文所举例还有：

（26）所以伊川云："君子常失于厚，过于爱。""厚"字"爱"字便见得仁。（《朱子语类》卷26）

（27）君子常失于厚，小人常失于薄；君子过于爱，小人伤于忍。（宋 朱熹、吕祖谦《近思录》卷12）

（28）又曰："宁过于予民，不可过于取民。且如居一乡，

若屑屑与民争利，便是伤廉。"（《朱子语类》卷16）

例（26）（27）"过"与"失""伤"对举，可以凸现出所在小句中"过""失""伤"为表意焦点，是所在小句的谓语中心，是在说人犯错误特点各异：君子错在厚道、溺爱，小人错在刻薄、缺乏忍让。例（28）体现朱熹的民本思想，其语法结构为"动词+介词'于'"。从语用角度看，在相同语义关系的语境中既可用"过"，也可用"过于"，均表超量，只不过词性不同，单独用"过"时为形容词，"过于"中的"过"为动词，即"做得过分"。如：

（29）后世同志者少，而泛然交处者多，只得随其浅深厚薄，度吾力量为之，宁可过厚，不可过薄。（《朱子语类》卷38）

（30）问："'取予'二字有轻重否？寓（宇）以为宁过于予，必严于取，如何？"（《朱子语类》卷29）

例（29）"宁可……不可……"所表示两个分句之间的逻辑关系与例（28）相同，一用"过"；一用"过于"。例（30）"过"与"严"对举，小句的表意焦点在"过"与"严"上，均为动词，"过"即"做得过分"，"严"即"严格执行"。因"做得过分"即有了"犯过失"的意味，在相同的结构中也存在用动词"失"的用例，如"宁失于繁，毋失于略"。

到宋代，"过于"副词用法越来越流行。笔者对宋代的《默记》《东京梦华录》《朱子语类》《梦溪笔谈》《苏轼集》《六一诗话》六部作品中的"过于"作了穷尽性的检索与逐条辨析，发现可认定为典型副词的用例共有18例，1例为心理活动动词"敬畏"，其余均为形容词，其中双音节形容词4个分别为"高明""刚强""畏慎""惨刻"，单音节形容词8个分别为"刚""直""乐""严""疏""密""厚""深"。如：

（31）他是过于高明，遂至绝人伦，及欲割己惠人之属。（《朱子语类》卷64）

（32）九三又与上六正应，亦皆不好，不可以有辅，自是过于刚强，辅他不得。（《朱子语类》卷71）

（33）看文字，不可过于疏，亦不可过于密。如陈德本有过于疏之病，杨志仁有过于密之病。（《朱子语类》[①] 卷120）

（34）问："为政更张之初，莫亦须稍严以整齐之否？"曰："此事难断定说，在人如何处置。然亦何消要过于严？今所难者，是难得晓事底人。若晓事底人，历练多，事才至面前，他都晓得依那事分寸而施以应之，人自然畏服。今人往往过严者，多半是自家不晓，又虑人欺己，又怕人慢己，遂将大拍头去拍他，要他畏服。若自见得，何消过严？便是这事难。"（《朱子语类》卷108）

（35）发运仍会诸郡所籴之数计之，若过于多，则损贵与远者；尚少，则增贱与近者。（《梦溪笔谈》卷11）

（36）范氏似以"不为酒困"为不足道，故以燕饮不乱当之，过于深矣。（《朱子语类》卷36）

例（31）"过于高明"，例（32）"九三""上六"均为卦象，两者相应只能坚贞自守以待。例（33）中"过于疏""过于密"既作谓语又作定语。例（34）"过于严"语与下文"过严"相应，"过于"作状语相当于"过"。此时的"过"可以看作副词的萌芽。该例意为，有人问："处理政务更改议定的事情之前，是不是也需要运用威严统一一下人们的思想呢？"回答说："这种事情很难断定地说，在于个人如何处置，但是何必要过于严厉呢？如今难得的是通晓事理的人。如果是通晓事理的人，因为历练多，事情刚到面前，他就知道处理那件事情的分寸而采取相应的措施应对，别人自然敬畏佩服。如今往往过于严厉的人，多半是自己不明白，又怕人欺骗自己，又怕人轻慢自己，于是用大拍子拍过去，要别人畏惧他。"例（35）意为：发运司还要综合各郡县收购的数量安排计划，如果收购过多，就减少价格高和路远地方的收购量；如果还少，就增加价格低和路近地方的收购。例（36）"过于深矣"，"深"

---

① 该例吴福祥（2004）看作副词，认为"过于"只修饰"AP"，表示性质状态的程度超出正常或预期的标准。详见吴福祥：《〈朱子语类辑略〉语法研究》，河南大学出版社2004年版，第122–123页。

虽为单音词,但其中的句末语气词"矣"是该句表意焦点后移的一个标记,即该小句的表意焦点在"深"上,即"深"为小句谓语,"过于"即为副词。表示饮酒的适当程度为"不为酒困",如果"以不乱为适当",程度上过于深了。

根据上下文来看,"过于"后有时即便是形容词,"过于"仍表"动词+介词"义,"过"作动词既可表"过失""超过",也可作形容词"过分"。故该类结构中的"过于"仍不能看作副词。如:

(37)小过是过于慈惠之类,大过则是刚严果毅底气象。(《朱子语类》卷73)

(38)小过是小事,又是过于小。如"行过乎恭,丧过乎哀,用过乎俭",皆是过于小,退后一步,自贬低意思。(《朱子语类》卷73)

(39)问"观过知仁"一章。曰:"此是就人有过失处观之。谓如一人有过失,或做错了事,便观其是过于厚,是过于薄。"

(《朱子语类》卷26)

例(37)、例(38)"过于"中的"过"均为"做得过分"义。例(38)中的"小"已名词化,即"小事"。"小过"指的是《周易》中的"小过"卦,与"大过"相对,即"在小事上过分"。"过于慈惠之类"是指"在柔弱慈惠的事情上可以做得过分"。"小过是小事,又是过于小"意为"小过是小事,又这是在小事上过分"。接下来举例,如"行过乎恭,丧过乎哀,用过乎俭",皆是过于小。意为"像该恭敬、悲哀、节俭的时候做得过分,皆是小事过分"。例(39)"过"为动词,"犯过,犯错"。其中"薄""厚"也已名词化,"于"相当于介词"以",表原因。"过于厚""过于薄",即"因厚道而犯错""因刻薄而犯错",故非副词。

至宋代,出现了"主语(无生名词)+过于+AP"用例,如例(35)、(36)主语的无生命化迫使"过"的动词性消失,是副词"过于"进一步成熟的标志。

在宋代,"过于"作副词修饰单音节形容词的用例多于双音节形容词。其原因大概是:这些单音词都是常用词,从上古一直沿用至今;与《朱子语类》的语言性质有关。王树瑛（2012）认为："《朱子》的语言性质以通语为主，同时带有闽北方言成分。"① 疑与朱熹本人的语言特点与闽北方言保留上古文言词语较多有关。

通过对元代的文献检索辨析发现，"过于"作副词用例较少，仅见1例，"过于"与"特"相对，为副词无疑，后跟双音节形容词。这可能与元代传世文献较少有关。如：

（40）然其诗过于纤巧，淫靡特甚，不类其所为。（元·吴师道《吴礼部诗话》卷20）

通过对明代八部文献《徐霞客游记》《二刻拍案惊奇》《三国演义》《今古奇观》《水浒传》《西游记》《初刻拍案惊奇》《清平山堂话本》检索辨析发现，"过于"作副词共见6例，只修饰双音词，其后中心语既有形容词，也有心理活动动词，甚至一般行为动词。如：

（41）只因府上的家范过于严谨，使男子妇人不得见面，所以郁出病来。（《今古奇观》卷7）

（42）华小姐道："不瞒姐姐说，我小妹在闺中略识几字，家父过于溺爱，以为当今无二，不肯轻字与人。"（《今古奇观》卷74）

（43）吾观刘琦过于酒色，病入膏肓，现今面色羸瘦，气喘呕血，不过半年，其人必死。（《三国演义》第五十二回）

例（41）"严谨"为形容词，例（42）"溺爱"为心理活动动词，例（43）"酒色"本为名词在这里活用作一般动词"沉溺酒色"。"过于"成词后基本上仅修饰双音词，和其后的双音词组合成四字格式，在明代已经得到了全面体现，当修饰单音词时，"过于+单音词"在音节节奏上不相称，故就常以"过"来代替"过于"，这时"过"才成为超量程度副词。"过"副词用法应在明代已为常见。如：

（44）郑伯之于叔段，始焉授之大邑，而听其收鄙，若爱弟之过而过于厚也。（《王阳明全集·悟真录之七》）

---

① 王树瑛：《〈朱子语类〉问句系统研究》，社会科学文献出版社2012年版，第10页。

（45）满生道："小生飘蓬浪迹，幸蒙令尊一见如故，解衣推食，恩已过厚；又得遇卿不弃，今日成此良缘，真恩上加恩。他日有负，诚非人类！"（《二刻拍案惊奇》卷11）

例（44）、例（45）中"过于"与"过"用法完全相同，"过"可看作副词，均表示在说话人看来超过了应有的厚道程度。例（44）"若爱弟之过而过于厚也"。意为"好像疼爱弟弟过分而过于厚也"。

到清代，还出现了超量程度副词"太"与"过于"连用的句式，表明"过于"的副词功能与"太"完全无异。通过对明清时期文献检索辨析发现，"太"与"过于"连用一起修饰同一个中心语始见于明末清初，共出现4例，其后的中心语3例双音词（2例形容词，1例动词短语），1例单音形容词"厚"。因"厚"自古及今一直是一个基本词，其意义已经固化并为人们所熟知，使用频率极高，因此在汉语词汇双音化的进程中，能够不受影响一直沿用至现代汉语中。如：

（46）表兄既中了元，弟不中是实了，又何必候报。但我场中文字，做得太过于高古，若中必然是元，若非元即不中了，此在自己可以定得。（《春柳莺》第六回）

（47）俭叔道："文琴那回事，其实他也不是有心弄的，不过太过于不羁，弄出来的罢了。"（《二十年目睹之怪现状》第七十六回）

例（46）"中了元"，即"考了第一名"；"高古"，即"高雅古朴"。例（47）"不羁"即"不受约束"。四例"太过于"与其后中心语的组合情况为，"太过于高古""太过于谨慎""太过于不羁""太过于厚"，从韵律节奏的角度来看，"太过于/高古""太过于/谨慎""太过于/不羁""太过于/厚"，就其节奏点来看，不符合当时四字句式的常规表达习惯，修饰语与中心语之间在音节节奏上显得不相和谐。"太过于"为了迎合四字韵律节奏的需要就凝合为了"太过"。

到了民国时期，出现了"太过"修饰双音节形容词的用例，停顿的节奏点也是"太过/双音形容词"这时"太过"才能看作一个纯粹的超量程度副词。如：

（48）曹和奉张原有姻亲，而无大恶感，对于吴氏之剑拔弩张，志在挑战，也觉太过激烈。(《二十世纪二三十年代史演义》第十五回)

到现代汉语中，"太过"作为超量程度副词的用例就逐渐增多，并与"太过于"同时并存。如：

（49）她承认印度卫生部门前一阶段在处理"非典"问题上犯了错误，太过谨慎。(《新华社》2003 年 5 月 2 日新闻报道)

（50）小男孩吃完了之后，阿卡便对他说道，她认为他在公园里到处乱跑，未免太过于不谨慎了。(石琴娥译《尼尔斯骑鹅旅行记》)

例（49）"太过谨慎"与例（50）"太过于不谨慎"中的"太过于"功能上完全相同，故"太过"为副词。现代汉语中的"太过"作状语既可能是副词，也可能是"太+形容词'过（过分）'"。两者之间的区别在于：一是两者之间语音停顿的节奏点不同，"太过"为副词时，停顿点在"过"后，如"太过/执着""太过/敏感""太过/担心"等，为"太+形容词"时，停顿的节奏点在"太"后，如"太/过悲哀""太/过用力""太/过欢喜"等；二是"太过"为副词时在现实语境中不会出现移位至谓语中心语后作谓语或补语类用例，否则为"太+形容词"，如在现实语境中未出现"执着/太过""敏感/太过""担心/太过"类用例，而存在"悲哀/太过""用力/太过"类用例。

综上所述，超量程度副词"过于"萌芽于唐，发展于宋，明代才完全成熟，清代以后流行至今。到宋代，受韵律音节节奏的影响，"过于"修饰单音词时开始缩略为"过"，"过"的副词用法开始出现。因进一步强调超量与"太"以同义连文的形式组合在一起修饰其后中心语，再进而凝合而成"太过"，副词"太过"萌芽于清末，到民国时才逐渐形成，到现当代汉语中才逐渐流行。

（三）"过于"成词的判定标准

笔者通过考察"过+于+AP/VP"句式在历时发展演变中语义、语用方面的变化提出确定副词"过于"成熟的标准如下：

第一，在句法上，在明代之前"过于"位于形容词或心理情感类动词或短语前，明代以后可扩展至一般行为动词或动词短语。

第二，在语义上，从上下文语境来看，"过"不可理解为动词"过失""超过"义。

第三，从语用上看，小句的表意焦点应该在"过于"后的谓词性成分上，表意焦点是否从"过"后移至谓词性成分上是判定"过于"是否成词的关键，在句法上体现为在谓词性成分后是否有句末语气词。

第四，因"过于"仅表示程度，如果"过于"删除后其后的谓词性成分在语义上仍自足，基本上不影响句子基本意思的表达。

"过于"必须同时满足以上四个条件才可认定为典型副词。

（四）"过""过于""太过"副词化机制与动因

1.语义机制

"过"的词义虚化与语义指向后移是造成"过于"副词化的主要动因。"过"本义"经过"，该义具有［＋位移］的语义特征，从空间位置来看，经过某处，即越过某个空间位置点。越过某个空间位置点，与两名物相比一方超过另一方有相似之处，在此基础上就引申指"超过""胜过"，如"不孝莫过于无后"。因某动作行为或性状超过人们所需要的或者合适的程度就为"过分"，故在"超过"义的基础上就很自然地引申指"过分"。表"过分"之"过"能自由作状语或谓语。作状语时与表超量的程度副词在语义上完全吻合，如《荀子·修身》："怒不过夺，喜不过予。"不过，"过"以形容词身份与以副词身份作状语虽然在语义上是等值的，但其语法功能不同，表示"过分"义的"过"除了作状语外还可以自由地作谓语或补语，而副词"过"不同，只能作状语，相当于现代汉语中的"过于"。因此，"过"成为副词的时代应该在"过于"成词之后。

"过于"副词化过程中就是在"过"的形容词用法"过分"义的基础上虚化凝合而成。因"过分"本身含有超过一定程度或限度的意义。当"过于"后跟名词时，"于"介引比较对象，"X过于Y"在语义上表示"X与Y相比过分，即超过Y应有的程度"。如：

（51）续之年八岁丧母，哀戚过于成人。《宋书·隐逸传·周

续之》

当"Y"为名词时，"过于"小句的语义焦点在"过"上，"过"的语义指向"X"，当"Y"为形容词，使"于"的介引功能悬空，迫使该小句的语义焦点后移至形容词"Y"上，Y 直接对 X 进行描写，这时就迫使"过"与"于"凝合在一起表示超量，其语义指向其后的形容词。这就为"过于"成词创造了语义上的条件。

2. 句法机制

到南北朝时期，"过于"仍以后跟名词性成分为主，"过"为形容词"过分"义，"于"介引比较对象，不过也出现了后跟形容词用例。如：

（52）制勒甚于仆隶，防闲过于婢妾。（《宋书·孝武文穆王皇后传》卷 41）

（53）念君过于渴，思君剧于饥。（《宋书·乐志三》卷 21）

例（52）"过于"与"甚于"相对，"过"为形容词。例（53）"渴"与"饥"为形容词，在该例中分别名词化为表口渴与饥饿的状态，刚开始，人们仍会将该形容词看作活用作具有一定指称性的名词，把"过于＋形容词"句法结构可分析为与"过于＋名词"一样，即"于＋名词化的形容词"一起作"过"的补语，即"'过'＋〈于＋形容词〉"。随着后跟形容词，尤其是双音节形容词使用频率越来越高，受人们习惯性句法分析的影响，就将该结构重新分析为"过于"表超量修饰其后的形容词中心语，可标写为"［过于］＋形容词"。

由于"过于＋名词"结构从产生之初一直沿用至明清，其使用频率也随着语言的发展而逐渐衰减，直到现代汉语中才完全消失。而"过于＋形容词"与其相反呈现出逐渐增长趋势。两者之间的此消彼长，使"过于"的副词性越来越得以凸显，副词功能日益完善。不过在唐宋以后的文献中"过于＋形容词"结构中的"过于"是否成词也存在两可的情况。如：

（54）今若说"道之不明也，智者过之，愚者不及也；道之不行也，贤者过之，不肖者不及也"，恁地便说得顺。今却恁地踌说时，缘是智者过于明，他只去穷高极远后，只要见得便了，

都不理会行。（《朱子语类》卷63）

（55）如家人有严君焉，吾之所当畏敬者也。然当不义则争之，若过于畏敬而从其令，则陷于偏矣。（《朱子语类》卷16）

（56）合当与那人相揖，却去拜，则是过于礼。礼数过当，被人不答，岂不为耻。（《朱子语类》卷22）

例（54）"过于明"中"明"为形容词"高明"义，"过于明"即"过于高明"，同时"明"也可理解为形容词活用作名词，表示"本应有的高明的程度"。例（55）中"过于敬畏"中的"敬畏"为表心理活动动词，也可理解为动词活用名词表示"本应有的敬畏之情"。"过于+谓词性词语"中的"谓词性词语活用作名词"后与例（56）用法相同，"过于礼"即"超过了本应有的礼仪"。不过根据上下文语境来看，例（54）"智者过之"，其中的"过"与"不及"相应，即"智者超过了本应有的明"，将"过"仍理解为"动词"较合适。例（55）连词"而"连接的是一个因果关系复句，"过于畏敬"表因，"从其令"为果，因此"过于畏敬"的表意焦点在"畏敬"上，即因敬畏而产生了后一动作，故"过于"应看作"畏敬"的修饰成分副词。因此在判定"过于"是否为副词时应根据具体语境来作出判定。

3. 韵律节奏与双音化大趋势的影响

"过于+N"中的"过"所体现出来的意义主要有三：1.动词，超过。如例（56）；2.形容词，过分。如例（38）；3.动词，过失。如例（26）（27）。这三个义项的引申路径清晰明了，"X过（超过）+于+Y"即"X与Y相比超过了本应有的程度"，即"X与Y相比在程度上过分"引申出"过分"义，"超过了本应有的程度"就会出现"过失"。前两个义项中介词"于"均表比较。"X过（过失）于Y"中的"于"表示"过失之所在"。"过于"的成词是在"过分"义的基础上引申虚化而来。

东汉以降，汉语词汇双音化进程加速，魏晋以后以上三个义项中的"过于"后跟谓词性成分时，多为双音节词语，如"过于大善""过于骇俗""过于刻剥""过于养人""过于俭素""过于予民""过于剽迫"等。

这样的四字格式在韵律节奏上刚好将"过于"推在一个音步当中，即"过于 / 大善""过于 / 骇俗""过于 / 刻剥""过于 / 养人"，这就进一步推动了"过于"的凝合。唐代以后，"过于"后跟双音节形容词的使用频率越来越高，明清以后，其后基本上只跟双音节形容词，因形容词表示人或事物的性质与状态，"过于"后跟形容词时多体现性状方面的过度，使得"过于"凝合在一起仅体现出副词义。

4.副词"太"的类化

"太"是一个在上古汉语中就已流行的超量程度副词，既修饰单音节形容词，也修饰双音节形容词，有时也可以修饰动词短语。表示该性状或动作行为超过了本应有的或所需要的程度。"太"的这一句法语义功能与副词"过于"完全相同，"过于"在成词之初经常出现在与"太"句法格式完全相同的句法位置上，受词法聚合规则的影响，经常出现相同句法结构同一句法位置上的两个词因具有相同的语法功能而应归属于同一个词类。因此在"过于"成词过程中在一定程度上也受到了"太"的类化。如：

（57）诏曰："夫刑纲太密，犯者更众，朕甚愍之。"（《魏书·世祖太武帝纪》）

（58）自晋兴已来，用法太严，迟速之间，辄加诛斩。（《晋书·闫缵传》）

（59）我寿命未应死，但服药太多，伤我五脏耳。今当复活，慎无葬也。（《搜神记》卷15）

（60）有太纤巧处，如指出公孙弘张汤奸狡处，皆说得羞愧人。（《朱子语类》卷122）

以上四例中的"太密""太严""太多""太纤巧"与例（33）、例（34）、例（35）、例（40）中的"过于密""过于严""过于多""过于纤巧"句法结构相同。"太"与"过于"经常出现在相同句法结构，甚至是同一句子的相同句法位置上，并且两者具有相同的语义句法功能。因此，受人们常规句法规则意识的影响，"过于"与"太"必定属于同一个词类。

　　"过"和"于"本是处于不同句法层次上的两个语言单位。"过"本为动词"经过"义，后来引申出形容词"过分"义，表示"过分"义时，"过＋于＋NP"中的"于＋NP"一起作"过"的比较补语。后来"过于"后的"NP"扩展为"形容词或心理情感类动词"，这时造成"于"的介引功能悬空，迫使"于"与"过"凝合在一起。到唐代，"于"后中心语基本上均以双音词语为主，并与"过于"一起组成四字格式，受四字格式韵律节奏的影响，"过"常常与"于"形成一个语音组块，出现在一个音步当中。这一句法格局与另外的一种常规句法格式——状中关系，无论在语法形式上还是在语法意义上都非常相似，在人们认知心理的驱使下，就会对此格式进行重新分析。后来再加上"过于"所在小句表意焦点的后移以及副词"太"的类化共同促成了副词"过于"的形成。

　　超量程度副词"过于"萌芽于唐，发展于宋，明代才完全成熟，清代以后流行至今。超量程度副词"过""太过"的形成均与"过于"的成词密切相关，"过于"成词后为了迎合修饰单音词才单音化为"过"，为了强调超量，才凝合而成"太过于"，进而形成"太过"。"过"的副词用法始于宋代。"太过"成词萌芽于清末，到民国时期才逐渐形成，到现代汉语中才流行开来。副词"过于"的形成是由其特殊的句法位置、"过"的词义虚化与语义指向的后移，副词"太"的类化，韵律节奏与汉语词汇双音化大趋势的影响共同促成的。

　　小结：本节主要以"极其""不过""过于"的副词化历程为代表，揭示跨层结构的语法化在副词形成过程中的重要作用，进而对现代汉语中一些常用双音节副词的来源有一个更加清楚的认识。通过此方式形成的双音节副词还有"尤其[①]""终于""实在""良在"等。

---

　　① 张福通、张寒冰：《语体变换、语用原则推动下的词汇化——以"尤其"为例》，《语言科学》2017年第1期。张文认为，副词"尤其"导源于跨层结构［尤＋其］，［尤＋其］首先见于典型的［尤＋其＋名词/名词性短语］结构，唐宋以后出现［尤＋其＋VP/AP］形式，清代前中期，发展为［尤其＋VP/AP］，副词"尤其"产生。

第二节 语义指向的重新分析

——副词"相将""应"等的形成过程

所谓语义指向，就是指句子中的某一成分跟句中或句外的一个或几个成分在语义上有直接联系。运用语义指向来说明、解释语法现象就称为语义指向分析。因为在汉语中，语法结构和语义结构之间既有相对应的一面又有不对应的一面。比如副词，在句子的表层结构上一般只与它所修饰的谓词性成分发生联系，但在深层的语法意义上，副词却可以与句中或句外的其他成分发生直接的语义联系。它们之间的关系错综复杂，不仅不同的副词语义指向不同，同一个副词在不同的语句中语义指向也不尽相同。有些副词就是因为语义指向发生了变化而产生新的副词用法。本节我们打算通过分析"相将""应"副词用法的形成过程，进一步揭示语义指向在副词演变过程中的重要作用，并试图为一些副词形成的机制、动因寻求合理的解释。

一 中古汉语副词"相将"的词化动因与机制

（一）跨层结构的"相将"的分布类型和用法

跨层结构的"相将"，"相"与"将"在句法结构上是状中关系，"相"作副词修饰动词"将"。在古汉语中，大致有以下两种用法。[①]

1."相"作情状方式副词，表示"相互"，"将"为及物动词，表示"扶助""扶持"义。如：

（1）复勉强相将行，到天关，自以已至也，问道中人，言尚十余里。（《后汉书·祭祀志》注引应劭《汉官》马第伯《封禅仪记》）

（2）王子应之曰："古之君子，其行至慎，委积施关，道路无限，百姓悦之，相将而远，远人来欢，视道如尺。"（《逸周书·太

---

① 董志翘、蔡镜浩：《中古虚词语法例释》，吉林教育出版社1994年版，第543–544页。

子晋》）

表"扶持"义的"将"是一个动作性很强的及物动词，在古汉语中常常与"扶"构成同义连文，与副词"相将"的形成关系不大，故不作详细讨论。例（2）意为"古之君子，其行为极其谨慎，积累粮食，设置关卡，道路畅通无阻。百姓喜欢他，相互搀扶着从远方而来。远方人来欢聚，视远道如近在咫尺"。

2."相"作情状方式副词，表示"互相""递相"；"将"作动词，表示"跟随"。如：

（3）俗无谷，不作酒，迎妇之日，男女相将，持马酪熟肉节解。（《魏书·高车传》）

（4）乌鹊失棲常不定，鸳鸯何事自相将。（李商隐《赴职梓潼留别畏之员外同年诗》）

例（3）"男女相将，持马酪熟肉节解"意为"男女相互跟随着，手持马酪熟肉伴着节奏分明的舞曲舞蹈"。

（二）副词"相将"的词化机制及分布类型

1."相将"情态副词、范围副词用法的形成

表"跟随"义的"将"，在古汉语中经常与"相"结合在一起，表示"相互跟随"义。《说文》："将，帅也。"段玉裁注："帅当作率。""相将"即"相率"，"相率"即"相随"义，"相随"即"一个跟着一个"，这时，对于主语的语义要求必须是一个有生命的集体名词才能满足成句的基本要求。当"相将"单独出现时，它仅仅陈述主语的行为状态。不过，当"相将"后再跟动词时，"相将"与其后的动词形成了连动结构，在语意上表示"主语相互跟随着做某事"。"相互跟随"是描态性较强的状态动词短语，即表示动作行为的方式状态。因此表"相互跟随"义的"相将"出现在动词前时，又多表示其后动词的方式状态，体现出对其后动词的修饰性。受习惯性句法结构分析的影响，会引起人们对整个句法结构作出重新分析，"相将"就重新分析为一个整体一起修饰其后的动词。

"相将"的成词过程还离不开韵律节奏的影响。从古代流传下来的成语多以"四言"为主，也从侧面反映出古汉语中多以四言句式为主的

行文方式。"相将"在"四六"句式中经常被推在一个音步当中,"相将/为乱""速须/相将/下雨"。到了魏晋南北朝时期,随着骈体文的盛行,"四六"句式大行其道,久而久之,随着这一用法使用频率的不断增高,经常出现在一个音律音步内的两个词就很容易凝固在一起固化成一个双音节词,这也是南北朝时期汉语词汇的双音化进程突然加速的原因之一。因此,南北朝时期"相将"衍生出了副词用法,固化成了一个情态副词,表示"相继"。这时"相将"的语义指向偏向其后的动词。如:

(5) 自此夷夏之民,相将为乱。(《魏书·辛雄传》)

(6) 叶尊师便令计会五岳四渎,速须相将下雨。(《敦煌变文集·叶净能诗》)

例(5)"相将为乱",即"从此以后,少数民族地区和内地的百姓相继叛乱"。例(6)意为"叶尊师立即让整修各山川沟渎,很快一定相继接连下雨"。两例中的"相将"无论从韵律节奏上还是从语义上,动词义已基本消失,已经完全融合为一个整体,一起修饰其后的动词,表示动作行为的"接连""一个接一个"地发生。

由于"相继做某事"在语义上通常要求主语必须是有生集体名词,主语所表示集体中的每个成员相继发出某个动作行为,即大家都要发出某个动作行为。如果说话人有意强调主语的整体性时,这时"相将"的语义指向由指向其后的动词转向指向位于句首的主语集体名词。这时"相将"就不再表示其后动词所表示的动作行为的状态,而是表示主语协调一致的整体性,即主语所表示的集体中每个成员都一起做某事,这时就又衍生出了新的总括协同范围副词用法,表示"一起"。当"相将"作情态副词时,表示动作行为的接连交替发生,要求动作的施行者必须是具有施动性的有生集体名词,当说话人强调动作的施行者都同时发出这一动作时,"相将"的语义指向就转向了其前的主语,这时一种新的副词用法应运而生,即作表协同义的范围副词,可译为"一起"。如:

(7) 阳春二月,相将蹋百草。逢人驻步看,扬声皆言好。

[《乐府诗集·西曲歌(下)·江陵乐》]

（8）相将折杨柳，争取最长条。（令狐楚《春游曲》）

（9）谓林正卿曰："理会这个，且理会这个，莫引证见，相将都理会不得。"（《朱子语类·朱子十五·训门人六》）

（10）主人曰："可矣。"相将俱登。（《聊斋志异》卷一）

（11）簌朱帘猛然离了绣幌，携手相将入洞房。（《全元散曲·贯云石·醉春风》）

例（7）"相将塌百草"，即"一起踏青"；"逢人驻步看，扬声皆言好"，即"遇到行人驻足观看，大声都说好"。例（7）（8）中的"相将"均指"主语所表示的人一起做某事"。例（9）意为："做学问要专注一个问题，不要节外生枝再引出其他问题，这样都专注不得"。例（9）（10）中的"相将"分别与总括范围副词"都""俱"并用，为范围副词无疑。例（11）中的"相将"前的"携手"凸显出其表示总括的语义特征，即"携手一起做某事"。

由于动作行为的接连发生和动作的施行者一起发出某一动作，都要求动作的发出者必须是具有施动性的有生集体名词，因此从语义指向上来看，"相将"作情态副词或作范围副词时，语义所指向的对象不同，前者偏向指向其后的动词，后者指向主语所表示集体概念的人或事物或者是两个或两个以上表示个体概念的人或事物。只有这样才能满足相应的语义条件，"相将"的"接连""一起"义才能得到满足，分别如例（5）、例（6）与例（7）—（11）。

2."相将"时间副词用法的形成

"相将"的前两种副词用法在语义上对其前后词语的语意逻辑上语义特征都有一定的要求，一旦它前后的句法成分在语义上不能满足它的副词义项时，"相将"的副词用法"接连""一起"义也就无从谈起。如果其前的主语是单数的非集体名词时，这时"相将"的上述副词义就失去了相应的语义基础。主语是单数名词时，"相将"经常作时间副词表示"将要、随即"。"相将"的这一副词用法与偏正结构的"相将"的词汇意义之间几乎没有任何联系，并且"相将"的时间副词用法至迟在唐代已经出现。如：

（12）先生相将去，不复婴世尘。（唐·元稹《四皓庙》）

（13）挂帆未了清泥过，转眼相将玉笥边。（宋·杨万里《十五日明发石口遇顺风》）

例（12）意为"先生您快要离开，不再被尘世烦扰"。例（12）、例（13）中的"相将"已经完全演化为一个时间副词，表示动作行为即将发生。其语义指向单一，只指向后面的谓语。① 例（12）中的"先生"是一个单数名词。例（13）转眼即将到达玉笥边的是诗人所乘坐的"船"，所以也是单数无疑。此时，副词"相将"在语义上指向后面的动词谓语②，表示动作行为"即将，马上"发生。这时，"相将"是指时间上的"将要"。那么"相将"的这一副词用法产生的动因是什么呢？笔者认为"相将"时间副词用法的产生不只是语义指向的变化和句法环境的影响，还与其中"将"的副词用法有关。"相"作副词一般直接位于动词之前，紧贴着动词出现，如"相思""相望"等，在句法、语义环境上要求与自己在语法意义上相关联的项必须能满足自身逻辑关系上语义条件的要求，即所关联的必须是双方。当"相"与"将"同时作状语，处于句中的谓语动词前，当主语是单数名词时，这种相互的语义条件也就无从实现，"相"的"相互""一起"义也就无法体现。这时"相"就成为一个凑足音节的衬音词，这时"将"的时间副词义凸显出来。当"相"所处的句法环境不再能满足自身在语法意义上的要求时，"相"的副词义就被迫消失，直至最后变成了一个只起衬音作用的词缀。这时"将"的副词义完全得到体现，"相将"的"即将、马上"义，也就产生了。就笔者所调查的语料来看，副词"相率"始终没有出现造成它语义指向发生变化的句法环境和条件，所以"相率"的副词用法表现得一直都很单纯，只具备"相将"的前两种副词用法。这也从侧面说明"将"在"相将"的时间副词用法的形成过程中起着决定性作用。因此，当主语为集体名词时，"相"与"将"同时作状语修饰其后的谓语动词，表示"相互、一起、将要"义。如：

---

① 高育花：《中古汉语副词语义指向分析》，《古汉语研究》2001 年第 2 期。
② 税昌锡：《语义指向结构模式的多维考察》，《浙江大学学报》2004 年第 3 期。

（14）兴平中，三辅乱，出与老母兄弟五人家居本县，以饥饿，留其母守舍，相将行采蓬实，合得数升，使其二兄初、雅及其弟成持归，为母作食，独与小弟在后采蓬。（《三国志·魏志·阎温传》注引《魏略》）

（15）鲜于修礼起日，吾之阖家大小，先在博陵郡住。相将欲向左人城，行至唐河之北，被定州官军打败。（《周书·晋荡公护传》）

例（14）中"相将行采蓬实"的"相"与"将"都作副词修饰其后的动词，意指"兄弟五人一起将要出门采摘蓬草的果实"，例（15）中的"相将欲向左人城"是指"全家一起将要到左人城"，后面有"欲"说明其后的动作行为还没有发生。

可见"相将"表将来的时间副词用法的产生有两方面的原因：一方面"相"与"将"结合在一起位于动词前，为"相"与"将"结合在一起提供了可能，这时"相"和"将"之间是并列关系一起修饰其后的动词；另一方面随着"相"的惯用句法环境的改变迫使"相"的副词义消失，成为一个只起凑足音节作用的衬音词，而"将"的时间副词用法得以体现，这时"相将"结合在了一起。这一过程也伴随着"相将"的语义指向逐渐转移的过程，即由指向"相"所要求的必须含有复数义项的主语，转向时间副词"将"所要求的只指向谓语动词的过程。①

唐以后，副词"相将"的时间副词用例渐渐增多，尤其是在宋代的语料中，用例更为集中，这表明时间副词"相将"至宋代已经完全成熟。如：

（16）过了花朝日渐迟，相将又是禁烟时。（宋·葛起耕《春怀》）

（17）或问："……若行不方正而合于义，则相将流于权谋谲诈之中。"（《朱子语类·程子之书一》）

（18）曰："安敢苟且？"曰："既不迫切，便相将向这边来，

---

① 张能甫：《现代汉语单音副词探源》，《重庆理工大学学报》2015年第7期。

又不可不察。"（《朱子语类·朱子十七·训门人八》）

（19）相将见，脆丸荐酒，人正在，空江烟浪里。（宋·周邦彦《花犯·梅花》）

（20）最怜春雨相将足，縣上有田谁与耕。（宋·许棐《母忌》）

例（16）意为"过了花朝节白天渐长，将要又是寒食节"。例（17）"相将流于权谋谲诈之中"，即"将要陷入搞权谋玩手段之中"。例（18）"这边"指代"苟且"，即"既然不迫切，就将要且过且过"。例（19）意为"快要相见，又到了青梅煮酒的时节，但是我又出发了，正漂泊在空江烟浪里"。例（20）"縣上"为地名，意为"春雨将足，有田却再没有人一起耕种"。在后代的文献也陆续沿用，只不过使用的频率有逐渐减少趋势。如：

（21）一世恁地孤孤单单，嫁得个人，不及两月，又出去了。净："它也相将到。你眼如何恁地肿？"（《无名氏·张协状元·贫女思夫》①）

（22）谁知汉祚相将尽，恨满心胸丧九泉。（《三国演义》/596）

"相将"的时间副词用法与前两种副词用法相比，出现的时间偏晚，在形成之后迅速兴盛，可宋代以后，出现的范围迅速萎缩，呈现出一种"其兴也勃，其亡也忽"的现象。消亡的原因可能是由于当句首主语为复数的有生集体名词时，由于"相将"副词义的多样性，"相将"是表示"接连""一起"，还是"将要"就很难确定，会引起表意不明的歧义现象出现，如例（22），既可理解为"将要"，又可理解为"接连"。歧义句式的出现不符合语言发展表义要越来越精确的要求，再加上宋代以后词汇的双音化格局已基本形成，表示"将要"义的时间副词"将要""即将"都已流行开来，也就没有必要再用"相将"来表示"将要""即将"的必要，其时间副词用法迅速消亡。

（三）小结

"相将"的情态副词用法"接连"义的产生主要是人们对"相将"

---

① 此例引自钱南扬：《〈永乐大典戏文三种〉校注》，中华书局1979年版，第120页。

所处的句法结构重新分析的结果，再加上韵律节奏的影响，"相将"融合在一起，成为一个双音节副词。"相将"的范围副词用法"一起"义的产生主要是由于"相将"语义指向的变化，即由偏向指向其后的动词转向指向其前的主语成分。其时间副词用法的形成主要是由于其前主语的单数化，迫使"相"的副词义消失，成为一个只起凑足音节的衬音词，而"将"的时间副词用法得以体现，这时其语义指向也由前指转为只能后指，指向其后的动词。由此可见，如果当一个短语或结构经常处于状语的位置，久而久之，它的语法功能就会发生变化，进而虚化为一个副词。新产生的副词在语义指向和对前后句法环境的要求上与虚化前的这个短语或结构相差无几。如果受前后语境的影响和说话人强调重心的变化都会引起其语义指向发生变化，语义指向的变化也会衍生出新的副词用法。该短语虚化为副词后的意义都与该短语原有的词汇意义关联。如果出现在该位置上副词义与该短语原本的词汇意义无关时，说明该副词义有特殊的来源与渠道，不是由该短语虚化而来。

综上所述，在上古汉语中，"相将"常以一个偏正短语的身份出现，"相"是副词，"将"为动词，两者之间为状中关系。到中古时期，衍生出了三种副词用法：作情态副词，表"相继"；作范围副词，表示"一起"；作时间副词，表示"将要"。前两种副词用法的产生主要源于人们对"相将"所处的句法结构重新分析，韵律节奏的影响和语义指向的变化。时间副词用法的形成主要是由于主语的单数化而使"相"的副词义消失，成为一个只起凑足音节作用的衬音词，这时只凸显"将"的副词义，造成其语义只指向其后的动词。

二　中古汉语副词"应"形成动与机制
（一）中古汉语副词"应"的语义类型及用法

"应"在中古汉语中是一个新兴的多功能副词，从语义上看，大致有三种用法。

1.常用在动词前，表示动作、行为将要进行或发生，相当于现代汉语副词"即将""将要"。如：

（1）时义恭就太祖求一学义沙门，比沙门求见发遣，会敷赴假还江陵，太祖谓沙门曰："张敷应西，当令相载。"及敷辞，上谓曰："抚军须一意怀道人[①]，卿可以后舸载之，道中可得言晤。"敷不奉旨，曰："臣性不耐杂。"上甚不悦。（《宋书·张敷传》）

（2）既当避难单行，不能得尽持去；尤惜《大品》，不知在何台中。仓卒应去，不展寻搜，徘徊叹咤。（《古小说钩沉·冥祥记》）

（3）诸将归应尽，题书报旅人。（唐·杜甫《与严二郎奉礼别》）

（4）帝宠贤王入楚关，扫清江汉始应还。（唐·李白《永王东巡歌十一首》）

例（1）"张敷应西，当令相载"，即"张敷将要西行，将让他顺便带着你"；例（2）中的"应"与表将来的时间副词"当"相对而文，即"将要""即将"，"应西"即"将要西行"；"仓卒应去"即"仓卒快要离去"。例（3）意为"诸将快要全部归去，题字回赠客居在外的友人"；例（4）中的"应尽"即"快要结束"，"应还"即"快要归还"。

2.常用在动词前，表示动作、行为的立即进行或发生，可译作"当即""立即"。如：

（5）射师以鈔涂身尸踞，孔雀取鈔，人应获焉。（吴·康僧会译《六度集经》）

（6）昔羽山有神人焉，逍遥于中岳，与左元放共游薊子训所，坐欲起，子训应欲留之，一日之中三雨，今呼五月三时雨亦为留客雨。（《太平御览》卷2注引陆机《要览》）

（7）昔许子远，舍袁就曹，规画计校，应见纳受，遂破袁军，以定曹业。（《三国志·吴志·胡综传》）

（8）若当灸，不过一两处，每处不过七八壮，病亦应除。若

---

① 意怀道人：内心有道行的道人。

当针，亦不过一两处，下针言"当引某许，若至，语人"。病者言"已到"，应便拔针，病亦行差。（《三国志·魏志·华佗传》）

（9）其后，盗者欲窃此像，像与菩萨合声喝贼，盗者惊怖，应即殒倒。（《洛阳伽蓝记·城内·昭仪尼寺》）

例（5）"麨 chǎo"，即"炒熟的面粉"，即"主射的官员以炒面涂身，像尸体一样半蹲着，孔雀来取炒面，人们立即捉住它"，"应获"即"当即捉住孔雀"。例（6）中的"应欲留之"即"当即想留之"。例（7）指许子远的规划谋略当即被曹操采用，"应"为"当即、立即"义。例（8）中的"应便拔针"即"立即拔针"，"便"亦"立即、当即"义，"应便"为同义并列复词。例（9）中的"即"指"当即、立即"，"应"与"即"构成同义并列复词。

3.经常用于动作性不强的动词前或名词、名词性短语前表示范围的总括，可以译为"凡""所有""一切"。如：

（10）应在军者可并赐爵二级，并加赉恤，付选即便量处。（《陈书·宣帝纪》）

（11）陵母遂乃吃苦不禁，扑却枪枷如（而）倒，一手案身，一手按地，仰面向天哭："大夫娇子王陵"一声。应是楚将闻者，可不肝肠寸断，若为陈说。（《敦煌变文集·汉将王陵变》）①

（12）后来日前朝，应是文武百寮大臣总在殿前。（《敦煌变文集·韩擒虎话本》）

（13）来到金璘②江岸，虏劫舟舡，领军便过。到得南岸，应是舟舡，溺在水中，遂却继自家旗号，显其豢虎之名。（《敦煌变文集·韩擒虎话本》）

（14）应诸连逮，委之狱官，以法制从事。（《梁书·王亮传》/270）

---

① 该例点校有误，依郭在贻：《郭在贻文集》（第2卷），中华书局2002年版，第61页。正确标点为"陵母遂乃吃苦不禁，扑却枪枷如（而）倒，一手案身，一手按地，仰面向天哭：'大夫娇子王陵'一声。"

② 金璘，即金陵。依蒋冀骋：《敦煌文献研究》，湖南师范大学出版社2005年版，第40页。

（15）应凡寺院无名额者，并令毁撤，所有铜铁佛像收入近寺。
（《宋高僧传·唐今东京相国寺慧云传》）

（16）若民有杂物，是军国所须者，听随价准直，不必一应送钱，于公不亏其用，在私实荷其渥。（《南齐书·王敬则传》）

例（10）—（13）中的"应"均用在动作性不强的动词"在""是"前，表示对此动词后宾语的总括。例（14）"应"虽然位于名词性短语前，笔者认为"应"后仍隐含着一个判断词"是"，只是为了满足"四字一顿"的格式而省去。例（15）"应"与"凡"同义复用，更凸现其范围义。例（16）"一应"即"全、都"，就是说，老百姓在交军需费时，不必全部交钱，也可以交一些已有的军需物品。"一"即"全、都"，与"应"构成同义连文。《汉语大词典》在该义项所举最早例证是宋代苏辙《再论京西水柜状》中的句子，明显滞后。

（二）副词"应"的虚化机制和动因

"应"在上古汉语中多用作助动词，表示"应该""应当"常在句中作状语，这种用法大致又可分为两类：

1. 表示动作行为按常理应当如何，可译为"应该""应当"等。如：

（17）文王既勤止，我应受之。（《诗经·周颂·赉》毛传："应，当。"）

（18）长年见之，凄然曰："汝曹当以一牛，故致此竟，脱有二牛，各应得一，岂有讼理。"（《魏书·良吏传·张恂》）

（19）大胆应无惧，雄心誓不回。（《三国演义》）

（20）李神隽上表留温子升，吏部郎中李奖退表不许，曰："昔伯瑜之不应留，王朗所以发叹，宜速遣赴，无踵彦云前失。"（《魏书·文苑传·温子升》）[1]

例（17）中"止"为句末语气词。该例意为"文王已经很勤苦，我

---

① 该例"伯瑜"当作"伯与"；"彦云"，则王陵之字也。依周一良：《魏晋南北朝史札记》，辽宁教育出版社1998年版，第597页。周文认为该例为用典，典出《三国志·魏志·王基传》："字伯与。青州刺史王凌特表请基为别驾，后召为秘书郎，凌复请还。顷之，司徒王朗辟基，凌不遣。朗书劾州曰……今州取宿卫之臣，留秘阁之吏，所希闻也。"

应该接替他来报效国家"。

2.表示主观推测或想象应是如何。可译为"应该是""应当是"。如：

（21）秋来应瘦尽，偏自著腰身。（南朝·陈·徐陵《走笔戏书应令》诗）

（22）雕栏玉砌应犹在，只是朱颜改。（南唐·李煜《虞美人》）

（23）武里村花落复开，留沟山色应如故。（《白居易集·醉后走笔酬刘五主簿长句之赠兼简张大贾二十四先辈昆季》）

例（21）意为"秋天应该是消瘦到了极点，可偏偏要显示腰身"。例（23）"武里""留沟"均为地名。

以上两种情况在语法功能和语法意义上既有相同点又有不同点。相同点是，两者都经常位于动词谓语前，语义指向都只指向谓语，不过，后者所修饰的谓语动词大都是动作性不强的动词，前者则不受任何限制；不同点是，后者比前者融入了语言的表达者更多的主观感情，从语义上来说，后者比前者更为虚灵。一些古汉语虚词词典将后者归入了表推测的语气副词。由于两者在句法形式和句法结构上没有发生任何变化，笔者仍把它看作助动词。

在魏晋以前，"应"作助动词时有一个经常与它通用的助动词"当"，两者在文献中经常互释，如例（17）（18）。两者之间并经常构成同义复用，如：

（24）其条二十八将无嗣绝世，若犯罪夺国，其子孙应当统后者，分别署状上。（《后汉书·冯义传》）

（25）朝廷大恩，犹当应有祠室，庶母子并食，魂灵有所依庇，死复何恨？（《后汉书·章帝八王传·清河孝王庆》）

既然两者之间在作助动词时几乎能够完全通用，那么，"应"的副词用法也应受"当"的影响。"当"在上古汉语中最流行的副词用法就是作时间副词表示将来，可译为"即将""将要"。如：

（26）知伯曰："兵箸晋阳三年矣，旦暮当拔之而飨其利，乃有他心？不可，子慎勿复言。"（《战国策·赵策一》）

（27）卿与子敬、程公便在前发，孤当续发人众，多载资粮，
为卿后援。（《三国志·吴书·周瑜传》注引《江表传》）

例（26）"旦暮当拔之而飨其利"，即"很快将攻下它而因其获利"。
"当"的时间副词用法，到东汉以后，更为盛行。随着"当"表将来的
时间副词用法不断普及流行，"应"自然而然地就会受"当"的影响，
类化出一个表将来的时间副词用法，如例（1）—（4）。

3. "当"表"将来"时间副词用法的来源

"当（當）"本为形声字，从田尚声，本义"田相值"。《说文》："当，
田相值也。"段玉裁注："值者，持也。田与田相持也。"相持，即相对，
相向。引申为凡相持相抵皆为"当"。故在本义的基础上引申指"对等，
相称"。《吕氏春秋·孟夏》："行爵出禄，必当其位。"进而引申指"承
担、承受"，如"当之无愧"；应当，如"理当如此"；担任，如"当官"。
又引申为对着、向着，如"当众"；抵挡，如"螳臂当车"。

当前学界普遍认为"当"的将来时用法是由其"义务"义引申虚化
而来。王继红、陈前瑞（2015）认为，构式"A当B"是"当""义务"
义的最早来源。[①]"A当B"，如"公当享，卿当宴""享、宴"为王
室接待体系中的等级，句义为"公对应于享，王对应于宴"。再如法制
语境中的"当罪""当死"，均表示"罪法相当"。该构式大量用于礼
法语境中，礼与法本身的强制性也强化了"当"的义务义。由此可见，
"当"的义务义是由特定构式的构式义，构式中特定成分的句法语义属
性以及特定构式的语用环境共同形成的。该构式中"B"可用作动词为"当"
的虚化为助动词提供了句法语义上的可能。

王继红、陈前瑞（2015）从语用环境的角度将"当"的"义务"义
语法化的连续环境划分为四个层级：非典型环境，来源义为唯一解释；
临界环境，源义和目标义都能解释；孤立环境，目标义因该环境的特定
语义和句法形态特征而成为唯一解释；习用化环境，目标义常态化，分

---

① 王继红、陈前瑞：《"当"的情态与将来时用法的演化》，《中国语文》2015年第
3期。

布环境扩展。我们认为，除语境影响外，人们对句法结构的歧义性分析也是造成其语法化的主要推手，下面逐类进行分析：（1）在非典型环境中"A当B"中说话人强调的"A"与"B"不仅同质，而且在某方面对等，不存在造成歧解性的句法结构。（2）在临界环境中，则由于该句子可以分析为两种不同的句法结构才造成可以有两种理解，下面对其文中所举例句进行分析：①"臣罪当死"。该例中的"死"可分析为名词，即"死罪"，这时"当"为动词源义；如果"死"分析为动词，"当"源义就无法立足，就成了"死"的修饰成分，"罪"也同样成为动词"死"的修饰成分，即"名词作状语"表"以罪"，既然是根据法律来定罪，主语又是"犯罪者"，就会认为自己有义务承担相应惩罚，"当"义务义就得以凸显。②"长当弃市"。因"弃市"既可作名词又可作动词，由于该句子的表层句法结构来看，"长"与"弃市"不是同质的对等关系，只是在深层的语义结构上看，两者之间才有可能同质对等，因此该句中的"当"应以分析为目标义为主，来源义为辅。③"我固当死"。该例与"长当弃市"相比，"当"体现目标义的程度又更进了一步，几乎接近了目标义。"固"为典型语气副词，表示强调，其强调性语义统摄整个事件，对整个事件起修饰作用，属于句子副词，与"当"结合时，通常其后只跟动词，如"固当烹""固定出""固当容之""固当受禄于天""固当亡"等。我们遍检了《史记》中的"固当X"结构，其中仅有两例，"X"为"死"外，其余全是典型的动词或动词短语，受语法聚合规则的影响，经常出现相同句法结构同一句法位置的词语会因具有相同的句法功能自然聚集成群，因此"我固当死"中的"当"已经完全具有了义务义。（3）文中所谓孤立环境，也与句法结构的分析有关。如"不当伏罪"，其中"伏罪"为典型的动宾结构，"当"只能分析为"助动词"。"不"的语义指向动词短语"伏罪"，因此"当"也修饰其后的动词短语。通过遍检《史记》中的"不当（应当）X"结构共22例，其中"X"典型动词或动词短语的共有21例，仅有1例为名词，即"岂吾相不当侯也"，其中的"侯"已活用作动词。（4）习用化环境。该文所举例句为：语曰："当断不断，反受其乱。"《史记·春申君列传》其中"当"与"不"相应，其句法功能相同，因此"当"只能分析为动词"断"的修饰语。由此可见，人们受惯用语法结构的影响，在潜移默化中会影响其所遇到的新句法结构的分析，所以重新分析或歧解性分析仍是造成"当"语法化的主要原因。

表"义务"情态的助动词"当"，即"应当"表示说话人根据一定的证据对某动作行为的施事者发出某动作的盖然性进行判断，既可以对过去、现在的行为进行断定，也可以对将来的动作行为进行断定。某事件发生的概率本来就具有一定的弹性变化区间，体现出一定的高下之分。既然是断定，就体现出说话人较多的主观性。发生概率较低的说话人的确信度相对较低，相当于"可能"；发生概率较高的，说话人的确信度相对较高，相当于"大概"；说话人感觉确信无疑的，确信度最高，相当于"必定"。

当说话人对将来的动作行为的盖然性进行判断时，就含有一定的预测性。表示预测性的"当"在体现义务情态的同时也体现出一定的将来时内涵。尤其是上下文语境能够体现出说话人高确定性的预测时，即将来必定会发生某事，其将来时就体现得越明显。如果上下文中有明显的时间参照点表明某动作行为要在某个时间点之后发生时，"当"就是一个典型的表示将来的时间副词了。

4."应"的"短时"时间副词用法

"应"作表将来的时间副词在语法意义上表示动作行为的即将、将要发生，其语义指向其后的谓语动词。随着这一用法使用频率不断提高，"应"不但可以单一指某一动作的将要发生，还可以用于连动结构的后一动词前，表示后一动作的将要发生。这时，副词"应"在语法意义上强调的不再是某一动作的即将发生，而是两个动作之间所间隔的时间之短。这时，"应"的另一时间副词用法也就应运而生，即表示短时，相当于"随即""当即"，因此处于连动句中的后一动词前，这一特殊的句法位置就会促使人们对"应"的意义的进行重新分析，重新分析的结果就催生出了一个新的副词义项，如例（5）—（10），均位于连动结构的后一动词前。

由于"应"的以上两种用法在语义指向上均指向其后的谓语动词，

所以前后句法环境的改变对它没有任何影响。那么，"应"作范围副词的用法是从何而来呢？笔者认为"应"的范围副词用法的形成主要原因有：一方面由于句法环境的变化促使其语义指向含有复数义项的关联项，这一转变为此用法的产生提供了语义上的可能性；一方面"应"字短语在句中特殊的句法位置，经常位于句首作主语，进一步促进了这一用法的形成。

5."应"的总括范围副词用法

当"应"作范围副词时，其后所跟的动词大都是动作性不强的动词，如"是""在""如"等，如例（10）—（16）。这一句法条件和"应"作助动词的第二种用法在句法条件上非常相像。

"应"作助动词，表示主观推测或想象，就必须要融入说话者较多的主观感情，其所融入的主观感情越多，传达的信息就越虚灵。[①]如果虚灵到一定程度，再加上其他句法形式或句法语意环境方面的影响，就必然会促使其词性发生进一步转变，即由助动词虚化为副词。

表推测的助动词"应"要进一步演化为总括范围副词，必须要满足一定的句法结构及句法形式方面的要求，即与该类范围副词一样，经常与紧跟的动词性短语构成一个具有相对独立意义的语言结构体，一起充当一个单句的句子成分或一个复句的分句。在语义上，要必须保证其所指向的对象由指向其后的谓语动词转向含有复数义项的集合体——主语或宾语。[②]当这两个条件都具备时，才为助动词"应"转化为表总括的范围副词做好了句法上和语义上的准备。例如：

（28）应是官寮心怠慢，至今逆贼未藏身。（《敦煌变文集新书·捉季布传文》）

（29）应是唐朝中外文武旧臣，见任前资官爵，一切仍旧。（《旧五代史·梁书·太祖本纪》）

（30）然每至佳句，辄云："应是我辈语。"（《晋书·孙楚传》）

---

① 沈家煊：《认知与汉语语法研究》，商务印书馆 2006 年版，第 243 页。
② 税昌锡：《语义指向结构模式的多维考察》，《浙江大学学报》2004 年第 3 期。

以上 3 例，由于判断词后的宾语都是含有复数义项的集体名词，脱离了上下文语境，就出现了两可的情况：既可以看作助动词，表示主观推测，也可以看作总括范围副词。造成这一歧义理解的最主要的原因之一，就是"应"的语义指向的不同。"应"表推测语气时对其前后的关联项没有任何限制，既可以是单数成分也可以是复数成分；在句法位置上以位于句中的谓语动词前为常，偶尔也可以位于分句的句首；在语义指向上指向其后的谓语动词①，句末有时有相应的语气词与之搭配。那么，当"应"前后的关联项是含有复数义项的成分，后跟动词性较弱的动词时，由于动词性较弱，就会引起人们所关注的焦点向后偏移。上古汉语中的判断句中虽然没有动作性较弱的判断动词，但基本上不影响句意的完整表达。这样一来，人们关注的焦点也渐渐转向了含有复数义项的宾语上，这时就会促使"应"的语义指向发生改变，即由指向谓语动词转向所关联的复数义项成分。从句法位置上来讲，这一相对独立的语言单位又经常出现在句中主语的位置上，主语以表示单个或集体的人或事物为常，这时，"应"作范围副词的用法对其后的宾语进行概括而作为一个集体的意味就更为明显。至此，"应"作总括范围副词在句法和语义上的条件已完全具备。随着这一用法的不断普及和流行，"应"就演化成了一个表总括的范围副词，相当于现代汉语中的"凡"。随着"应"的范围副词用法不断成熟，不但可以位于句首，也可以位于句中，如例（10）—（16）。

综上所述，"应"的范围副词用法的形成主要有两方面原因：一方面句法环境的变化促使其语义指向含有复数义项的关联项，这一转变为此用法的产生提供了语义上的可能性；另一方面"应"字短语在句中特殊的句法位置进一步推动了这一用法的形成。

（三）小结

如上所述，中古汉语副词"应"的副词用法分别有着不同的来源和渠道。从语义上看，中古汉语副词"应"表示三种意义：用作时间副词时，

---

① 高育花：《中古汉语副词语义指向分析》，《古汉语研究》2001 年第 2 期。

分别表"即将"与"立即";用作总括范围副词时,相当于现代汉语中的"所有""一切"。其时间副词用法大概由另一个常用时间副词"当"类化而来。其范围副词用法的形成则是由于前后语境和特殊句法位置的影响,促使其语义指向发生变化,即由指向其后的谓语动词转向含有复数义项的关联项。在这一转变过程中,"应"的助动词用法逐渐减弱,范围副词用法则不断得到增强。随着这一用法的使用频率越来越高,"应"的总括范围副词用法则逐步走向成熟和完善。副词"应"的形成过程大致可图示如下:

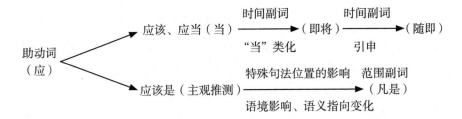

　　小结:本节主要通过对副词"相将"和"应"语法化过程的分析,揭示语义指向的变化在副词形成过程中的重要作用。一个经常位于状语位置的短语或结构,如果由于句法环境的改变而引起其语义指向发生变化,那么该结构的词性就会发生变化。一些副词的形成就是通过这种方式演化而来,如"相次""次第""一时"等。

　　章结:本章选取了六个副词——"极其""不过""过于""太过""相将""应"进行个案研究,分别勾勒出了这些副词的语法化机制和动因。这六个副词虽然都是由实词或实词性结构语法化而来,但分别有着不同的来源和渠道。旨在通过对它们语法化轨迹的探讨,能够对一些副词的语源研究提供一些参考性资料。

结　　语

我们以《魏书》副词为研究对象首先在前人研究的基础上对副词作出了新的界定与分类。然后对《魏书》副词穷尽性统计描写的同时采用以例带词的方式对《魏书》中出现的每个中古新兴副词作了探源讨流式的探究揭示，并对其出现、消亡时代作了细致的考察辨定。接下来，着重关注了《魏书》副词历时流变和共时南北差异情况，从历时发展角度揭示《魏书》副词所反映的整个副词系统动态的历时变化过程，从共时角度通过与《南齐书》副词的比较，展现当时副词使用上的南北差异。最后选取了"极其""不过""过于""太过""相将""应"进行个案研究，分别勾勒出了这些副词的语法化机制和动因。归纳出副词的两种语法化类型：跨层结构的语法化；语义指向的重新分析。通过研究，所得结论主要有以下几个方面。

其一，《魏书》语料的时代性在学界一直存在争议，通过对《魏书》副词的穷尽性统计分析可以从语言的角度对该问题提供一些证据。从历时角度看，在《魏书》出现的 557 个副词中，出现于上古汉语的 335 个，盛行于中古汉语的 222 个，可以看出《魏书》既继承了上古汉语的大量词汇，又反映了中古汉语的语言风貌，同时存在近代汉语副词的萌芽。说明《魏书》作为一部史书，一方面要力求保持史书典雅守正的语言风格；另一方面还会不可避免地吸收一些当时当地的口语化词汇。

其二，《魏书》中共出现双音节副词 177 个，沿自上古 38 个，约占双音节副词总数的 21.5%，见于中古 139 个，约占 78.5%。由此可见，东汉以降，副词双音化进程开始加速，其中一些一直沿用至现代汉语中。从整个副词系统的总体发展趋势来看，双音节副词的发展已占主导地位，从中可以看出《魏书》在某种程度上与当时语言发展趋势相一致。

其三，通过对《魏书》中兼类副词的考察来看，发现在副词内部，兼有程度、范围和时间副词用法的现象最为常见，有的同时兼有这三类副词，有的兼有三类副词中的任意两类。三类副词都具有［＋弹性区间量］的语义特征，由此可见，相似性联想在副词词义引申演化过程中起着非常重要的作用。

其四，通过与南朝文献《南齐书》副词的使用情况进行比较，发现了两书中均出现了一些反映地域与时代特色的副词。一些沿用到现代汉语中的副词有些见于南朝文献而不见于北朝文献，如"实在"；有些却见于北朝文献而不见于南朝文献，如"反而"。

其五，通过对一些常用副词语法化历程的考察发现，造成副词语法化的动因主要有以下几方面：1. 特殊的句法位置；2. 语义羡余；3. 常规句法结构分析的影响；4. 相关副词的类化作用；5. 韵律节奏的影响等。

本书的不足之处：囿于时间和精力，已有成果在与南朝文献进行比较研究时仅选择了《南齐书》作为考察对象，两书篇幅悬殊较大，没有对两书副词作全面性、系统性的比较研究，这无法全面揭示南北朝时期汉语副词的南北异同。在接下来的研究中打算再在北朝文献中选取《贤愚经》《齐民要术》，南朝文献中选取《南齐书》《百喻经》《世说新语》作为系统考察对象，对其间异同进行系统全面的比较研究，全面揭示六书之间的副词异同情况。通过异类语料中各类副词的比较，不但可以观察出当时南北汉语在副词方面的异同，也能从中窥探出异类语料中副词使用的异同。其次，在上古、中古时期，在副词内部兼类现象非常普遍，有的兼类词横跨几个大类，有的仅兼有某一大类副词内部几小类副词用法。这些兼类副词的义项随着语言的发展逐渐专一化，对其专一化历程及动因的考察是全面了解副词系统发展变化的应有之义。这也是我们今后要努力的方向。

附录：《魏书》副词总表

时代＼次类		见于上古汉语	见于中古汉语	现代汉语沿用
时间	表过去、已然	既$_1$已经、已、曾$_1$曾经、本$_1$本来、以$_{借作"已"，"已经"}$、亦$_1$已经、尝$_曾$、常$_{1借作尝，曾经}$	便已、遂$_1$已、经$_1$曾经	已、曾
	表初始、刚刚	始$_1$刚刚、初$_1$刚刚、新$_1$刚刚、乃$_1$刚刚、一$_1$刚刚、向$_1$刚刚、适$_1$刚刚	才$_刚刚$、方$_1$刚刚、甫、仅$_1$刚刚、暂$_1$刚刚	新、一、才、初
	表进行	方$_2$正在、正$_1$正在		正
	表将来、未然	当$_将也$、将$_1$将要、且$_1$将要、其$_1$将要、方$_3$将也	垂$_1$将要、方将、向$_2$将要	将
	表短时	已而$_不久$、俄而$_不久$、既而$_不久$、俄$_不久$、旋$_不久$、既$_2$不久、顷之$_不久$、即$_1$立即、便$_1$立即、速$_立即$、遽$_立即$、立$_立即$、乃$_随即$、遂$_随即$、旋、辄$_1$立即、马上、骤$_1$立即、仍$_{通"乃"，立即}$、随	便尔$_立即$、便即$_立即$、当即$_立即$、登即$_立即$、登时$_立即$、顿$_1$立即、俄然$_不久$、即便$_立即$、即时$_立即$、就$_立即$、遂便$_随即$、随即、寻$_不久$、一时$_立即$、应时$_立即$、造次$_立即$、片刻	
	表长时、持续	犹、且$_2$仍然、素$_{一向、向来}$、永$_一直$、终$_1$始终、尚$_仍然$、辄$_3$一直、犹尚、方$_4$仍然、故$_1$仍然	更复$_仍然$、还$_1$仍然、仍$_1$仍然、少来$_{一向、向来}$、遂$_3$一直、犹自	始终、还
	频率＼表高频	常$_2$常常、时$_1$常常、屡、数、勤、荐$_接连$、恒、连、往、每$_1$每次、再三、辄$_2$往往、亟、骤$_2$屡次	动$_常常$、动辄$_常常$、经$_2$常常、累$_接连$、多次、每$_2$常常、每常$_常常$、频、颇$_1$常常、勤勤$_频频$、仍$_2$频频、时复$_常常$、时时$_常常$、数数$_接连$、率常$_常常$、率多$_1$常常、往往$_1$常常	常、往往、不时、再三、屡、连

《魏书》副词研究

续表

次类＼时代			见于上古汉语	见于中古汉语	现代汉语沿用
时间	频率	表低频	偶偶尔、或$_1$有时、时$_2$有时、偶尔、间间或	或复有时、偶尔、或时偶尔、有时、时或偶尔、有时	
		表重复	复$_1$再、又、又$_1$再、更$_1$再、又、重再、又、再	方复再、又、复更、更自、还$_2$又、又重、又复、又更	又、再
	表最终		终$_2$最终、卒$_1$最终、竟$_1$最终、遂$_4$最终	迄最终、终竟最终、终于、卒于终于	终于
	表早晚		预预先、豫预先、先预先、乃$_3$才、方$_5$才、始$_2$才	久早、逆预先	
	表临时		聊暂且、权暂且、且$_3$暂且、小$_1$暂且、暂$_2$暂且	聊复暂且	
范围	表总括		多大多、并（併）$_1$都、咸、尽$_1$全、都、皆、历、具（俱）$_1$都、凡、毕、悉、遍、率、金、备、普、一$_2$全、都、均、兼$_1$都、交$_1$都、胥、往往$_2$处处	备皆、并皆、差$_1$全、都、初$_2$全、都、处处到处、大都大多、都、顿$_2$全、都、尽皆、苦$_1$全、都、了$_1$全、都、略$_1$全、都、颇$_2$全、都、普皆、金尔、全、殊$_1$全、率多$_2$大多、率皆大多、悉皆、咸共、咸皆、咸悉、一皆	都、处处、凡、均、具、全
	表限定		不过仅仅、祗、惟（唯）（维）、仅$_2$只、才（裁）（纔）$_2$只、乃$_4$才、仅仅、但只、止、徒$_1$只、直$_1$只、独仅限、只是、特$_1$只、专$_1$只	空$_1$只、偏$_1$只、唯独、正政$_2$只	不过、仅、才
	表协同		同一起、共一起、俱$_2$一起、并（併）$_2$一起、兼$_2$一起、相与$_1$一起、相率$_1$一起	并共一起、齐一起、率同一起	齐、同
	表分别、各自		各各自、别分别、各自	各别分别、各各分别	各、各自
	表类同		亦$_2$也	乃$_5$也、亦复也、亦自也	
	表另外		别另外		别

266

附录：《魏书》副词总表

续表

时代 次类		见于上古汉语	见于中古汉语	现代汉语沿用
程度	表强度	偏$_{2最}$、至、尽$_{2至}$、最、尤、极$_{1特别、尤其}$、最、甚、大$_{甚}$、良$_{1甚}$、孔、深、颇$_{3甚}$、殊$_{2特别}$、绝、特$_{2特别、尤其}$	差$_{2最}$、非常、笃$_{甚}$、极其、剧$_{极}$、苦$_{2很}$、酷$_{甚}$、偏$_{2甚}$、颇自$_{4甚}$、深自$_{非常}$、殊自$_{特别}$、雅$_{甚}$、雅自$_{甚}$	至、最、极、特、
	表弱度	稍$_{稍微}$、稍稍、小$_{2稍微}$、微$_{1稍微}$、颇$_{4稍微}$、少$_{稍微}$	差$_{3稍微}$、差自$_{稍微}$、粗$_{1略微}$	稍稍
	表比较度	更$_{2更加}$、复$_{2更、还}$、逾（愈）（踰）、加、弥、滋、益	偏$_{3更}$、亦$_{3又}$、转$_{1更加}$	更、愈
	表几近度	几、将$_{2将近}$、且$_{2将近}$	垂$_{2将近、几乎}$、垂将$_{将近、几乎}$、殆将$_{几乎}$、几将$_{几乎}$、向$_{3将近}$	
	表过度	太、过$_{过于}$	过于	太、过、过于
情状	表躬亲	自$_{1亲自}$、亲$_{亲自}$、手$_{亲自}$、亲自、躬、躬自、身$_{2亲自}$、身自	躬亲、手自	亲自
	表肆意、任意	妄$_{胡乱地、任意地}$、轻$_{轻易、任意地}$、擅、苟$_{随便、任意}$、肆$_{任意地}$、横$_{1肆意地}$	轻尔$_{任意}$、轻辄$_{任意}$、任情$_{任意}$、辄$_{4任意}$、辄尔$_{任意}$	任意
	表徒然	徒$_{2白白地}$、虚、空$_{2徒然}$、素$_{白白地}$、	横$_{2白白}$、徒尔$_{白白地}$、枉$_{无故地、白白地}$、坐$_{白白地}$、空	空
	表相互、轮迭	相$_{1相互}$、交$_{2相互}$、更$_{3交替、互相}$、更相、互、迭相、相与$_{2相互}$、迭、递、递相	更迭$_{相互、轮流}$、互相、先后$_{顺序先后}$、相继、相将$_{相继}$、相率$_{2相继}$	互相、相继
	表突发、急促	卒$_{2忽然、一下子}$、奄$_{忽然}$、忽然、暴$_{忽然}$、骤$_{3忽然}$、卒然、乍、倏忽、倏焉、暂$_{3忽然}$	横$_{3忽然}$、忽遽、倏然、欻、欻然、奄尔、奄忽、奄焉、一旦$_{1忽然}$	忽然
	表徐缓	渐、稍$_{渐渐、逐渐}$、徐$_{渐渐地}$	渐渐、徐徐、转$_{2逐渐}$、转自$_{逐渐}$	渐渐、徐徐
	表适值	会、属、正$_{3恰好}$、适$_{2恰巧}$		
	表伪诈	谬$_{假装}$、诈$_{假装}$	饰$_{假装}$	
	表阴密	阴、密、潜、窃$_{1偷偷地}$、私$_{私下、偷偷地}$、间$_{秘密地}$、偷$_{偷偷地}$、微$_{2私下、偷偷地}$	私自、偷$_{偷偷地}$、隐窃$_{偷偷地}$、私下	私自
	表径直	直$_{2直接}$、径$_{径直}$、迳$_{迳直}$		直

267

续表

次类＼时代		见于上古汉语	见于中古汉语	现代汉语沿用
情状	表特意、接力	固$_{1竭力}$、尽力、竟$_{竟相}$、故$_{2特意}$、极$_{2竭力}$、专$_{2特意}$、强$_{竭力}$	方便$_{故意、想方设法地}$、苦$_{3竭力、尽力}$、特$_{3特意}$	
	表公然、显然	公$_{公然}$	公然、居然$_{显然}$	公然
	表谦敬	伏$_{表尊敬}$、谨$_{表尊敬}$、敬、窃$_{2表自谦}$、请、幸$_{表尊敬}$、奉$_{表尊敬}$	私窃$_{表谦卑}$、忝$_{表自谦}$、猥$_{表自谦}$、仰$_{表尊敬}$	
	其他	自$_{2自然、理所当然}$、粗$_{2粗略、大体上}$	粗复$_{粗略、大体上}$、翻然$_{突然转变貌}$、略$_{2大致、大体上}$、自然$_{理所当然}$	先后、自然
语气	表肯定、强调	即$_{2就是}$、固$_{2的确}$、诚$_{1的确}$、必、务$_{务必}$、信$_{确实、果真}$、乃$_{6就是}$、良$_{1的确}$、实$_{确实}$、情$_{实在}$、允$_{确实}$、定$_{确实、的确}$、本$_{2根本}$、果$_{1果真}$、审$_{确实}$、故$_{3的确、定}$、亦$_{4又，加强反诘}$、又$_{2加强反诘}$、复$_{3又，加强反诘、疑问}$、断$_{的确}$	本来$_{本来}$、必当$_{一定}$、必须、便$_{2就是}$、诚复$_{的确}$、故当$_{一定}$、竟$_{2究竟}$、良在$_{实在}$、良自$_{的确}$、判$_{一定、绝对}$、实自$_{的确}$、亦复$_{又，加强反诘}$	必须、其实
	表推度、疑问	盖、其$_{2大概、恐怕}$、如$_{好像}$、恐$_{恐怕}$、或$_{2或许}$、将$_{3大概}$、若$_{好像}$、抑$_{也许}$、庶$_{1大概}$、无乃$_{恐怕}$、或者$_{大概}$、得非$_{莫非}$、庶几$_{大概}$、得不、得无、不乃$_{大概}$	大较$_{大概}$、殆$_{大概}$、或恐$_{或许}$、将非$_{恐怕，表疑问}$、恐或$_{或许}$、颇$_{5可}$、岂$_{1大概、或许}$、容或$_{或许}$、庶或$_{大概、或许}$、抑亦$_{或许}$	
	表反诘	岂$_{2表反诘}$、宁$_{1难道}$、讵$_{难道}$、敢$_{岂敢}$、乃$_{7岂}$、其$_{3岂}$、庸$_{难道}$	可$_{难道}$、岂复$_{怎么}$	岂
	表祈使	其$_{4一定}$、庶$_{2希望}$、庶几$_{希望}$		
	表感叹	何其$_{多么}$、一何$_{多么}$	何$_{多么}$	
	表意外	乃$_{8竟然}$、曾$_{2竟然}$、仍（乃）、竟$_{3竟然}$、一$_{3竟然}$、遂$_{5竟然}$、固$_{3竟然}$	乃复$_{竟然}$、邂逅$_{万一}$	竟
否定	单纯否定	不、无$_{1不}$、莫$_{1不}$、靡$_{不}$、弗、罔$_{不}$	不复、无复$_{没有}$	不
	表判断性否定	非、匪（非）	非复	非
	对已然的否定	未、未尝、未常（未尝）、不尝	未曾	未尝、未曾

附录：《魏书》副词总表

续表

时代 次类		见于上古汉语	见于中古汉语	现代汉语沿用
否定	禁止性否定	勿$_{不要}$、无$_{2不要}$、莫$_{2不要}$		勿
	委婉性否定	未必$_{不一定}$、不必$_{不需要}$		未必、不必
关联	表转折	乃$_{9却}$、更$_{4却}$、亦$_{6却}$、反$_{反而、却}$	便$_{3却}$、更乃$_{翻反而、却}$、反而、方$_{6却}$、方更$_{却}$、方乃$_{却}$、乃复$_{却}$、乃更$_{却}$	反而
	表选择	宁$_{2宁愿}$	乃可$_{宁可}$	
	表顺承	遂$_{6就}$、乃$_{10就}$、仍（乃）、即$_{2于是、就}$、辄$_{5于是、就}$	便$_{4于是、就}$、便复、乃因、遂尔、遂乃$_{于是、就}$	便
	表结果、假设	乃$_{11才}$、仍（乃）、一$_{4一旦}$、一旦$_{2如果}$、方$_{7才}$、始$_{3才}$、诚$_{2如果真的}$、果$_{2如果真的}$、微$_{3要不是}$	方乃$_{才}$、乃始$_{才}$、始乃$_{才}$、一朝$_{一旦}$	一旦
指代性副词			见、相$_{2指代三称}$	

参考文献

专著：

蔡镜浩：《魏晋南北朝词语例释》，江苏古籍出版社 1990 年版。

曹广顺：《敦煌变文中的双音节副词》，《语言学论丛》（第 12 辑），
　　商务印书馆 1984 年版。

程湘清：《两汉汉语研究》，山东教育出版社 1984 年版。

程湘清：《魏晋南北朝汉语研究》，山东教育出版社 1988 年版。

丁声树等：《现代汉语语法讲话》，商务印书馆 1961 年版。

董秀芳：《词汇化：汉语双音词的衍生和发展》，商务印书馆 2011 年版。

董志翘、蔡镜浩：《中古虚词语法例释》，吉林教育出版社 1994 年版。

方一新：《东汉魏晋南北朝史书词语笺释》，黄山书社 1997 年版。

方一新、王云路：《中古汉语读本》，上海教育出版社 2018 年版。

高育花：《中古汉语副词研究》，黄山书社 2007 年版。

葛佳才：《东汉副词系统研究》，岳麓书社 2005 年版。

龚千炎：《汉语的时相时制时态》，商务印书馆 1995 年版。

龚仁：《古代汉语语法精华》，湖北人民出版社 2015 年版。

郭锡良：《古汉语语法论集》，语文出版社 1998 年版。

郭在贻：《训诂丛稿》，上海古籍出版社 1985 年版。

何乐士：《〈左传〉语法研究》，河南大学出版社 2012 年版。

何亚南：《〈三国志〉和裴注句法专题研究》，南京师范大学出版社

2004 年版。

洪波:《论汉语实词虚化的机制》,《古汉语语法论集》(郭锡良主编),
　　语文出版社 1998 年版。

蒋冀骋、吴福祥:《近代汉语纲要》,湖南教育出版社 1997 年版。

蒋礼鸿:《敦煌变文字义通释》,上海古籍出版社 1997 年版。

解惠全:《谈实词的虚化》,《语言研究论丛》第 4 辑,南开大学出版
　　社 1987 年版。

解惠全:《关于虚词复音化的一些问题》《语言研究论丛》第 7 辑,语
　　文出版社 1997 年版。

李宗江:《汉语常用词演变研究》,汉语大词典出版社 1999 年版。

李宗江:《汉语重复副词的演变》,《汉语史研究集刊》第 5 辑,巴蜀
　　书社 2002 年版。

李宗江:《语法化与汉语实词虚化》,学林出版社 2017 年版。

李佐丰:《先秦汉语副词分类》《古汉语语法论集》(郭锡良主编),
　　语文出版社 1998 年版。

李佐丰:《古代汉语语法学》,商务印书馆 2004 年版。

栗学英:《中古汉语副词演变研究》,南京大学出版社 2017 年版。

刘百顺:《魏晋南北朝史书词语札记》,陕西师范大学出版社 1993 年版。

刘坚、江蓝生、白维国、曹广顺:《近代汉语虚词研究》,语文出版社
　　1992 年版。

刘世儒:《魏晋南北朝量词研究》,中华书局 1965 年版。

柳士镇:《魏晋南北朝历史语法》,商务印书馆 2019 年版。

陆俭明、马真:《现代汉语虚词散论》,北京大学出版社 1985 年版。

吕叔湘:《吕叔湘文集》,商务印书馆 1983 年版。

吕叔湘、王海棻:《〈马氏文通〉读本》,上海教育出版社 1986 年版。

沈家煊:《认知和汉语语法研究》,商务印书馆 2006 年版。

石毓智:《语法化的动因与机制》,北京大学出版社 2006 年版。

唐贤清:《〈朱子语类〉副词研究》,湖南人民出版社 2004 年版。

王力:《汉语语法史》,商务印书馆 1989 年版。

王启龙：《现代汉语形容词计量研究》，北京语言大学出版社 2003 年版。

王树瑛：《〈朱子语类〉问句系统研究》，社会科学文献出版社 2012 年版。

汪维辉：《〈齐民要术〉词汇语法研究》，上海教育出版社 2007 年版。

汪维辉：《汉语核心词的历史与现状研究》，商务印书馆 2018 年版。

王云路、方一新：《中古汉语研究》，商务印书馆 2004 年版。

吴福祥、洪波：《语法化与语法研究（一）》，商务印书馆 2003 年版。

吴福祥：《〈朱子语类辑略〉语法研究》，河南大学出版社 2004 年版。

吴福祥：《汉语语法化研究》，商务印书馆 2005 年版。

向熹：《简明汉语史》，高等教育出版社 1993 年版。

萧旭：《古书虚字旁释》，广陵书社 2007 年版。

杨伯峻、何乐士：《古汉语语法及其发展》，语文出版社 2001 年版。

杨荣祥：《近代汉语副词研究》，商务印书馆 2005 年版。

张斌、胡裕树：《汉语语法研究》，商务印书馆 2003 年版。

张谊生：《现代汉语虚词》，华东师范大学出版社 2000 年版。

张谊生：《现代汉语副词研究》，学林出版社 2000 年版。

张谊生：《现代汉语副词探索》，学林出版社 2004 年版。

周一良：《魏晋南北朝史札记》，中华书局 1985 年版。

周一良：《魏晋南北朝史论集》，北京大学出版社 1997 年版。

朱德熙：《语法讲义》，商务印书馆 1982 年版。

朱冠明：《先秦至中古汉语语法演变研究》，中国社会科学出版社 2015 年版。

朱庆之：《中古汉语研究（二）》，商务印书馆 2005 年版。

［日］太田辰夫：《中国语历史文法》，蒋绍愚、徐昌华译，北京大学出版社 2003 年版。

［日］志村良治：《中国中世语法史研究》，江蓝生、白维国译，中华书局 1995 年版。

Paul J.Hopper & Elizabeth Closs Traugott：*Grammaticalization*（《语法化学说》），外语教学与研究出版社 2001 年版。

F.Ungerer&H.J.Schmid：*An Introduction to Cognitive Linguistics*（《认知

语言学入门》），外语教学与研究出版社 2001 年版。

单篇论文：

陈前瑞：《试论"曾"的反预期与经历义的演变关系》，《语言科学》
　　2018 年第 2 期。

程湘清：《汉语史断代专书研究方法论》，《汉字文化》1991 年第 2 期。

程湘清：《汉语史专书复音词研究》，《语文研究》2002 年第 3 期。

戴世君：《论汉代副词"颇"的表示不同的作用》，《语言科学》2017
　　年第 3 期。

董秀芳：《"都"的指向目标及相关问题》，《中国语文》2002 年第 6 期。

董志翘、王东：《中古汉语语法研究概述》，《南京师范大学文学院学报》
　　2002 年第 2 期。

段德森：《副词转化为连词浅说》，《古汉语研究》1991 年第 1 期。

方一新：《六朝史书词语札记》，《广播电视大学学报》1998 年第 2 期。

方一新：《魏晋南北朝小说词语校释札记》，《杭州师范学院学报》
　　2000 年第 1 期。

方一新：《六朝语词考释漫记》，《古汉语研究》2002 年第 1 期。

高贤栋：《〈魏书·本纪〉与〈北史·魏本纪〉点校商正 20 则》，《古
　　籍整理研究学刊》2014 年第 4 期。

高育花：《中古汉语副词语义指向分析》，《古汉语研究》2001 年第 2 期。

高振铎：《〈魏书〉点校商榷七十例》，《古籍整理研究学刊》1994 年
　　第 1 期。

高振铎：《〈魏书〉点校商榷二十九例》，《古籍整理研究学刊》1999
　　年第 5 期。

何亚南：《"交路"源流考辨》，《语文研究》2003 年第 2 期。

胡丽珍、雷冬平：《说超量级程度副词"太过"的形成》，《语言科学》
　　2009 年第 6 期。

胡丽珍、雷冬平：《语气副词"还好"的形成及其功能研究》，《古汉
　　语研究》2015 年第 1 期。

黄珊：《古汉语副词的来源》，《中国语文》1996 年第 3 期。

黄盛璋：《论连词跟副词的划分》，《语文教学》1957 年第 8 期。

黄征：《魏晋南北朝俗语词辑释》，《杭州大学学报》1994 年第 3 期。

黄征：《〈魏书〉俗词语研究》，《语文研究》2003 年第 2 期。

蒋冀骋：《隋以前汉译佛经虚词笺识》，《古汉语研究》1994 年第 2 期。

江蓝生：《疑问副词"可"探源》，《古汉语研究》1990 年第 3 期。

姜南：《"将无"重考》，《中国语文》2017 年第 6 期。

雷冬平：《程度副词"相当"形成的特殊路径》，《汉语学习》2018 年
    第 3 期。

李杰群：《〈孟子〉总括副词辨析》，《语文研究》2001 年第 3 期。

李泉：《从分布上看副词的再分类》，《语言研究》2002 年第 2 期。

刘百顺：《汉魏六朝史书词语考释》，《西北大学学报》2002 年第 3 期。

刘百顺：《词语考辨二则》，《语言研究》2003 年第 2 期。

刘东升：《中华书局点校本〈魏书〉勘误一则》，《江海学刊》2013 年
    第 2 期。

刘坚：《〈建炎以来系年要略〉里的白话资料》，《中国语文》1985 年
    第 1 期。

刘坚、曹广顺、吴福祥：《论诱发汉语词汇语法化的若干因素》，《中
    国语文》1995 年第 3 期。

柳士镇：《试论中古语法的历史地位》，《南京大学学报》2001 年第 5 期。

卢烈红：《"何莫非"考》，《语言研究》2015 年第 3 期。

罗耀华、李向农：《揣测副词"或许"的词汇化与语法化》，《古汉语研究》
    2015 年第 3 期。

马楠：《"越来越……"中"来"的性质及其他》，《中国语文》2017
    年第 2 期。

马清华：《汉语语法化问题的研究》，《语言研究》2003 年第 6 期。

饶琪、牛利：《"过于"和"终于"的历史演变及相关问题》，《华中学术》
    2014 年第 9 辑。

沈家煊：《"语法化"研究综观》，《外语教学与研究》1994 年第 4 期。

沈家煊：《实词虚化的机制——〈演化而来的语法〉评价》,《当代语言学》1998 年第 3 期。

史金生：《语气副词的范围、类别和共现顺序》,《中国语文》2003 年第 1 期。

税昌锡：《语义指向结构模式的多维考察》,《浙江大学学报》2004 年第 3 期。

宋绍年、郭锡良：《二十世纪的古汉语语法研究》,《古汉语研究》2000 年第 1 期。

王长武：《"可不"来源考》,《古汉语研究》2017 年第 3 期。

汪维辉：《六世纪汉语词汇的南北差异》,《中国语文》2007 年第 2 期。

吴福祥：《汉语语义演变研究的回顾与前瞻》,《古汉语研究》2015 年第 4 期。

武振玉：《魏晋六朝汉译佛经中的同义连用总括范围副词初论》,《吉林大学学报》2002 年第 4 期。

武振玉：《试论副词"全"的产生与发展》,《贵州大学学报》2005 年第 5 期。

夏军：《论副词"只"的场景聚焦功能》,《中国语文》2018 年第 2 期。

夏群：《试论现代汉语时间副词的性质与分类》,《语言与翻译》2010 年第 1 期。

谢思炜：《杜诗俗语词补释》,《中国典籍与文化》2015 年第 1 期。

徐朝红、吴福祥：《从类同副词到并列连词——中古译经中虚词"亦"的语义演变》,《中国语文》2015 年第 1 期。

杨荣祥：《近代汉语否定副词及相关语法现象略论》,《语言研究》1999 年第 1 期。

杨荣祥：《现代汉语副词次类及其特征》,《湛江师范学院学报》1999 年第 1 期。

杨荣祥：《"范围副词"中的功能差异——兼论副词次类的划分问题》,《湖北大学学报》2000 年第 7 期。

杨荣祥、李少华：《再论时间副词的分类》,《世界汉语教学》2014 年第 4 期。

杨永龙：《"已经"的初见时代及成词过程》，《中国语文》2002 年第
　　1 期。

殷树林、高伟：《超量程度副词"过""过于""太过"的形成及使用
　　特点》，《语文研究》2018 年第 1 期。

俞艳庭：《〈魏书〉及〈北史〉之〈江式传〉点校举疑》，《北京大学学报》
　　1999 年第 2 期。

张福通、张寒冰：《语体变换、语用原则推动下的词汇化——以"尤其"
　　为例》，《语言科学》2017 年第 1 期。

张静：《论汉语副词的范围》，《中国语文》1961 年第 8 期。

张俊之：《川北方言中的副词"便"》，《中国语文》2013 年第 4 期。

张艳：《也谈"已经"的初见时代》，《中国语文》2004 年第 4 期。

张言军：《超量程度副词"过分"和"过于"的对比分析》，《汉语学习》
　　2014 年第 2 期。

张诒三：《〈魏书〉词语选释》，《古汉语研究》2001 年第 4 期。

张谊生：《状词与副词的区别》，《汉语学习》1995 年第 1 期。

张谊生：《现代汉语副词的性质、范围与分类》，《语言研究》2000 年
　　第 1 期。

张谊生：《论与汉语副词相关的虚化机制兼论现代汉语副词的性质、分
　　类与范围》，《中国语文》2000 年第 1 期。

赵长才：《上古汉语"亦"的疑问副词用法及其来源》，《中国语文》
　　1998 年第 1 期。

朱福妹、马贝加：《再议副词"终于"的产生》，《语言研究》2017 年
　　第 4 期。

学位论文：

鲍金华：《〈高僧传〉副词研究》，硕士学位论文，南京师范大学，2005 年。

陈兰芬：《中古汉语程度副词探析》，硕士学位论文，华南师范大学，
　　2004 年。

呼叙利：《〈魏书〉复音同义词研究》，博士学位论文，浙江大学，2006年。

李丽：《〈魏书〉词汇研究》，博士学位论文，南京师范大学，2006年。

王丹：《〈高僧传〉时间副词研究》，博士学位论文，山东大学，2006年。

许卫东：《〈全唐诗〉副词研究》，博士学位论文，吉林大学，2012年。

张艳：《〈梁书〉副词研究》硕士学位论文，南京师范大学，2004年。

张振羽：《〈三言〉副词研究》，博士学位论文，湖南师范大学，2010年。

引用文献：

（西汉）刘安等：《淮南子》，（汉）高诱注，上海古籍出版社1989年版。

（汉）司马迁：《史记》，中华书局1959年版。

（汉）班固：《汉书》，中华书局1962年版。

（晋）陈寿：《三国志》，（南朝·宋）裴松之注，中华书局1959年版。

（南朝·宋）范晔：《后汉书》，中华书局1965年版。

（南朝·宋）刘义庆：《世说新语》，徐震堮校笺，中华书局1984年版。

（南朝·齐）求那毗地译：《百喻经》，（日本）《大正新修大藏经》
　　第4卷，台北新文丰出版股份有限公司1996年版。

（梁）沈约：《宋书》，中华书局1974年版。

（梁）萧子显：《南齐书》，中华书局1972年版。

（北魏）贾思勰：《齐民要术》，缪启愉、缪桂龙译注，上海古籍出版
　　社2006年版。

（北魏）慧觉等译：《贤愚经》，（日本）《大正新修大藏经》第4卷，
　　台北新文丰出版股份有限公司1996年版。

（北齐）魏收：《魏书》，中华书局1974年版。

（唐）房玄龄等：《晋书》，中华书局1974年版。

（唐）姚思廉：《梁书》，中华书局1973年版。

（唐）令狐德棻等：《周书》，中华书局1971年版。

（唐）姚思廉：《陈书》，中华书局1973年版。

（唐）李延寿：《北史》，中华书局1983年版。

（南宋）朱熹、（南宋）黎靖德编：《朱子语类》，中华书局1986年版。

（明）罗贯中：《三国演义》，人民文学出版社 1953 年版。

（清）彭定求等：《全唐诗》，中华书局 1960 年版。

唐圭璋：《全宋词》，中华书局 1965 年版。

隋树森：《全元散曲》，中华书局 1964 年版。

后 记

　　2005 年我考入南京师范大学攻读硕士学位，并立雪何门。入校之初，要把专业学好的愿望非常急切，努力之后，才知道自己的想法太单纯。做学问，不仅靠个人努力，还要有不同寻常的睿智和悟性。遗憾的是自己资质愚钝，虽终日乾乾，总收效甚微。何师不以学生资质平平就放任自流，反而在学业上对学生严加管教，那些被批得痛哭流涕的场景至今仍记忆犹新。在确定毕业论文选题时，何师根据我的特点敲定做专书语法研究，当时还不解其中意。后来随着对《魏书》副词的穷尽性统计一字一句做完时，感觉自己阅读古书的能力也有了明显提高，这时才明白何师当初的良苦用心。前几天在整理材料时，又看到了何师为我细心修改过的硕士论文和一些小论文的原稿，上面密密麻麻，或圈或点，写满了批语和修改符号。这些原稿我一直留存着，因为其间蕴涵的是往日浓浓的师生情谊。每次翻阅时总能让我沉浸到美好的回忆中去，每翻阅一遍，对何师严谨的治学风格就又多了一层钦佩。后来，又成了何师的博士生，读博期间他来回奔波于南京、泰州两地，繁忙如此，仍不忘时常电话询问论文的进展情况。这使得我在工作之余便用心于论文，一刻也不敢松懈，为自己，也为了何师的这份关切。

　　与学业上的严厉相反，生活中的何师又是那么平易随和，可亲可敬，他总是设身处地想学生之所想，急学生之所急。在小书即将出版之际，他不顾大病初愈时的疲惫与辛苦欣然为序，深情厚谊，难以言表。

在南师的求学生涯中，最让我难忘的是遇到了一些学高德劭的老师。与董志翘师接触，让你时刻感受到一种谦谦君子之风，学问道德，堪称楷模。在训诂学课上，他侃侃而谈，深入浅出，发人深省，虽已过去十余年，所学内容至今仍记忆犹新。这些学生虽只能"仰止"，不过还会努力向您学习。潘文老师富有磁性的普通话和对论文合乎逻辑而又视角独特的评点，每次都让学生为之折服。化振红老师幽默的谈吐、豁达的性格，缜密而又深刻的见解时常让人叹服。徐朝东老师对学生往往有求必应，他的话语往往深邃而富有见地，让你时刻感受到一种学术的内涵与力量。刘冠才老师，勤奋严谨、求真务实的为学之风，也给学生留下了深刻的印象。

非常感谢浙江大学汪维辉先生在当初论文答辩时对本书初稿的肯定，正因为有了您的鼓励，才有了后来一直不断修改的动力。深感幸运的是当时还在南京大学旁听了您一学期课，与您接触才知道什么是学问的高深，什么是名师风范，什么是真正的谦逊淡泊……这些都让我钦佩不已。

感谢同窗好友南京师范大学出版社崔兰为本书的出版所提供的诸多帮助，中国社会科学出版社编辑安芳女士为本书的出版付出了大量心血和努力，本人不胜感激。

本书稿从确定选题到现在的出版，已历时十余年。"十年磨一剑"，但限于水平，这把"剑"至今仍锈迹斑斑。希望各位同仁不吝赐教，多多指正。

常志伟

2020 年 6 月